JARDIN, JARDINAGE ET NATURE

Jardin, jardinage et nature

Wiert Nieuman, Florrie Hillenius-Gehrels,
Kees van Wissen, Jan Huisenga,
Arnoud van den Berg

Consultant
Susan Berry

Illustrations
Danker-Jan Oreel, Gerald Driessens,
Frits-Jan Maas, Karel Mauer

Könemann

Rédaction : Wiert Nieuman
Collaboration : Florrie Hillenius-Gehrels, Kees van Wissen, Jan Huisenga, Arnoud van den Berg

L'édition européenne de ce titre a été réalisée par
UNIEPERS B.V. ABCOUDE, THE NETHERLANDS

Titre original : *Natural Gardening*

Traduction : Jean-Max Capmarty
Réalisation : Les Cours, Caen
Correction : Marie-Odile Mauchamp
Fabrication : Ursula Schümer

Impression et reliure : Neue Stalling, Oldenburg
Imprimé en Allemagne

ISBN 3-8290-5627-3

10 9 8 7 6 5 4 3 2 1

Les feuilles jaunissent, un voile d'érudition engourdit les villes, mais le livre de la nature nous offre une nouvelle édition chaque année.

Hans Christian Andersen (1835–1872)

Poète et conteur danois

Sommaire

PRÉFACE

On peut difficilement, aujourd'hui, refuser de jardiner de façon plus naturelle, car chaque année nous apporte la démonstration scientifique du caractère destructeur des pesticides sur notre environnement. Cette façon de jardiner n'est plus aujourd'hui réservée à ceux qui se sentent profondément motivés par la préservation de notre cadre de vie, ni celle des seuls puristes du jardinage « bio ».

La voie raisonnable est celle qui conduit à jardiner de façon plus naturelle, en apprenant à puiser dans les richesses que la nature met à notre disposition et à les utiliser à notre profit, tout en lui tendant une main secourable chaque fois que c'est possible. C'est l'attitude que devrait adopter tout jardinier à l'aube du troisième millénaire. Bien qu'on ait, ces dernières années, dépensé beaucoup d'énergie à forcer la main à la nature, en stimulant les plantes pour qu'elles produisent des fleurs plus grosses ou plus belles, beaucoup de jardiniers commencent à redécouvrir le charme discret d'espèces inévitablement plus graciles et aux couleurs moins vives. Cela conduit à prendre en considération d'autres caractères de ces plantes – leur feuillage, leur forme et leur charme. Le jardin gagne ainsi en harmonie ce

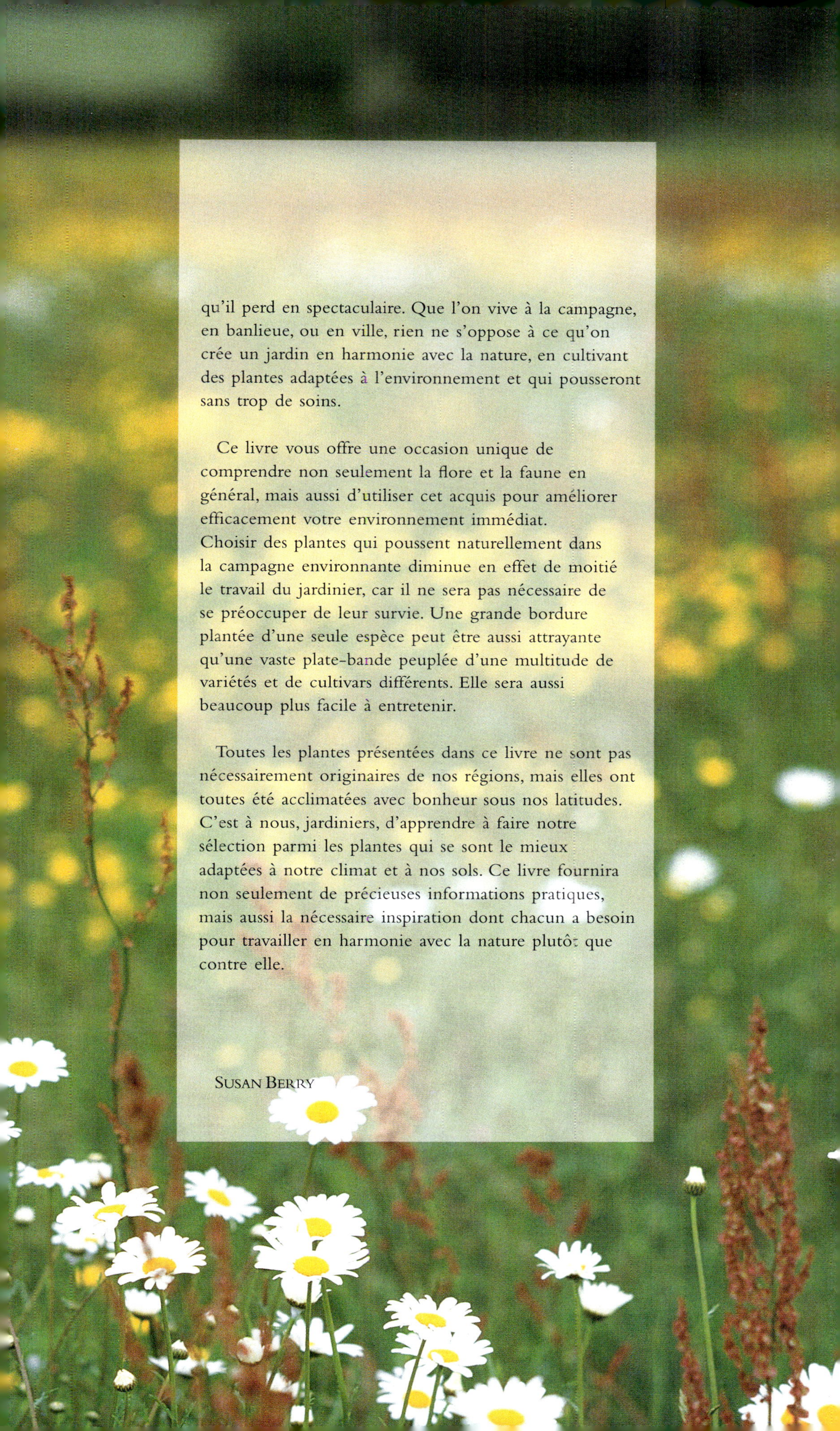

qu'il perd en spectaculaire. Que l'on vive à la campagne, en banlieue, ou en ville, rien ne s'oppose à ce qu'on crée un jardin en harmonie avec la nature, en cultivant des plantes adaptées à l'environnement et qui pousseront sans trop de soins.

Ce livre vous offre une occasion unique de comprendre non seulement la flore et la faune en général, mais aussi d'utiliser cet acquis pour améliorer efficacement votre environnement immédiat. Choisir des plantes qui poussent naturellement dans la campagne environnante diminue en effet de moitié le travail du jardinier, car il ne sera pas nécessaire de se préoccuper de leur survie. Une grande bordure plantée d'une seule espèce peut être aussi attrayante qu'une vaste plate-bande peuplée d'une multitude de variétés et de cultivars différents. Elle sera aussi beaucoup plus facile à entretenir.

Toutes les plantes présentées dans ce livre ne sont pas nécessairement originaires de nos régions, mais elles ont toutes été acclimatées avec bonheur sous nos latitudes. C'est à nous, jardiniers, d'apprendre à faire notre sélection parmi les plantes qui se sont le mieux adaptées à notre climat et à nos sols. Ce livre fournira non seulement de précieuses informations pratiques, mais aussi la nécessaire inspiration dont chacun a besoin pour travailler en harmonie avec la nature plutôt que contre elle.

SUSAN BERRY

Les oiseaux et les fleurs… leurs chants et leurs parfums sont les formes ailées et fantomatiques du jardin d'Éden.

TEXEIRA DE PASCCAES (1878-1952)
Poète et philosophe portugais

Chapitre un

Créer *un* jardin naturel

JARDINER *avec* LA NATURE

Un jardin en harmonie avec la nature est un lien attirant et accueillant pour les hommes et pour tous les êtres vivants.

Il ne faut pas sous-estimer la quantité de découvertes, d'émerveillements et de joie que procure un jardin, grand ou petit, en banlieue, en ville ou à la campagne. *Jardin, Jardinage et Nature* ouvre d'innombrables possibilités et des perspectives nouvelles. On peut ainsi transformer un lieu triste en un endroit charmant, produire des légumes sains, aider la faune sauvage et découvrir des cultures inattendues. *Jardin, Jardinage et Nature* est aussi une façon de rapprocher les hommes de leur environnement. Il faut jardiner en tenant compte du climat – de l'ensoleillement et de l'ombre, de la nature du terrain et de la topographie –, de la vie sauvage qui nous entoure. On peut ainsi tirer le meilleur parti de n'importe quel site.

La plupart des paysages européens actuels sont de véritables modèles de conformisme : ils reposent sur un système de domination de la nature plus que sur le respect de celle-ci. La destruction de la végétation d'origine nous a privés du contact avec l'environnement naturel. La disparition massive de leur habitat a conduit de nombreuses espèces, animales et végétales au seuil de l'extinction. L'utilisation de produits chimiques toxiques a gravement porté atteinte à la terre, à l'air et à l'eau.

UN CHANGEMENT D'ATTITUDE

À l'aube du XXIe siècle, de nouvelles démarches de protection de la planète se font jour à travers toute l'Europe. L'engouement pour le jardinage biologique prend régulièrement de l'ampleur ; aujourd'hui, les produits agricoles biologiques accèdent à la grande distribution. De plus en plus de jardiniers amateurs sont à la recherche de méthodes non toxiques pour se débarrasser des insectes nuisibles, et ils prennent le temps d'étudier les avantages du compost. On observe aussi un regain d'intérêt pour des modèles régionaux, fondés sur le respect de la nature.

LE MODÈLE NATUREL

Par définition, un jardin est artificiel, même s'il est composé d'éléments naturels. Utiliser la nature comme guide pour le jardinage, c'est reconnaître l'empathie qui unit les plantes et les animaux indigènes. Les jardins fondés

GRAVURE SUR BOIS *du XVIe siècle représentant la fenaison, en juillet (en haut). La lychnide des prés (Lychnis flos-cuculi, à droite) pousse dans presque tous les sols.*

EN HIVER, *les buissons fournissent abri et nourriture aux visiteurs du jardin, comme cette grive, à gauche. Travailler avec la nature, à gauche, pour obtenir un beau jardin naturel est une récompense en soi.*

sur un tel projet sont moins agressifs envers l'environnement et plus économes en ressources naturelles. Ils sont plus faciles à entretenir, car les plantes indigènes sont généralement bien adaptées aux conditions locales et peuvent être plus résistantes aux insectes et aux maladies. La connaissance de la flore locale permet de juger de l'opportunité d'introduire des plantes venues d'autres régions.

Des plantations susceptibles d'attirer la faune et la flore fournissent un abri aux oiseaux, aux mammifères, aux reptiles et aux amphibiens, ainsi qu'aux abeilles, aux papillons et à d'autres insectes utiles. Cultiver un jardin au rythme des saisons s'avérera vite très intéressant et très varié et vous fera découvrir une faune et une flore que vous ne soupçonniez pas.

Vous aurez plaisir à découvrir ce qui fait l'essence d'un paysage original et naturel. Cet ouvrage traite de cette recherche de paysages naturels et de la vie passionnante, végétale et animale, que l'on peut observer dans un jardin naturel. Nous insisterons tout au long de ce livre sur les plantations susceptibles d'attirer la faune et la flore et qui constituent un moyen d'ouvrir les yeux sur la nature.

Ce n'est qu'un début

Jardin, Jardinage et Nature ne doit pas être votre seul livre de jardinage : il insiste sur les principes plus que sur la pratique du jardinage naturel. De nombreux ouvrages présentent de façon plus détaillée comment concevoir un jardin attrayant et fonctionnel, alors que d'autres expliquent les pratiques horticoles quotidiennes nécessaires à la plantation et à l'entretien d'un jardin. Enfin, certains offrent un véritable catalogue de plantes, indigènes ou exotiques, pouvant être cultivées selon les régions.

Jardin, Jardinage et Nature est une invitation à découvrir ce que le jardinage peut offrir, si on l'exerce en harmonie avec la nature, plutôt qu'en lutant contre elle. Les jardins sont plus beaux si on les conçoit en respectant la nature, et non en la maltraitant et en l'agressant. Qu'importe alors la taille du jardin ; c'est une source de beauté, de plaisir et d'émerveillement.

UN MÉLANGE DE PLANTES *sauvages et de cultivars forme une charmante bordure en lisière de bois.*

LA NATURE *des* PLANTES

Dans un jardin naturel, les plantes construisent la scène, le temps change le décor selon les saisons, la faune et la flore sont les acteurs, et l'homme, l'auditeur interactif.

Les plantes, dans leur merveilleuse variété, sont la base du jardinage. De la mousse la plus délicate aux arbres majestueux, toutes contribuent au maintien de la vie sauvage. L'écorce, les brindilles, les feuilles, les fleurs, les fruits et les graines fournissent de la nourriture ; les creux et les branches, des lieux de nidification ; et le feuillage, une protection contre les prédateurs et les intempéries. Même les plantes qui nous semblent inhospitalières peuvent offrir un abri. La fauvette babillarde, par exemple, construit son nid au cœur des buissons de ronces, bien cachée aux yeux des prédateurs, et protégée du froid.

LE ROYAUME DES PLANTES

On peut considérer que le monde végétal est divisé en plantes vasculaires et non vasculaires. Les plantes vasculaires les plus évoluées possèdent des tissus spécialisés pour la circulation de l'eau – et de la nourriture. Cela permet aux plantes de se développer sous un grand nombre de formes et de devenir plus fortes. Elles ont donc, aux yeux du jardinier, une plus grande valeur que les plantes non vasculaires (algues, lichens et mousses).

Les plantes vasculaires se reproduisent soit par spores (fougères et apparentées), soit par graines. Les plantes de ces deux groupes constituent d'intéressantes plantes de jardin, et sont classées scientifiquement selon la structure de leur système de reproduction. Les plus anciennes plantes à graines sont appelées gymnospermes : bien que ce mot signifie « graines nues » ces dernières sont généralement contenues dans des cônes ligneux ou charnus.

Les plus connus parmi les gymnospermes sont les conifères, pins et sapins, et les ginkgos, genévriers et ifs, porteurs de fruits charnus. Les angiospermes, ou plantes à fleurs, forment le groupe le plus vaste et le plus varié du domaine des plantes, avec plus de 250 000 espèces, allant des herbes aux arbres, et des cactus aux nénuphars. Les graines des plantes à fleurs sont enfermées dans des fruits charnus, ligneux ou cartonneux, qui les protègent et leur permettent de quitter la plante mère. Parfois, les plantes herbacées meurent sur le sol en cas de gel ou de sécheresse. Leurs tiges sont généralement vertes et constituées de tissus mous. Les arbres et arbustes développent un système de tiges permanentes,

PLANTES VARIÉES. *Dans votre jardin, plantez un éventail de plantes annuelles, vivaces, à feuilles caduques et à feuilles persistantes (ci-dessous et à droite) pour créer différents types d'habitat et profiter d'un spectacle toujours changeant.*

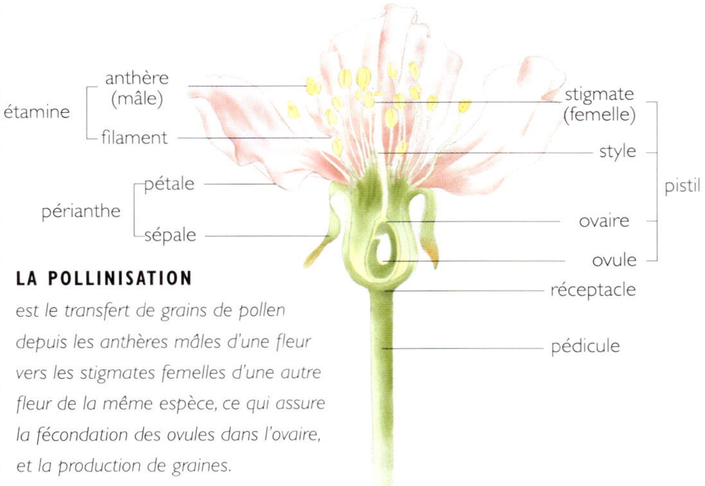

LA POLLINISATION *est le transfert de grains de pollen depuis les anthères mâles d'une fleur vers les stigmates femelles d'une autre fleur de la même espèce, ce qui assure la fécondation des ovules dans l'ovaire, et la production de graines.*

POUR DISPERSER LES GRAINES, *certaines plantes se fient au vent, à gauche, d'autres placent leurs graines dans des fruits savoureux comme des baies, ci-dessus, ou des noix. Ce sont alors surtout les oiseaux qui assurent leur dispersion.*

troncs et branches, fait de cellulose rigidifiée par la lignine.

STRATAGÈMES DE POLLINISATION

Les plantes, comme les animaux, dépendent de l'union de mâles et de femelles pour assurer leur descendance. Afin de compenser leur incapacité à se mouvoir, elles ont recours à des stratégies variées pour assurer leur pollinisation. Les gymnospermes, les herbes et les arbres forestiers font confiance au vent et émettent une grande quantité de pollen ; ils accroissent ainsi les chances qu'il s'en dépose un peu sur une fleur de la même espèce. Cependant, de nombreuses plantes utilisent leurs fleurs pour attirer un animal visiteur qui fera le travail. Couleurs vives, parfum, formes qui imitent les parties sexuelles encouragent papillons et abeilles à transporter le pollen des parties mâles aux parties femelles. Le visiteur obtient en récompense du pollen, du nectar ou de la nourriture.

LA DISPERSION DES GRAINES

Pour qu'une plante puisse se reproduire, certaines de ses graines doivent rencontrer un sol fertile, y germer et, en temps voulu, se reproduire à nouveau. L'idéal est qu'une graine tombe en un endroit où elle n'entre pas en compétition avec la plante mère, pour son approvisionnement en eau, en lumière et en nutriments.

Les graines disposent de nombreux moyens pour se disperser, y compris le vent et les animaux. Certaines plantes s'accrochent à un animal de passage, comme celles de la bardane qui ont inspiré l'inventeur du Velcro.

LES CYCLES VITAUX

En horticulture, les herbes et les plantes à fleurs herbacées du jardin peuvent être classées selon leurs cycles vitaux. Les annuelles, comme leur nom l'indique, germent, fleurissent, fructifient et meurent en une seule saison. Les bisannuelles germent au cours de la première saison, fleurissent, fructifient et meurent au cours de la seconde. Les vivaces ont une durée de vie indéfinie. Elles se développent généralement plus lentement que les annuelles, mais fleurissent et produisent des graines chaque année.

Les arbres et arbustes sont aussi vivaces, mais leurs jeunes tiges souples deviennent vite rigides et ligneuses, formant des troncs et des branches recouverts d'une écorce protectrice. Ils ont des feuilles soit persistantes, soit caduques.

Les plantes à feuillage caduc s'adaptent à un environnement hostile (hiver très froid ou forte chaleur) en perdant leurs feuilles, qui sont remplacées lorsque les conditions s'améliorent.

Les arbres et arbustes à feuillage persistant possèdent soit des aiguilles rigides, soit des feuilles coriaces qui restent sur la plante pendant ces périodes difficiles.

LA CLASSIFICATION *des* VÉGÉTAUX

Les noms scientifiques permettent d'identifier les plantes qui possèdent plusieurs noms communs.

LA FORME CARACTÉRISTIQUE *de la feuille et du fruit (gland) de* Quercus macrocarpa, *à gauche, l'identifie comme appartenant au genre* Quercus *(chêne).*

Les noms communs des plantes (ou vernaculaires) nous sont souvent familiers. Malheureusement, ils peuvent poser quelques problèmes. Certains font référence à des plantes tout à fait différentes. Par exemple, le marronnier d'Amérique peut être *Aesculus flava*, mais aussi *Aesculus octandra* ou, autrefois, *Pavia lutea*. D'autres plantes possèdent de nombreux noms communs et, pour ajouter à la confusion, plusieurs ont le même.

LES NOMS SCIENTIFIQUES

De toute évidence, il était nécessaire de nommer les plantes de façon logique. Pour combler ce besoin, Carl Linné, botaniste suédois du XVIIIe siècle, développa une méthode de classification scientifique. Son système attribue à chaque plante un nom botanique de deux mots, en latin ou en grec. Le premier mot désigne le genre de la plante, qui l'associe à un groupe possédant des caractères similaires, le second est son nom d'espèce, qui identifie la plante plus précisément. Par exemple, les chênes forment le genre *Quercus* qui comprend plus de 400 espèces, de formes et de dimensions variées, mais qui ont toutes comme caractéristiques de produire des fruits appelés glands. Lorsqu'on parle d'une espèce particulière au sein du genre, on ajoute son nom d'espèce comme dans *Quercus robur*, le chêne français.

Les familles de plantes regroupent plusieurs genres qui possèdent des caractéristiques similaires de floraison et de fructification. Les chênes sont en compagnie des hêtres (*Fagus*) et des châtaigniers (*Castanea*) au sein de la famille des fagacées. Cette famille comprend six genres et plus de 600 espèces, mais elles ont toutes en commun des fleurs en chatons plus ou moins pendantes qui sont pollinisées par le vent, et des fruits en forme de noix enfermées dans une coquille coriace.

Généralement, le nom botanique d'une plante évoque un peu de son histoire, le nom de la personne qui l'a découverte, son habitat naturel, son apparence, etc. Beaucoup de plantes et de groupes de plantes portent le nom de botanistes

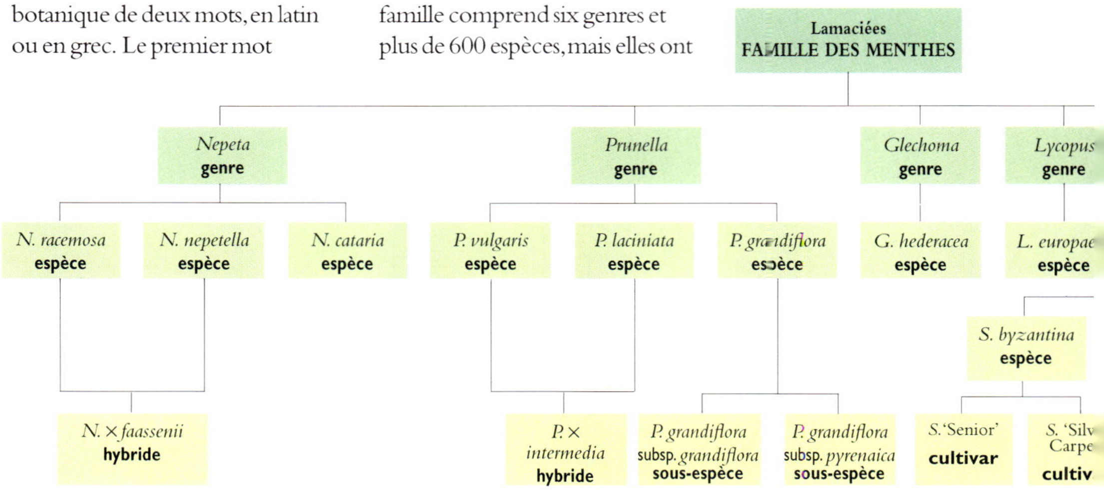

célèbres. Le mot Magnolia, par exemple, fut créé par Linné d'après Pierre Magnol, botaniste français du XVIIe siècle, dont l'idée était de regrouper des espèces parentes au sein d'un seul genre.

Certains rappellent l'origine géographique ou écologique de la plante, comme *Stachys byzantina*, un épiaire originaire de Turquie (Byzance).

D'autres noms, comme *Digitalis purpurea*, la digitale pourpre, décrivent un attribut spécifique de la plante : couleur ou forme des feuilles, par exemple.

DIVISIONS COMPLÉMENTAIRES

Des noms de sous-espèces (variétés ou formes) ont été attribués par les botanistes à des plantes qui présentent des variations naturelles par rapport aux caractères typiques de l'espèce. *Sedum telephium*, le grand orpin, possède plusieurs sous-espèces, comme la sous-espèce *villosum*, la joubarbe chevelue, dont les feuilles sont recouvertes de poils collants.

Les hybrides sont le résultat d'une fertilisation croisée entre deux espèces ; on leur applique un signe ×. *Mentha* × *verticillata* est le résultat d'un croisement naturel entre *M. aquatica* (menthe d'eau) et *M. arvensis* (menthe des champs).

Beaucoup de nos plantes de jardin sont des cultivars (variétés cultivées) qui ont été sélectionnés, développés et commercialisés par des pépiniéristes, en raison de leur aspect, de leur taille ou de leur vigueur exceptionnels. Certains cultivars ont été découverts à l'état sauvage alors que d'autres sont le résultat de sélections parmi les semis des pépinières. On les reconnaît à leur nom encadré de deux apostrophes. *Achillea millefolium* 'White Queen' est une sélection de cette espèce.

LE CHOIX D'UN NOM. *Les botanistes modifient parfois la classification des plantes.* Viola sororia 'Priceana', *en haut, s'appelait auparavant* Viola papilionacea var. priceana. *Le coquelicot, à gauche, est connu sous le nom de* Papaver rhoeas, *alors que la nigelle de Damas, ci-dessous, est* Nigella damascena.

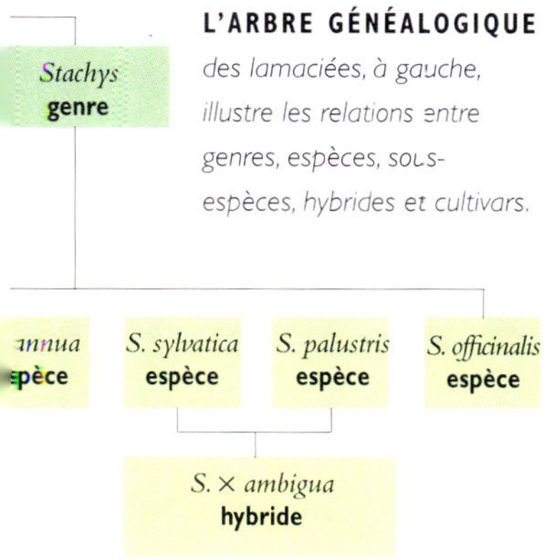

L'ARBRE GÉNÉALOGIQUE *des lamaciées, à gauche, illustre les relations entre genres, espèces, sous-espèces, hybrides et cultivars.*

INDIGÈNES *ou* EXOTIQUES

Toute plante est indigène quelque part ; l'important est d'identifier celles qui le sont là où se trouve votre jardin.

La topographie et les climats extrêmement variés de l'Europe ont donné naissance à une végétation riche et diverse, ce qui nous vaut un immense éventail de plantes merveilleuses susceptibles d'orner un jardin naturel.

Chaque plante indigène fait partie de la communauté interdépendante des plantes et des animaux appelée écosystème. Certaines sont devenues très tolérantes. Elles s'accommodent de toutes sortes de conditions et on les rencontre naturellement dans diverses parties du continent. D'autres sont plus spécialisées, ne poussant que sur des sols et sous des climats souvent limités à des périmètres très étroits. La distribution naturelle d'une plante indigène permet de savoir si elle convient ou non à la nature d'un jardin.

INDIGÈNE ICI

Une plante indigène est celle qui croît naturellement dans un endroit donné sans intervention humaine. Il y a cependant plusieurs degrés. Une plante comme *Erinus alpinus* vient de l'Europe du Nord, mais on la rencontre dans les régions alpines et dans les Pyrénées. Dans ces régions, elle est strictement limitée aux rochers et crevasses bien ensoleillés. D'autres plantes ne vivent que dans la tourbe acide des marécages. On en trouve dans toute l'Europe, mais seulement sur quelques sites dans chaque pays. Le fait qu'une plante soit originaire d'Europe nous fournit peu d'indications sur ce qui est nécessaire à sa croissance. Mais l'identification de son habitat nous donne des renseignements sur le sol et le climat qu'elle exige, ce qui permet de la cultiver en limitant les risques d'échec.

INDIGÈNE AILLEURS, INTRODUITE ICI

Les migrants et les voyageurs rapportent parfois des plantes de

DES PLANTES EXOTIQUES *acclimatées, comme la salicaire commune (*Lythrum salicaria*), ci-dessous, ou la grande marguerite (*Leucanthemum vulgare*), à droite, forment d'agréables massifs dans un jardin naturel, à condition d'en contrôler la prolifération.*

DES PLANTES INDIGÈNES *font de délicats bouquets séchés, ci-dessus. L'arbre à papillons (*Buddleia davidii*) est l'une des plantes que ces insectes apprécient le plus, à droite. Les pissenlits (*Taraxacum *spp.) sont considérés comme des mauvaises herbes bien qu'ils fournissent un précieux nectar aux abeilles et aux papillons, ci-dessous, à droite.*

leurs lointains pays d'origine. Ces plantes introduites, dites exotiques, trouvent souvent des conditions à leur goût et croissent magnifiquement pour devenir un jour nos plantes de jardin les plus familières et les plus estimées.

Certaines espèces particulièrement adaptées se sont échappées des cultures, ont envahi l'espace naturel local, et sont devenues des espèces « naturalisées ». Certaines plantes originaires d'une partie de l'Europe, comme *Erinus alpinus* évoquée plus haut, peuvent être considérées comme exotiques dans une autre partie du continent.

LE POUR ET LE CONTRE

Il est en général plus facile de cultiver des plantes indigènes que ces espèces introduites, car elles sont mieux adaptées aux conditions climatiques et à la nature du sol. La plupart des espèces indigènes sont habituées au régime des pluies régnant sur place et n'auront besoin que de peu d'arrosages complémentaires lorsqu'elles seront bien établies au jardin. Elles résisteront également mieux aux insectes et aux maladies de leur habitat naturel, ce qui réduira les besoins en pesticides et autres traitements. Cependant, une plante indigène peut être rare en raison de besoins spécifiques (comme un sol contenant un minéral particulier) parfois difficiles à satisfaire au jardin. Les plantes originaires d'une région particulière ne s'épanouissent pas obligatoirement bien dans tous les jardins de cette région.

Beaucoup de nos plantes introduites sont parfaitement adaptées et peuvent être cultivées au jardin aussi bien que des plantes indigènes. Pour ne pas risquer que des plantes exotiques prolifèrent, il faut éviter celles qui produisent de grandes quantités de graines dispersées par le vent, surtout si le jardin est proche d'espaces naturels non cultivés. Il faut vérifier auprès d'une société horticole locale quelles sont les plantes exotiques à risque qui ne doivent pas être cultivées dans la région.

La majorité des plantes décrites dans la seconde partie de ce livre (Les biotopes, pages 99-272) sont indigènes ; quelques-unes sont des exotiques qui se comportent correctement et n'envahissent pas la campagne environnante. Chaque plante a été choisie pour sa capacité à créer un habitat pour la faune, ainsi que pour sa facilité de culture dans des circonstances variées. En fait, beaucoup de ces plantes indigènes poussent très bien en dehors de leur zone d'origine.

COMMENT RECONNAÎTRE UNE MAUVAISE HERBE ?

Presque toutes les plantes peuvent être considérées comme des mauvaises herbes lorsqu'elles poussent en dehors des endroits où elles sont désirées. Même certaines de nos plantes indigènes deviennent des mauvaises herbes lorsqu'elles envahissent une zone agricole ou nuisent à l'aspect d'un massif.

L'intérêt des mauvaises herbes est qu'elles recouvrent le sol très rapidement, ce qui réduit les risques d'érosion. Beaucoup jouent un rôle important en fournissant du nectar aux papillons et à d'autres insectes, leur feuillage servant de nourriture à leurs larves.

LE RESPECT *du* CLIMAT

Le bon jardinier est celui qui sait ce qu'il peut attendre du climat, et qui élabore un jardin profitant au mieux des conditions ambiantes.

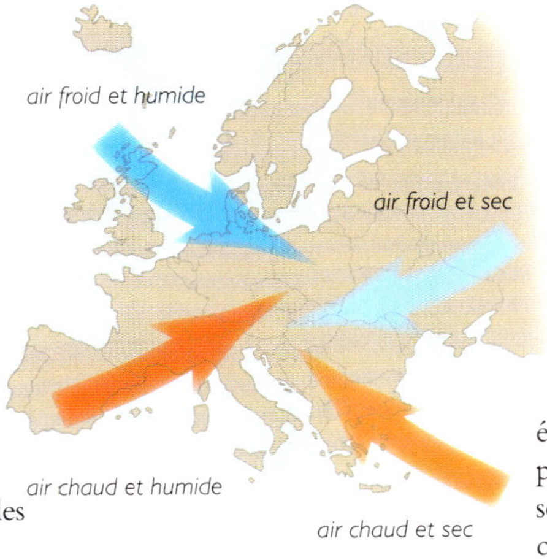

CETTE CARTE INDIQUE *les origines des principales masses d'air qui affectent le climat européen, à gauche. Les gros arbres et arbustes à feuilles persistantes, en haut, à droite, s'accommodent bien de conditions climatiques rigoureuses.*

Toutes les composantes du climat influent sur les plantes, mais les facteurs les plus importants et les plus mesurables sont la température et la pluviosité. Ils sont liés à :

- la latitude géographique – la distance de l'équateur détermine l'angle selon lequel les rayons du Soleil frappent la surface de la Terre, et par conséquent la quantité de chaleur radiante ;
- le vent – l'origine d'une masse d'air en mouvement affecte la température et la pluviosité (voir la carte ci-contre) ;
- l'altitude – à des altitudes élevées, le soleil est plus intense, les températures nocturnes sont plus basses, et la saison de végétation plus brève ;
- les grandes masses maritimes, comme la Méditerranée et l'Atlantique, sont des réservoirs de pluie et réduisent les écarts de température.

LES GRANDS TYPES DE CLIMATS

On peut distinguer différents types de climats sur la base des températures et de la pluviométrie. La plus grande partie de l'Europe continentale peut être divisée en climat océanique (près des grandes masses maritimes), continental (l'intérieur), intermédiaire et méditerranéen. Une telle division ne tient cependant pas compte des écarts saisonniers de pluviosité et de température, si importants pour les plantes. La végétation des régions froides a besoin d'une période de repos hivernal marqué, ce qui fait défaut dans les zones tempérées. À l'inverse, les températures estivales élevées sont nuisibles aux plantes habituées aux étés courts et frais. Une carte des zones climatiques, tenant compte des écarts de température et de pluviosité au cours de l'année, sera très utile au jardinier. La carte de Köppen procède à cette classification des climats.

En Europe, la position des chaînes de montagnes influe beaucoup sur les conditions climatiques. Plusieurs de ces reliefs sont orientés est - ouest, protégeant des vents froids le sud de l'Europe.

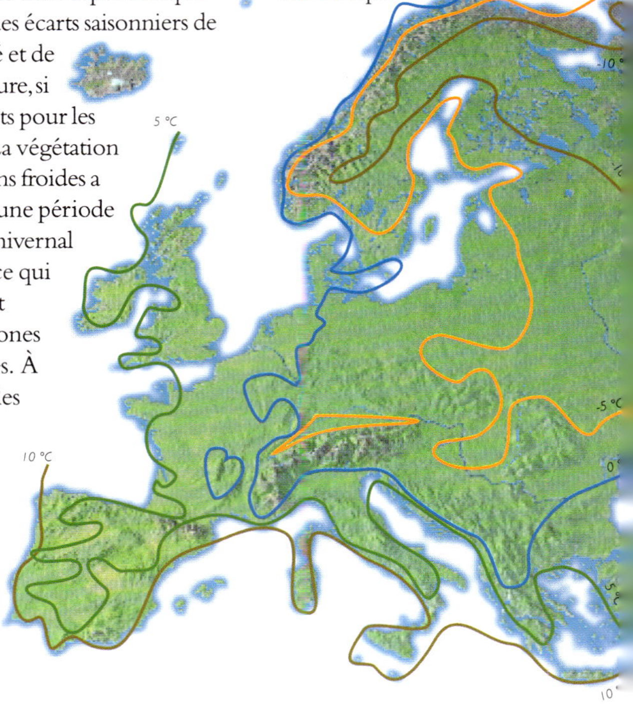

LA TEMPÉRATURE *est un élément climatique important pour les plantes. Cette carte (à droite) indique les températures moyennes en janvier (isothermes de janvier).*

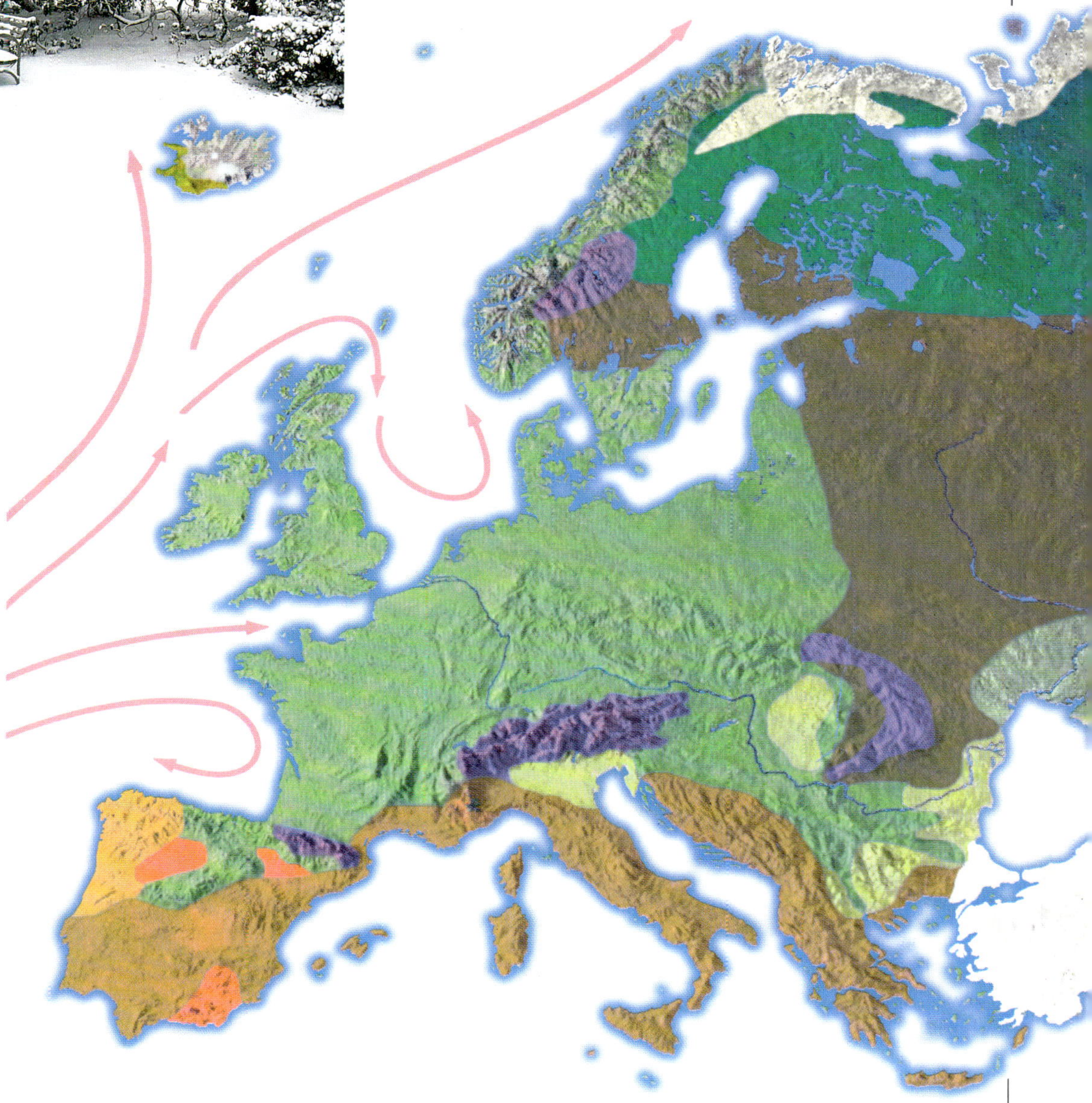

LA CLASSIFICATION CLIMATIQUE *de Köppen, ci-dessus, prend en compte les changements de température et de pluviosité selon les saisons, et correspond avec précision aux zones de végétation naturelle.*

MICROCLIMAT

Un microclimat est une variante locale des conditions générales, due à des éléments naturels ou à une activité humaine. Du fait de ces variations, certaines plantes parviennent à pousser dans des endroits où il leur serait normalement difficile, voire impossible de croître. Les différences d'altitude et l'orientation des versants comptent parmi ces variantes. Une pente orientée nord est faiblement ensoleillée, voire pas du tout ; elle est par conséquent plus froide qu'une pente orientée sud. Les chaînes de montagne sont à l'origine de grandes différences de pluviosité, car l'air chargé d'humidité qui percute un versant est propulsé vers le haut, se refroidit et condense, entraînant la formation de précipitations. Sur l'autre versant de la montagne, l'air désormais plus sec redescend et se réchauffe. C'est l'effet de fœhn. On trouve de nombreux exemples de ce phénomène en

Europe. L'est de l'Angleterre reçoit moins de pluie que l'ouest. L'intérieur de l'Espagne, abrité par les montagnes de la côte ouest, est sec, par endroits quasi désertique. La plaine du Haut-Rhin reçoit moins de pluie que la région qui l'environne, et sa température moyenne est supérieure de plusieurs degrés.

La nuit, l'air situé au-dessus des collines et des montagnes se refroidit, devient plus dense et descend dans les vallées. Au petit matin, il peut geler et former du brouillard dans les vallées, alors que sur les sommets, le soleil brille et la température est plus élevée de quelques degrés.

Les masses d'eau réduisent les écarts de température dans les régions avoisinantes. L'hiver y est un peu plus doux, l'été un peu moins chaud. Il n'y a pas que les mers et les estuaires qui provoquent ce phénomène, mais aussi, à une moindre échelle, les lacs et même les simples mares. Le climat agréable de la Côte d'Azur résulte de l'association des montagnes qui l'abritent et de l'effet régulateur de la mer.

La végétation naturelle influence elle aussi le climat. Les forêts et les bois adoucissent l'atmosphère. Les variations quotidiennes de la température de l'air et du sol sont plus faibles que dans les campagnes ouvertes environnantes, et l'éclairement et le vent y jouent un rôle moindre. Toutes proportions gardées, les forêts sont plus fraîches en été qu'en hiver, les arbres atténuant la violence de la pluie. L'eau y est retenue et ne s'écoule pas immédiatement. La neige y tient plus longtemps, formant une couverture qui protège les plantes contre des températures extrêmement basses.

Le vent peut avoir des effets positifs et négatifs sur un jardin. Si une bourrasque peut emporter les feuilles sur le point de tomber, un vent puissant soufflant de façon prolongée peut casser les branches et coucher les plantes. Les activités humaines peuvent aussi influer sur le climat. Les

LES CONDITIONS CLIMATIQUES GÉNÉRALES, *comme les variations spécifiques ou les microclimats (ci-dessous) sont importantes pour le choix des plantes de votre jardin, qu'elles soient indigènes ou exotiques.*

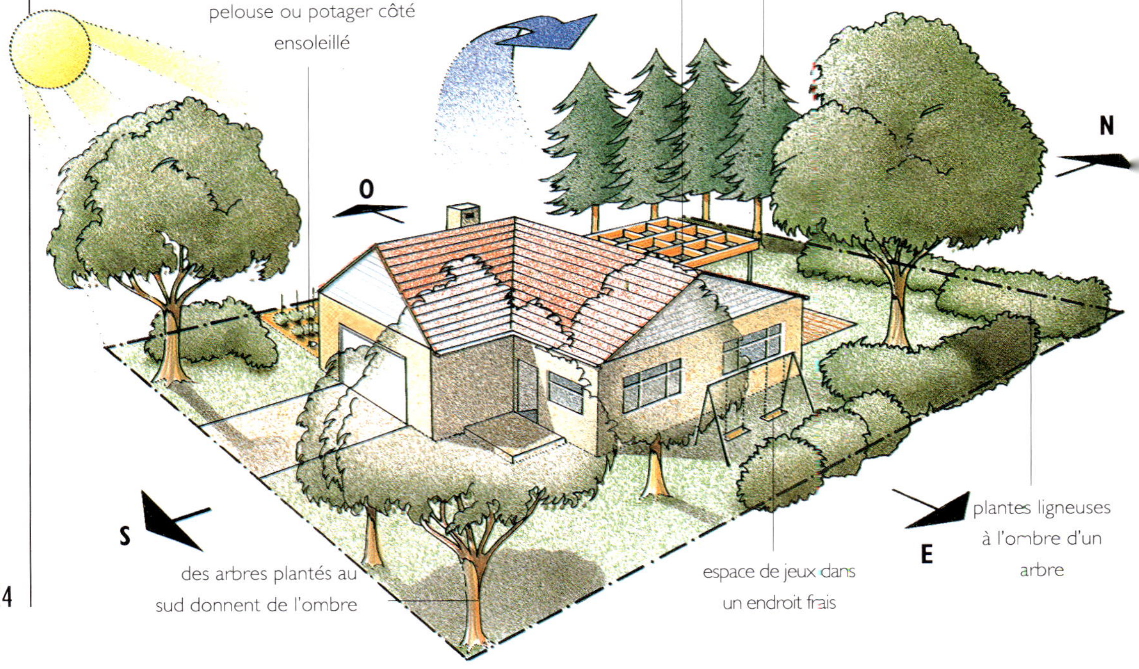

POUR TIRER LE MEILLEUR PARTI *de la végétation, été comme hiver, tenez étroitement compte des effets des saisons sur les plantes que vous choisirez pour votre jardin.*

villes sont nettement plus chaudes que la campagne qui les entoure et les grands immeubles peuvent induire un effet de fœhn en miniature.

SAISISSEZ LES OPPORTUNITÉS

Les constructions et les arbres produisent des effets microclimatiques dont vous devez tenir compte. La façade d'une maison exposée au nord offre un environnement frais et ombragé, un peu comme l'ubac d'une montagne. Les façades sud et ouest sont ensoleillées et parfois très sèches. À l'est, les plantes profitent du soleil levant, mais sont plongées dans l'ombre l'après-midi.

Les pièces d'eau agissent comme des régulateurs et influent légèrement sur la température dans leur environnement immédiat. Une eau en mouvement constant, comme un ruisseau ou une fontaine, possède un effet modérateur, surtout en hiver.

Des arbres bien placés procurent de l'ombre quand et où vous le désirez. Les arbres à feuilles caduques laissent passer le soleil en hiver et au début du printemps (chose importante pour les espèces à floraison précoce), tout en fournissant une ombre rafraîchissante en été. Les haies et talus boisés sont de bons coupe-vent, en particulier dans les régions côtières, et ont une influence sur la température de l'air environnant.

Les arbres et buissons à feuilles caduques retiennent la neige, permettant ainsi la formation d'un manteau qui protège le jardin des grands froids. Les arbres et arbustes à feuilles persistantes, ainsi que le reste de la végétation, offrent un abri aux animaux, mais aussi aux plantes qui germent en hiver.

PRÉCIPITATIONS

Il est important de connaître la quantité de pluie susceptible de tomber sur votre jardin. La plupart des plantes poussent pendant les mois les plus chauds, et c'est alors qu'elles absorbent le plus d'humidité. Si la pluie est insuffisante, il faut envisager l'arrosage ou l'irrigation ; tout dépend du régime des pluies dans la région d'origine de la plante.

Sur le pourtour méditerranéen, les précipitations ont lieu principalement en hiver et au début du printemps. Les plantes de ces régions sont adaptées à la sécheresse estivale et fleurissent généralement pendant les mois les plus frais et les plus humides. On doit sélectionner les plantes méditerranéennes en fonction de leur besoin en eau et des conditions auxquelles elles seront soumises dans leur nouveau lieu d'implantation.

L'ADAPTATION DES PLANTES DE ROCAILLE

En haute montagne, la lumière, intense, est riche en rayons ultraviolets. Les étés sont courts et la neige fond brutalement, emportant souvent la fine couche d'humus. Il y a aussi beaucoup de vent, et l'enracinement y est difficile. Les plantes de montagne se sont adaptées en développant de fines racines pour tirer profit de la moindre nourriture. Pour cultiver de telles plantes dans un jardin, il faut reproduire ces conditions avec un sol léger, bien drainé.

LA SCUTELLAIRE DES ALPES (Scutellaria alpina), *ci-dessus, s'est parfaitement adaptée à ces conditions climatiques.*

LE TRACÉ *du* PAYSAGE

Les plans et les dessins sont essentiels à la réussite d'un jardin, quelles que soient ses dimensions.

Le processus de création d'un nouveau jardin, ou de réhabilitation d'un ancien, peut être à la fois passionnant et amusant, mais aussi complexe et parfois difficile. Une grave erreur consiste à accumuler des plantes avant de savoir quelles seront celles qui pousseront le mieux dans votre terrain, et où elles devront être placées pour produire le meilleur effet.

Il faut d'abord bien comprendre les caractéristiques de votre jardin : soleil, ombre, zones humides, vents dominants, etc.

Si vous en avez le temps, attendez un an pour pouvoir examiner le cycle complet des saisons dans votre jardin (s'il existe déjà) avant de prendre une décision. Cela vous donnera l'occasion d'étudier le climat, la faune et la flore de votre région, ainsi que d'identifier les microclimats les plus marqués.

ENVIRONNEMENT LOCAL

Le premier acte consiste à observer le voisinage. Regardez quel type de biotope existe déjà, quelles plantes indigènes dominent l'environnement et quelles espèces sont les plus répandues. Inspirez-vous des jardins les mieux dessinés des environs. Observez quelles sont les plantes qui ont le mieux prospéré dans des conditions semblables à celles de votre jardin. Prenez des photos des plantes et des jardins qui ont votre préférence. Visitez le jardin botanique le plus proche et examinez ce qu'on peut trouver chez les pépiniéristes locaux. Gardez à l'esprit que vos voisins peuvent ne pas apprécier un jardin de plantes sauvages. Ils peuvent craindre que ces « mauvaises herbes » soient une nuisance. Choisissez par conséquent des espèces qui ne prolifèrent pas trop facilement et invitez de temps en temps vos voisins pour leur parler de votre jardin et de vos plantes. Un voisin récalcitrant peut se plaindre d'être envahi par les chardons que vous aimez tant.

> *Rien n'est plus tourné vers l'avenir que le jardinage.*
>
> RENATE RUBINSTEIN (1929-1992), femme de lettres néerlandaise

POUR PROFITER AU MIEUX DE VOTRE SITE, *plantez en prévision de toutes les saisons. L'eau est un élément important et reposant dans un jardin, ci-dessus.*

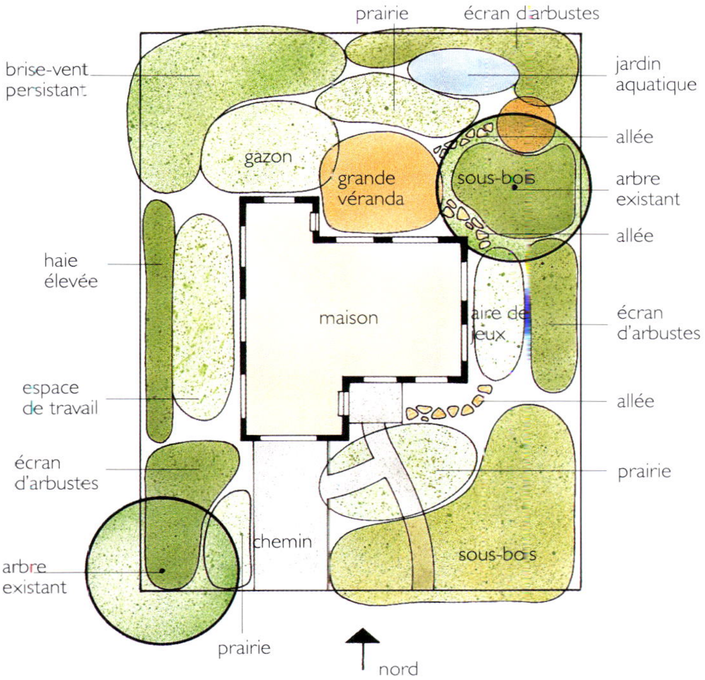

ÉLÉMENTS PERMANENTS

- structures, y compris murs, clôtures, vérandas, bâtiments
- dallages : allées, terrasses, chemins
- services
- perspectives qui doivent être bouchées ou dissimulées
- arbres, arbustes ou plantes existants
- pièces d'eau, bassins ou canaux de drainage
- dénivellations
- types de sols
- animaux résidents, sauvages ou domestiques

ÉLÉMENTS SAISONNIERS

- vents dominants
- types d'ombre ou d'ensoleillement
- endroits de gel fréquent, où la neige s'attarde
- températures maxima et minima
- zones de pluie et écoulement
- animaux de passage

IL EST ESSENTIEL D'ÉTABLIR UN PLAN *indiquant toutes les activités dans un jardin naturel. Un plan en « bulles », en haut, devient un plan détaillé, à gauche.*

INVENTAIRE ET ANALYSE DU SITE

Même si vous avez l'intention de faire appel à un paysagiste professionnel, il peut être intéressant de travailler d'abord vous-même à l'élaboration du plan. Commencez par faire un inventaire du site et analysez ce qui s'y trouve. Pour cela, il vous faudra d'abord faire un plan de votre propriété à l'échelle. Vous aurez besoin d'une règle graduée, d'une règle droite, d'un crayon, de papier millimétré, de papier calque et d'une planche rigide pour y fixer le dessin. Une fois votre plan de base tracé, recouvrez-le d'une feuille de papier calque et dessinez ou indiquez sommairement les éléments permanents et saisonniers du site (voir encadré).

THÈMES ET ACTIVITÉS

Faites une liste des désirs de chaque membre de la famille pour déterminer les différentes zones d'activité : jardin potager, jardin de fleurs à couper, terrasse, coin repas, coin jeux ou piscine.

Vous pouvez souhaiter développer un ou plusieurs thèmes particuliers dans votre jardin. Votre choix influera sur le plan du jardin, sur la sélection des plantes, sur leur disposition et sur le niveau d'entretien qui en découle.

Plan du jardin

Lorsque vous avez déterminé quelle place accorder à chaque activité, commencez à étudier leur implantation sur le plan de votre terrain. Faites-le sur du papier calque posé sur votre plan de base. N'omettez aucune des activités sur lesquelles vous vous êtes mis d'accord et dessinez-les dans des bulles ayant approximativement la taille requise. N'oubliez pas certaines choses importantes : place de la poubelle, rangement des outils de jardin et les vêtements et tas de compost. Imaginez la façon dont vous allez vous déplacer dans le jardin et repérez les endroits les plus fréquentés pour tracer les sentes et les allées. Déterminez la hauteur des écrans qui seront nécessaires pour boucher une vue indésirable ou pour maintenir une certaine intimité.

Faites au moins deux avant-projets sur papier calque avant de vous attarder sur le meilleur, et faire de ce dernier un plan plus précis qui indiquera grossièrement les formes de ce que vous voulez installer.

Évolution du plan

L'étape suivante sera le développement des détails du plan, où figureront les constructions en dur et les plantations. Pour les constructions permanentes, vous pouvez souhaiter consulter un paysagiste ou préférer traiter le problème vous-même. Il existe de nombreux ouvrages qui vous aideront à concevoir et construire la plupart des éléments dont vous aurez besoin.

LE JARDIN DOIT ÊTRE *un lieu de repos naturel pour les animaux comme pour l'homme.*

Donnez la priorité à l'aménagement de votre jardin. Bien que la plantation soit la partie la plus amusante, il est préférable de construire la plupart des équipements fixes avant le début des plantations. Commencez par les constructions qui requièrent beaucoup d'espace de travail ou l'accès d'engins mécaniques encombrants. Veillez à ce que la couche de terre superficielle ne soit pas enlevée ou tassée à cette occasion. Disposez et installez les principaux tuyaux d'irrigation qui seront ensuite connectés à des buses, des goutte à goutte ou des robinets. Voyez comment vous allez amener l'eau au jardin et assurez-vous que ce système essentiel soit d'un entretien facile et d'utilisation commode.

TENEZ COMPTE DE L'ENVIRONNEMENT

Ayant pour perspective de créer un jardin naturel, veillez à ce que son élaboration ne nuise pas à l'environnement. Évitez l'emploi de produits toxiques à chaque fois que c'est possible (voir pages 40-41, insecticides non toxiques). Utilisez des matériaux de construction également sans danger, facilement recyclables. Employez des bois durs naturellement résistants à la pourriture comme le châtaignier ou le cèdre rouge, ou bien des bois traités avec des produits non toxiques (demandez à votre jardinerie locale des produits spécifiques). Pour limiter la destruction des forêts, utilisez des poutres recyclées, mais évitez les vieilles traverses de chemin de fer si elles sentent la créosote, ce produit huileux étant toxique pour toute forme de vie. La pierre reconstituée est une solution de substitution acceptable – la pierre naturelle est hors de prix –, que ce soit pour les murs de soutènement ou pour les allées dallées.

UN CONFORT DE BON ALOI

Le jardin est un endroit où l'on peut échapper au stress de la vie et être en contact avec la nature. N'oubliez pas que votre jardin est autant à votre disposition qu'à celle de la faune et de la flore que vous voulez y attirer. Aménagez un endroit confortable où l'on puisse s'asseoir pour regarder et écouter la nature – le vent dans les arbres, un écureuil ramassant des noisettes, ou les brillantes couleurs d'un parterre de fleurs.

Installez quelques plantations près de la fenêtre par laquelle vous regardez le plus souvent de façon à pouvoir en jouir depuis l'intérieur de la maison. Envisagez l'installation d'une statue agréable à regarder ; certaines disposent en outre d'une plate-forme où les animaux sauvages peuvent venir manger ou boire.

L'AIDE D'UN PROFESSIONNEL

La création d'un jardin, projet exaltant, peut aussi exiger beaucoup de temps et d'énergie. N'hésitez pas à demander l'aide d'un professionnel paysagiste ou jardinier – qui comprendra le plan et le développement de votre jardin. Les paysagistes connaissent tous les aspects de la conception et de la réalisation d'un paysage et peuvent satisfaire n'importe quelle demande esthétique. Ils peuvent aussi dessiner votre jardin et y effectuer les plantations, bien que ce soit plutôt le rôle de jardiniers professionnels. Vous pouvez aussi demander à des jardiniers de créer le jardin d'après vos plans. S'ils sont de la région, ils connaîtront bien les conditions locales et les plantes sauvages susceptibles d'être utilisées. Consultez une société d'horticulture ou une pépinière locale pour des conseils sur les espèces adaptées au lieu ; on pourra aussi vous dire quelle sorte de faune vous pourrez attirer et avec quelles plantes.

LES ZONES *de grand passage peuvent néanmoins être agréables, en haut. Ici, un chemin d'écorce broyée maintenue par des traverses de chemin de fer suit une pente ombragée.*

UNE APPROCHE NATURELLE *du* PAYSAGE

Pour l'harmonie visuelle comme pour des raisons pratiques, il est essentiel de mettre les bonnes plantes au bon endroit.

La dernière étape du processus de création est de planifier la place des végétaux. Vous aurez ainsi les bases d'une sélection des plantes ayant une fonction déterminée : plantes chargées de recouvrir un espace inesthétique ou de masquer une vue, arbres qui donneront de l'ombre, couvre-sols pour stabiliser une pente, plantes adaptées à des espaces humides ou bien chauds et secs. Gardez à l'esprit les dimensions de votre jardin et n'introduisez pas de plantes de grande taille si vous n'avez pas la place disponible. Utilisez à nouveau le papier calque sur le plan de base et la dernière version de votre plan. Pour représenter chaque plante, dessinez un simple cercle de diamètre équivalent à celui du spécimen adulte. Puis notez une ou deux espèces qui pourraient prendre place dans les cercles tracés, et choisissez en dernier ressort celle qui convient le mieux à chaque situation.

Chaque plante de votre plan doit avoir une fonction, et cette fonction vous guidera dans le choix : annuelle, vivace, buisson, plante grimpante ou arbre. La nature du sol et le microclimat doivent satisfaire les besoins vitaux de la plante. Les plantes les mieux adaptées à la constitution d'un écran sont des buissons à feuillage persistant, peut-être des arbres aux branches courtes ou basses, mais certainement pas des plantes vivaces. Si l'espace est restreint, plantez des grimpantes sur un treillis. Si l'endroit est mal drainé et à l'ombre, des arbustes de sous-bois aimant les sols humides seront un meilleur choix que des plantes aimant le soleil.

UNE SCULPTURE DE JARDIN *offrant un abri aux oiseaux peut aussi présenter un intérêt esthétique.*

DONNEZ UN ASPECT NATUREL

Il y a peu de lignes droites dans la nature et les plantes poussent rarement à intervalles réguliers. On n'obtient cependant pas un aspect naturel en plantant au hasard, mais plutôt en suivant certain principes de disposition qui reflètent la façon dont les plantes s'organisent naturellement. Gardez ces principes en vue lorsque vous disposerez vos plantes :

- regroupez les plantes (que ce soit des fleurs, des arbustes, des arbres ou même des plantes en pot) ;
- rassemblez les groupes ;
- variez la taille des plantes ;
- variez l'espace entre les plantes.

Lorsque vous plantez de petits groupes, faites-le par nombres impairs ; l'effet est plus naturel et plus dynamique. C'est surtout vrai des plantes qui occupent une grande place dans le paysage. Par exemple, trois sapins de la même taille espacés régulièrement auront un air triste et artificiel

PLANTEZ DES ARBRES ET ARBUSTES PERSISTANTS *pour masquer une clôture ou une perspective indésirable. Des arbres, arbustes et plantes à fleurs herbacées variés embelliront votre jardin.*

POUR SIMPLIFIER L'ENTRETIEN, *installez les plantes en fonction de leurs besoins en eau, ci-dessus et ci-dessous. Pour protéger les oiseaux, mettez un grelot à votre chat.*

alors que s'ils sont de tailles différentes et espacés de façon irrégulière, ils auront le charme des sapins sauvages. Placez les groupes de plantes près des rochers ou des souches d'arbres, dans un coin de mur ou dans la courbe d'une allée. Vous obtiendrez ainsi un effet agréable et naturel, en harmonie avec la nature sauvage de votre jardin.

Évolution du jardin

La nature met parfois des décennies ou même des siècles pour aboutir au stade final de l'évolution d'une communauté de plantes. Cette évolution se fait habituellement par des transitions progressives d'un type de plantes à un autre. Avec un sol nu au départ, la première végétation sera généralement à base de plantes annuelles issues de graines apportées par le vent. Des vivaces seront ensuite remplacées par des arbustes qui étoufferont bientôt la majorité des vivaces. Les arbres à croissance rapide entrent ensuite en scène, éliminant les arbustes, mais cédant à leur tour la place à des arbres à croissance lente, dans le dernier stade de cette évolution. Des pluies insuffisantes, des hivers excessivement froids, ou une terre rare ou stérile peuvent conduire à l'avènement de ce stade plus rapidement, comme c'est le cas dans la toundra au-delà de la limite des arbres, ou dans les régions souffrant régulièrement d'inondations.

On peut imiter ce processus évolutif dans un jardin naturel si le site est relativement nu au départ ; c'est particulièrement pertinent si le but visé est, à terme, un jardin de sous-bois Plantez des fleurs annuelles, couvre-sol à croissance rapide, et de l'herbe pour stabiliser le sol, mais introduisez aussi des vivaces et des buissons pour remplir les espaces entre les jeunes arbres qui formeront ultérieurement une petite forêt.

ÉCONOMISER L'EAU

Un des meilleurs moyens d'économiser l'eau au jardin est de cultiver des plantes qui aiment les sols secs. Étant donné le prix de l'eau et les restrictions dues à l'accroissement de la population, la consommation d'eau est devenu un sujet de préoccupation. Dans la section Biotopes (pages 99-272), il est tenu compte des besoins en eau des régions à forte croissance urbaine. Choisissez des espèces adaptées à des sols secs et sableux, ou des plantes aimant les espaces découverts. Avec un peu d'adaptation, vous pourrez aussi utiliser des plantes de rocaille ou habituées aux terres bien drainées et aux sols secs.

TROUVER *les* MEILLEURES PLANTES

Un des grands plaisirs du jardinage est la recherche de plantes originales.

Évitez la tentation de faire un tour à la jardinerie du coin et de revenir avec une cargaison de plantes épanouies pour obtenir immédiatement un jardin fleuri. La plupart des plantes s'adaptent volontiers à leur nouveau site si on choisit des jeunes plants qui ont passé un minimum de temps en pépinière. Vous ne devez acheter que les plantes prévues sur votre plan. Quelques-unes des plus belles plantes indigènes sont difficiles à trouver dans le commerce ; faites de la recherche de ces plantes un élément distrayant de la création de votre jardin naturel. Les associations de défense des plantes indigènes proposent souvent d'excellents exemplaires à bon prix – en général des plantes que vous ne trouverez pas ailleurs.

OÙ TROUVER LES PLANTES DONT VOUS AVEZ BESOIN ?

La façon la plus simple et la plus évidente de créer un jardin (quel qu'il soit) est d'acheter de jeunes plants en pépinière. On en trouve sous trois formes : à racines nues, en tontine, en conteneur ; leur disponibilité varie selon les saisons. Les arbres et arbustes caducs sont souvent vendus à racines nues au début de l'hiver, au moment où la période de repos est complète. On doit les planter hors de la période de gel, ou les mettre en jauge jusqu'à la plantation. Les racines des plantes en tontine sont enveloppées dans une boule de terreau maintenue par un morceau de toile (ou un paillage). Il est nécessaire de les planter avant le début du printemps.
Les arbres à feuilles persistantes, notamment les conifères, sont livrés en principe en motte. Ils gagnent à être plantés au début du printemps, jusqu'en avril. Aujourd'hui, les jardineries vendent des plantes cultivées en conteneurs, pots en plastique noir. On trouve des plantes en conteneurs en toutes saisons, et on peut les planter à tous moments. N'oubliez cependant pas que le printemps et l'automne sont les meilleures saisons.

Les pépiniéristes ne vendent souvent que des plantes communes, variétés éprouvées faciles à multiplier en grandes

DES PLANTES ÉTONNANTES, *comme la fritillaire à damier (Fritillaria meleagris), en haut, donnent au jardin son caractère. Les plantes petites ou délicates seront plus visibles sur une plate-bande surélevée, à gauche. Poteries et dallages complètent un jardin coloré, ci-dessus et à gauche.*

quantités. On ne trouve les plantes indigènes moins connues que chez des petits spécialistes qui vendent des spécimens rares ou des plantes de collection.

Demandez à d'autres jardiniers de vous indiquer les pépinières spécialisées de la région ; en cherchant un peu, vous découvrirez des sources d'approvisionnement étonnantes, et on vous donnera d'excellents conseils sur le développement de votre jardin.

La vente par correspondance vous donne accès à de nombreuses pépinières spécialisées, dont certaines ne fonctionnent que de cette manière. La plus grande part de leur sélection concerne les plantes vivaces et les bulbes, souvent vendus à racines nues. La qualité de ces plants est variable ; commencez par de petites quantités.

Parmi les autres sources d'approvisionnement, il faut citer les jardins botaniques et arboretums qui organisent maintenant des ventes régulières permettant de se procurer des plantules issues de leur fonds. Cherchez des jardins spécialisés dans les plantes indigènes et profitez de ces ventes.

LA PLANTATION D'ARBRES, *à droite, est parfois encouragée par les collectivités locales. Visitez les jardins botaniques régionaux pour trouver des plantes convenant à votre jardin.*

Les sociétés de protection de la nature

Il existe aujourd'hui des sociétés impliquées dans l'étude de l'environnement, dans presque tous les pays. Certaines ont un caractère national, d'autres local. Ces sociétés ont souvent un but éducatif : elles organisent des excursions, des conférences et des cours, et sont une bonne source de renseignements en ce qui concerne les plantes susceptibles de s'adapter à votre jardin. Quelques-unes vendent des graines de plantes sauvages.

D'autres organisations possèdent des jardins botaniques régionaux, souvent entretenus par des amateurs enthousiastes. Ces jardins vendent parfois des graines. Les plantes, généralement des restes de culture vendues sans pot, sont à des prix raisonnables, mais le choix est limité. Au cours de soirées conférences, les membres échangent ou s'offrent parfois des plantes.

Mais même si vous ne pouvez en obtenir directement par de telles associations, il est néanmoins intéressant d'en devenir membre. Elles connaissent bien les plantes sauvages de la région, et seront capables de vous indiquer ce que vous pourrez trouver, et comment le trouver.

LA COLLECTE DANS LA NATURE

La collecte de plantes sauvages dans la nature est strictement réglementée, pour éviter de faire courir un risque supplémentaire à des espèces menacées d'extinction. N'arrachez jamais une plante dans la nature, à moins qu'elle soit placée en un endroit où elle serait de toute façon détruite, comme un projet routier ou immobilier. Même dans ce cas, demandez l'autorisation au propriétaire avant d'enlever une plante. La même règle s'applique aux pépinières qui vendent des plantes indigènes. Le plus souvent, elles vendent des exemplaires qui ont été cultivés et non prélevés dans la nature. Demandez d'où viennent les plantes ; si elles ont été collectées, achetez ailleurs.

LES ASSOCIATIONS LOCALES *sont une bonne source d'espèces indigènes. La recette de cette vente de plantes organisée par une association servira à la protection et à la multiplication des plantes sauvages.*

CULTIVEZ VOS PROPRES PLANTES SAUVAGES

Faire naître une plante à partir d'une bouture ou d'une division de touffe est une des satisfactions du jardinier.

Bien qu'il soit évidemment plus simple de créer un jardin en y installant de jeunes plants achetés en jardinerie, celui qui jardine de façon naturelle doit être à la recherche de boutures ou de graines des plantes indigènes qu'il préfère. Le plus souvent, on découvre ces plantes dans le jardin d'un voisin, sur un terrain vague proche ou dans un catalogue de vente par correspondance.

PRODUIRE SOI-MÊME LES PLANTES

En cherchant un peu et avec une certaine habitude, vous serez capable de reproduire des plantes à partir de celles que vous trouverez dans le jardin d'un voisin, et ce, presque gratuitement. Vous pouvez aussi décider de multiplier les plantes achetées en jardinerie, pour accroître leur nombre dans votre jardin. Il existe plusieurs façons de multiplier une plante : boutures de tiges, de racines ou de feuilles ; marcottage ; division de touffe ; prélèvement d'une pousse ou d'un rejet sur un pied mère.

Le moment choisi est très important pour le bouturage, le marcottage et la division de touffe, alors que les rejets peuvent être séparés à n'importe quelle saison.

Demandez au personnel de votre jardin botanique ou de votre jardinerie quelle est la meilleure technique en fonction de l'espèce que vous voulez multiplier.

LE SEMIS

Le semis est encore le meilleur moyen de cultiver des plantes sauvages et d'apprendre la complexité de la flore locale. C'est aussi parfois la seule façon d'obtenir une plante particulière pour un jardin naturel. Par chance, un nombre croissant de sociétés spécialisées commercialisent des semis de flore locale. Une petite collecte de graines dans la nature est possible (il faut l'autorisation du propriétaire du terrain). Une collecte ne dépassant pas 10 % des graines disponibles est acceptable, le reste devant assurer le renouvellement de la flore sauvage.

Assurez-vous que les graines que vous allez récolter sont arrivées à maturité. De nombreuses graines sèchent et durcissent dans une cosse ou une capsule qui devient cassante ou friable lorsqu'elle est sur le point de libérer les graines arrivées à maturité. D'autres graines atteignent celle-ci dans des fruits charnus et tendres (drupes) qui sont mangés avant que leurs graines soient dispersées dans la nature.

Pour faire germer une graine, il est bon de comprendre le processus naturel qui la tire de son

LA DIVISION DE TOUFFES *de plantes vivaces est une bonne méthode de reproduction, ci-dessus. La culture à partir de graines est le moyen le moins onéreux d'obtenir des plants en grand nombre, à droite.*

UN CHÂSSIS FROID, *à gauche, est une petite serre non chauffée. Les jeunes plants et les boutures y sont élevés, ci-contre, jusqu'au repiquage. Beaucoup de plantes indigènes font de jolis bouquets multicolores, ci-dessus.*

sommeil, et de s'inspirer de ce processus avant de la semer. Dans la nature, les graines sont dispersées depuis leur plante mère à un moment soigneusement programmé pour assurer la meilleure chance de germination. Pour germer et commencer à croître, les graines ont besoin d'humidité, de chaleur, d'un support de croissance (la terre), et généralement de lumière. Quelques graines germent presque aussitôt après qu'elles ont atteint un sol humide. D'autres restent dormantes pendant un certain temps. Cette latence est interrompue naturellement par diverses conditions environnementales ; les froides températures hivernales agissent, par exemple, sur les espèces originaires des régions nordiques aux hivers froids (la simulation de l'hiver qui consiste à exposer une graine au froid et à l'humidité s'appelle la vernalisation). Les espèces de bord de l'eau doivent en général être semées dans un sol très humide.

Les graines de la plupart des plantes à fleurs annuelles, et de nombreuses vivaces, peuvent être semées directement en pleine terre. Quelques bulbeuses et la plupart des plantes ligneuses gagnent à être produites en godets. La germination demande beaucoup de lumière. L'intérieur d'un rebord de fenêtre très ensoleillé ou un ensemble de tubes fluorescents peuvent suffire, mais vous obtiendrez les meilleures conditions sous une serre ou un châssis froid. Les jeunes plants devront être éclaircis et repiqués en conteneurs individuels jusqu'à ce qu'ils soient assez grands, et les conditions climatiques suffisantes pour que vous puissiez les transplanter au jardin.

NOS PLANTES INDIGÈNES

Dans leur effort pour produire des fleurs et des légumes de plus en plus gros, les pépiniéristes et les jardiniers ont souvent oublié que les variétés délicieuses ou superbes étaient issues de nos plantes sauvages indigènes. Heureusement, de nombreuses tentatives se font jour dans le monde entier pour perpétuer la culture de ces espèces originales. Cela passe par la collecte de graines dans des jardins et leur envoi régulier à de nouveaux jardiniers ; mieux adaptées aux conditions spécifiques dans lesquelles elles poussent, ces plantes sont les plus saines, et les plus productives en graines. Vous trouverez un grand nombre de ces plantes originales dans ce livre. Elles conviennent très bien au jardin et, si elles sont multipliées par semis plutôt que par boutures ou divisions de touffes, la diversité génétique – moyen important d'assurer la résistance et l'adaptabilité des espèces – est maintenue. La bonne santé d'un jardin naturel ne repose pas sur des clones génétiquement identiques, mais sur des plantes nées des semis de chaque espèce.

LE TERRAIN *de* A à Z

Une terre bien structurée et riche en éléments nutritifs est le meilleur facteur de croissance dans un jardin naturel.

La grande chaîne de la vie végétale commence et finit dans la terre. Les nutriments et l'eau de la terre sont les matériaux bruts qui donnent vie à toutes les formes végétales. En retour, les plantes fournissent de la nourriture aux autres formes de vie, bactéries, insectes, oiseaux et animaux, sans oublier les hommes. Chacune de ces espèces retourne à la terre après la mort, ce qui donne de la nourriture à d'autres formes d'organismes, les nécrophages (scarabées et myriapodes) et les décomposeurs (vers de terre, champignons et bactéries). Ces derniers vont opérer la dissociation des éléments chimiques des anciens tissus vivants qui les composent – les nutriments essentiels qui donneront la vie à de nouvelles générations de plantes et d'animaux.

L'un des buts essentiels du jardinage naturel est d'entretenir un sol sain au bénéfice de tous ces organismes.

TYPES DE SOLS

On classe les sols selon deux critères :

• la texture, qui se rapporte à la taille des particules minérales issues de la décomposition des roches ;

• la structure, qui indique le degré d'agrégation de ces particules en mottes dont la cohésion est due aux matières organiques.

Les alvéoles laissées entre les particules servent à aérer le sol en même temps qu'elles retiennent l'humidité dans laquelle sont dissous les divers nutriments nécessaires à la croissance des plantes.

Les terres à structure fine sont soit argileuses, soit limoneuses, chaque sorte étant composée de particules minuscules. Du fait de leur petite taille, ces particules s'agglomèrent solidement, laissant d'infimes interstices qui absorbent et retiennent l'eau facilement, sans laisser pénétrer l'air. Les particules d'argiles, qui sont plates, s'agglutinent solidement, ce qui ralentit considérablement la pénétration de l'eau. Dans les sols sablonneux à texture grossière, l'eau pénètre

UN SOL ORGANIQUE RICHE, *en haut, est le support essentiel sur lequel se fonde la chaîne alimentaire, ci-dessous. Dans la nature, tout est perpétuellement recyclé.*

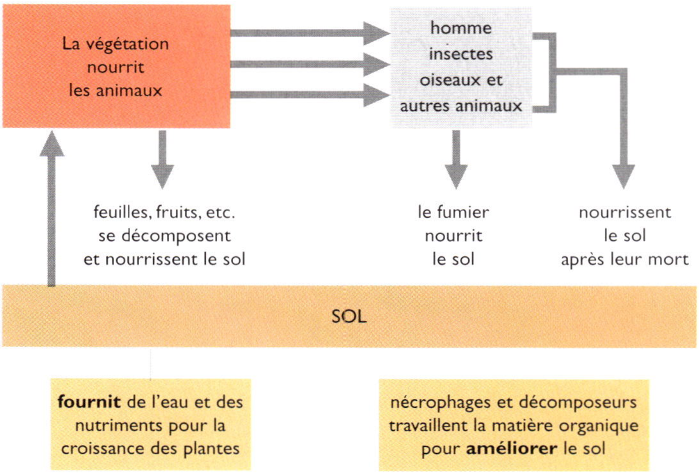

LES VERS DE TERRE

Les vers de terre jouent un grand rôle dans l'amélioration de la qualité du sol. Ils se nourrissent copieusement de matières organiques trouvées en surface et rejettent des excréments qui enrichissent le sol. Ce processus transforme les nutriments en éléments solubles que les racines des plantes peuvent assimiler facilement. En creusant le sol, les vers de terre l'aèrent, améliorant le drainage. Lorsque leur nourriture est abondante, ils se reproduisent en grand nombre ; dans des conditions idéales, on peut en trouver 1,25 tonne à l'hectare. Les vers de terre sont aussi très utiles dans le compost car ils en accélèrent la décomposition. Dans certaines jardineries, on peut acheter des vers de terre à ajouter à son compost.

LE COMPOST MAISON *permet de recycler les matières organiques du jardin et de la cuisine. Le compost doit être bêché et retourné de temps en temps. Une fois décomposé, vous pouvez l'utiliser pour préparer une plate-bande avant plantation, ci-dessous.*

immédiatement et s'évacue rapidement, ne demeurant qu'en une faible quantité porteuse de nutriments dissous.

Dans la nature, peu de sols sont d'une texture uniforme ; la plupart sont composés de particules de différents types comme l'argile sablonneuse ou le sable limoneux. L'idéal est un mélange de sable, de limon et d'argile qu'on appelle le terreau ; la diversité de la taille des alvéoles permet la pénétration et le drainage de l'eau, mais retient assez d'humidité pour fournir les nutriments nécessaires à la croissance des plantes. L'activité naturelle des organismes décomposeurs favorise la cohésion des particules en granules qui caractérisent la structure du sol. Un sol sain, d'une bonne structure, peut contenir jusqu'à 50 % de matière organique. Un tel substrat produit des plantes vigoureuses et robustes.

LES BRANCHES TOMBÉES *à terre, ci-dessous, peuvent être abandonnées à la décomposition. Elles participent à l'enrichissement du sol en humus. Les champignons poussant sur le bois sont un des agréments de la vie sauvage au jardin.*

AMÉLIOREZ VOTRE SOL

Observez votre sol : est-il stérile ou bien les plantes y poussent-elles vigoureusement ? Lorsqu'il pleut, l'eau forme-t-elle des flaques ou bien disparaît-elle dans le sol rapidement ? La terre est-elle facile à bêcher ou est-elle dure comme le roc ? Vous pouvez facilement déterminer, chez vous, si votre sol manque de nutriments ou s'il est trop acide ou trop alcalin. Contactez un laboratoire spécialisé pour savoir si une analyse professionnelle se justifie. Si le sol n'a pas été auparavant dégradé par des travaux de construction ou épuisé par des cultures récentes, il n'a peut-être pas besoin de beaucoup d'amendements, surtout si vous envisagez de cultiver des plantes adaptées à la région.

Dans la plupart des cas, l'incorporation d'un peu de matière organique sera suffisante. Il existe un vaste choix de matières organiques. Les meilleures sont composées de particules de dimensions variées, la matière organique étant dérivée à la fois de plantes herbacées et de plantes ligneuses. Leur grand avantage est qu'elles mettent plus de temps à se décomposer en éléments chimiques.

Le fumier animal bien mûr est une excellente source de matière organique, mais méfiez-vous des graines de mauvaises herbes. On peut y ajouter de la tourbe, mais elle rend rapidement la terre trop acide. Une meule de champignonnière épuisée est aussi un excellent moyen d'amender la terre.

Vous pouvez aussi essayer le compost de feuilles, les écorces et la balle de riz. La paille et autres matériaux similaires doivent être écartés car ils absorbent l'azote du sol dont les plantes peuvent ensuite manquer. Vous pouvez utiliser, évidemment, du compost prêt à l'emploi ou le faire vous-même à partir des déchets ménagers, de tonte et de taille.

UN ENTRETIEN NATUREL

Entretenez vos plantes sans compter votre temps.

Entretenir un jardin de façon naturelle signifie comprendre le processus qui maintient en bonne santé une communauté de plantes indigènes, et veiller à ce qu'elles s'adaptent à votre propre programme d'entretien. Sélectionnez des plantes adaptées à l'environnement dans lequel vous voulez les cultiver. Observez leur principe de croissance, et ce que vous pouvez en attendre à chaque saison. Étudiez comment la nature prodigue l'humidité et les différents nutriments, et comment elle règle le problème des maladies et des insectes nuisibles. Gardez à l'esprit l'inéluctable succession des classes de végétaux si vous ne faites pas preuve de la volonté nécessaire au maintien de ce que vous avez planté.

UN SOL SAIN

La nature conserve le sol sain en assurant le recyclage des feuilles, brindilles, fleurs et fruits sous la forme d'une couche de déchets organiques qui réduit l'évaporation, l'érosion par le vent et par les eaux ruisselantes, et le tassement par le piétinement. Cette couche limite en outre les écarts de température, entrave la germination des mauvaises herbes, et dégage des nutriments qui pénètrent dans le sol grâce aux vers de terre et aux autres organismes qui décomposent la matière organique. Cette litière est aussi un abri pour les insectes et autres organismes qui se nourrissent du sol. Recyclez vos déchets de jardin en en faisant une litière autour de vos plantes ; utilisez une broyeuse pour hacher les tiges dures ou ligneuses. Évitez d'enterrer les feuilles de plantes vivaces ou annuelles avec la litière, et ne mettez pas cette litière au contact direct des troncs

La nature sait comment

produire le maximum d'efforts

avec le minimum de moyens.

HEINRICH HEINE
(1797–1856), poète allemand

LA TAILLE DES PLANTES, *à gauche, part essentielle de l'entretien du jardin, accroît la floraison et la fructification. Une couche de déchets organiques, ci-dessous, conserve au sol sa bonne santé et favorise la croissance des légumes et des fleurs, comme ces* Viola rotundifolia, *à droite.*

d'arbres et d'arbustes. Dans les régions sèches, vous pouvez couvrir le sol de votre jardin avec du gravier ou des galets. Les herbes ornementales et les plantes qui aiment la sécheresse peuvent être plantées parmi cette couverture minérale.

Beaucoup de nos plantes indigènes se portent mieux dans un sol pas trop fertile. Si le résultat de l'analyse de votre sol vous commande d'ajouter un engrais artificiel, essayez de trouver un produit organique contenant des oligo-éléments.

ÉCONOMISER L'EAU

Si vous avez garni votre jardin de plantes indigènes

regroupées en fonction de leurs besoins en eau, il se peut qu'un réseau d'irrigation ne soit pas nécessaire. Même les espèces gourmandes en eau, celles qui, dans la nature, poussent le long des berges des cours d'eau, sont programmées pour survivre à des phases de sécheresse périodiques et retrouvent toute leur vigueur à la première averse. Mais il faut admettre que nous voulons que nos plantes s'épanouissent, et non qu'elles survivent. Un système d'irrigation peut se révéler nécessaire pour l'enracinement de nouvelles plantes, et pour un supplément occasionnel lorsqu'elles sont établies. Le plus souvent, une buse au bout d'un tuyau sera suffisante ; parfois, tout un système enterré peut se justifier. Mais évitez de dépendre entièrement d'un système automatisé.

Prenez le temps d'observer vos plantes et leurs besoins en eau ; la plupart d'entre elles montrent des signes de soif bien avant d'être complètement desséchées, ce qui vous laisse le temps de leur fournir l'humidité voulue. Envisagez des buses d'arrosage qui ne délivrent que de petits volumes d'eau sous la forme de grosses gouttes : vous réduirez ainsi la perte par évaporation, et l'érosion du sol. Arrosez au petit matin ; vous éviterez l'évaporation due au soleil et les pertes occasionnées par le vent, ainsi que l'excès d'humidité favorisant les maladies des feuilles lorsqu'on arrose le soir. Arrosez beaucoup, mais pas trop fréquemment, même pendant la période d'installation ; vous favoriserez ainsi un enracinement profond qui permettra à la plante de supporter facilement les périodes de sécheresse. Pour des plantes très espacées, utilisez un système de petits arroseurs, goutte-à-goutte ou minces filets d'eau, qui permettent de distribuer des quantités d'eau mesurées, près des racines de chaque plante.

Tailler pour donner une forme

On taille les plantes pour éliminer les tiges ou les branches mortes, abîmées, disgracieuses, faibles, malades ou trop abondantes ; pour augmenter la floraison et la fructification ; pour diriger la croissance ou la forme d'une plante ; enfin, pour en contrôler les dimensions. Sélectionnez des plantes qui ne déborderont pas de l'espace que vous leur avez alloué sur votre plan. Lorsqu'une taille de formation est nécessaire, évitez de donner une forme artificielle qui gêne l'entrée des oiseaux ou d'autres animaux. Taillez toujours pour mettre en valeur la forme naturelle de la plante. Vous pouvez aussi être amené à tailler une partie de votre jardin pour maintenir la végétation à un certain stade d'évolution.

LE DÉSHERBAGE ET L'ARROSAGE, *ci-dessus, sont essentiels à un environnement sain. La plupart des plantes indigènes ne demandent cependant que peu d'arrosages en complément des pluies.*

UN CONTRÔLE NATUREL *des* INSECTES NUISIBLES

Une fleur dévorée de temps à autre n'est qu'un incident insignifiant dans un jardin accueillant la faune et les humains.

Plus un jardin est varié, plus il présente un nombre important de couples prédateur-proie, produit-consommateur, hôte-parasite. Chacun de ces couples montre que la nature subvient à ses besoins : un modèle si vous voulez jardiner avec la nature. Vous aurez rarement besoin d'utiliser des produits chimiques pour éradiquer d'éventuels parasites ou maladies des plantes.

LE CONTRÔLE INTÉGRÉ DES INSECTES

C'est une approche systématique du contrôle des insectes et des maladies, fondée sur le principe qu'une plante saine, bien intégrée à son environnement (comme le sont généralement les plantes indigènes) ne souffrira que peu des attaques d'insectes ou de maladies. Lorsque les problèmes se posent, le contrôle intégré implique que l'insecte ou la maladie soit bien identifiés et suivis de près pour déterminer la gravité de la situation. Si le niveau acceptable est dépassé, on essaiera toute une panoplie de produits non toxiques avant d'avoir recours aux produits chimiques. Si cela échoue, et qu'on doive utiliser des produits chimiques, on choisira de préférence ceux dérivés de sources naturelles.

Commencez par des pratiques horticoles visant à améliorer la santé générale de vos plantes, en les rendant moins vulnérables aux attaques des insectes ou des maladies. Guettez les signes de sécheresse ou d'excès d'humidité, d'ensoleillement excessif ou insuffisant, ou de vents desséchants. Si vous observez une carence, distribuez de l'engrais. Enlevez un paillage s'il abrite des escargots, des limaces ou d'autres nuisibles, ou s'il contient des feuilles malades ou des pétales pouvant contenir des spores susceptibles d'infecter d'autres plantes. Éliminez les mauvaises herbes qui peuvent aussi abriter des insectes ou propager des maladies. Coupez les feuilles et les branches infestées et brûlez-les pour éviter une épidémie.

Si les insectes vous posent problème, envisagez une méthode mécanique d'élimination : pièges, barrières ou autres moyens de les maintenir à distance. Des bandes adhésives placées sur le tronc des arbres ou des papiers collants jaune vif attirent de nombreux insectes. Un jet d'eau violent les emporte. Avec un peu de patience, la collecte à la main (de nuit, avec une torche) permet d'éliminer une grande quantité d'insectes rampants.

De nombreuses méthodes biologiques sont maintenant à la disposition du jardinier. Les oiseaux, les chauves-souris, les grenouilles et les crapauds mangent beaucoup d'insectes, y compris le détestable moustique. Le spectacle d'insectes utiles comme la coccinelle se nourrissant de pucerons ou d'autres insectes peut être amusant. De minuscules prédateurs, guêpes, acariens ou nématodes, presque invisibles à l'œil nu, se nourrissent ou parasitent des animaux encore plus petits. Il y en a peut-être déjà dans votre jardin, et vous pouvez en acheter par correspondance, sous forme d'œufs, de larves ou d'individus adultes (voir aussi Insectes volants, page 74).

Quand toutes ces mesures ont échoué, vous pouvez être obligé d'utiliser les pesticides. Choisissez

LES INSECTES UTILES *comme la coccinelle mangent des insectes nuisibles, par exemple les pucerons, ci-dessous. Certains jardins botaniques en font même l'élevage (à Caen, par exemple).*

ceux qui sont extraits d'éléments naturels ; employez-les avec soin et parcimonie, en ayant pour seul objectif, le problème spécifique qui vous concerne.

La pulvérisation de savon insecticide est efficace sur les insectes à corps mou, comme les pucerons et les acariens. Les savons fongicides traitent la rouille, le mildiou, les taches sur les feuilles et autres maladies de surface. Ces savons ne sont pas toxiques pour les mammifères et sont rapidement biodégradables ; cependant, ils peuvent affaiblir certaines espèces, il est donc conseillé de les essayer d'abord sur une seule plante.

Vous pouvez pulvériser des huiles horticoles à n'importe quel moment de l'année pour tuer dans l'œuf ou à l'état larvaire les insectes nuisibles. Ces huiles, très peu toxiques pour l'homme et la faune sauvage, sont détruites rapidement après usage.

Les pesticides botaniques, dérivés de plantes connues pour leur propriétés insecticides, peuvent être utilisées pour lutter contre des insectes particuliers ; d'autres ont un spectre plus large et tuent tous les insectes avec qui ils entrent en contact. La toxicité de ces produits à base d'éléments naturels est variable, certains étant assez nocifs pour l'homme et la faune, mais ils sont vite décomposés au contact du sol ou s'ils sont exposés au soleil. Suivez toujours soigneusement le mode d'emploi lorsque vous utilisez ce type de produits chimiques.

Rappelez-vous qu'un petit nombre d'insectes nuisibles présente peu de risques au jardin naturel, et ils peuvent même être une source de nourriture pour d'autres formes animales que vous souhaiter attirer.

LES TRAITEMENTS CHIMIQUES *peuvent détruire les araignées, les insectes qui sont eux-mêmes prédateurs d'insectes nuisibles, et les oiseaux insectivores comme ce pipit des prés, ci-dessous.*

LA MAÎTRISE DES MAUVAISES HERBES

Le secret de la maîtrise des mauvaises herbes est de ne pas les laisser commencer à s'installer. Couvrez votre sol, soit avec un paillis, soit avec des plantes qui fournissent une ombre dense sous laquelle les semis ne pourront pas germer correctement. Évitez les herbicides préventifs ou curatifs ; ils laissent dans le sol des résidus toxiques qui peuvent affecter les plantes que vous aimez.

Il est préférable d'arracher les mauvaises herbes dès que vous les apercevez, en ne les laissant surtout pas fleurir et produire des graines. Il y a cependant des mauvaises herbes qu'on peut considérer comme utiles au jardin. Elles attirent certains animaux en leur offrant pollen, nectar, graines et feuillage pour leurs larves.

Si vous souhaitez conserver un espace en herbe, éliminez tous les jeunes plants d'arbres ou d'arbustes qui peuvent être propres à la région. S'ils en ont la possibilité, ils envahiront la prairie. De la même façon, veillez à réduire le nombre des plantes annuelles ou vivaces les plus prolifiques, simplement en coupant leurs fleurs avant qu'elles produisent leurs graines.

L'ARAIGNÉE, *ci-contre, ici photographiée de nuit, fait partie des prédateurs d'insectes nuisibles.*

PAYSAGES *de* RÉFÉRENCE

Une petite jardinière ou un vaste paysage peuvent vous donner des idées transposables à votre jardin.

Il y a, tout autour de vous, des paysages qui peuvent vous inspirer. Analysez les éléments qui rendent une vue ou un jardin attrayant – les nombreuses nuances de vert des feuillages, la couleur et la forme des fleurs, les rapports entre les plantes, la subtilité des textures. Flânez dans la campagne voisine et observez minutieusement le paysage. Ces observations vous guideront au moment de choisir des plantes indigènes et adaptées à votre jardin. La disposition et le regroupement des plantes que vous verrez vous donneront une idée des nombreuses façons dont celles-ci peuvent être utilisées dans votre cas particulier. Les jardins botaniques régionaux procèdent souvent à des ventes de plantes ; dans tous les cas, vous y trouverez des renseignements utiles pour votre jardin.

L'ATMOSPHÈRE MYSTÉRIEUSE *des côtes occidentales d'Écosse, en haut, balayées par le vent contraste vivement avec la douceur de ces champs de lavande, en France, ci-dessus, et avec ces jacinthes bleues poussant dans une clairière du Kent, en Angleterre, à droite.*

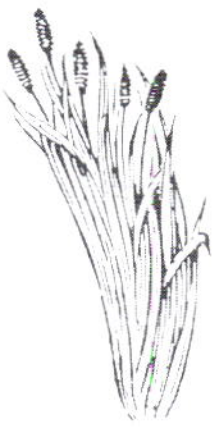

La beauté et
le calme ; sans
aucune crainte,
c'est l'idéal de la Nature.

Richard Jefferies (1848–1887),
écrivain et naturaliste anglais

PAYSAGES VARIÉS. *Couleurs d'automne d'une forêt bavaroise, en haut, à gauche ; lac bordé d'arbres à Trønelag, Norvège, ci-dessus ; en Suisse, une prairie alpine en fleurs, à gauche ; des dunes aux Pays-Bas, ci-dessous.*

Nous vivons trop dans les livres et pas assez dans la nature.

ANATOLE FRANCE (1844-1924).

CHAPITRE DEUX

UN JARDIN ACCUEILLANT *la* FAUNE *et la* FLORE

LA CRÉATION *d'un* JARDIN SAUVAGE

Notre curiosité pour les choses de la nature et notre bienveillance envers les autres êtres vivants nous donnent envie d'observer la vie sauvage de plus près.

Le but de certains jardiniers est d'attirer le plus grand nombre possible d'animaux dans leur jardin. Nous apprécions tous le spectacle d'oiseaux ou de papillons aux couleurs vives voletant de-ci de-là, mais nous ne devons pas oublier des animaux moins démonstratifs, comme une araignée lovée dans une fleur ou un timide campagnol faisant une apparition fugitive. Ces animaux jouent un rôle important au sein de la communauté harmonieuse qui vit au jardin.

Pour réussir à attirer la faune sauvage au jardin, il faut comprendre et prévenir ses besoins : nourriture, eau, abris et lieux de nidification. En y installant en même temps des lieux confortables pour vous-même – espace de relaxation, jeux, divertissement – vous pourrez profiter du spectacle et des bruissements de la vie sauvage dans votre jardin.

ÉVALUER LES POTENTIALITÉS DE VOTRE JARDIN

Il est utile de commencer par un plan, dans la tête et sur le papier. Au départ, considérez votre jardin comme une combinaison unique de possibilités et de limites qui sont le reflet de sa situation, des conditions locales et des possibilités d'amélioration (voir Le tracé du paysage, pages 26-29).

Comme certains animaux ne vivent que dans des parties restreintes d'Europe, votre situation géographique détermine le type de faune que vous pouvez raisonnablement espérer y attirer. Cette situation vous dictera aussi quel type de plantes pourra y pousser.

Consultez Les Biotopes (pages 99-272) pour des conseils sur les animaux et les plantes susceptibles de s'adapter à votre situation particulière. Vous pourrez trouver des informations détaillées dans d'autres ouvrages traitant de la faune et de la flore européenne (voir Indications complémentaires, pages 274-275). Observez quel type de

UN VISITEUR RARE. *Un papillon, à gauche, visite une salicaire. Certains papillons sont devenus très rares. Si vous ne voulez pas menacer à l'aveuglette des espèces menacées, n'utilisez pas d'insecticides chimiques : ils risquent de tuer l'innocent avec le coupable.*

LES BIENVENUS ET LES INDÉSIRABLES

Dressez la liste des animaux que vous voulez attirer, et notez leurs besoins et leurs comportements. Vous pouvez aussi lister ceux que vous souhaitez décourager, comme les lapins ou les chevreuils. Tenez compte de l'avis des voisins qui peuvent être indignés de votre soutien à des animaux qu'ils considèrent comme nuisibles. Évitez le sentimentalisme lorsque vous découvrez qu'un de vos animaux favoris est la proie d'un autre. Que ce soit une belette qui mange une souris ou une couleuvre qui dévore une chenille, admettez le rôle que les prédateurs jouent à tous les niveaux du jardin, comme dans la nature, et soyez heureux de protéger une communauté harmonieuse d'animaux et de plantes.

LES BIOTOPES. *Un espace couvert près d'un aménagement comme cette pièce d'eau, ci-dessus, augmente son attractivité pour la faune. Un jardin en lisière de bois, à droite, attirera les espèces sylvicoles.*

plante s'épanouit dans le voisinage et les habitats sauvages environnants, cela vous aidera à choisir les plantations pouvant attirer vos espèces animales favorites.

Évaluez le niveau présent de votre jardin en y installant les habitats de première nécessité. En observant les plantes qui ont la faveur des animaux, vous pouvez décider de les multiplier, et d'abandonner ou de transplanter les autres.

LE JARDIN EST UN HAVRE

Pour survivre, les animaux doivent faire face aux prédateurs, aux éléments, et à la compétition pour la nourriture. La faune – un plan attentif prévoit des lieux réservés aux animaux – s'aménage des espaces pour se reproduire, se reposer, boire, se baigner et s'alimenter.

Les arbres, les haies et les arbustes atténuent le vent, le soleil et l'évaporation pour créer divers microclimats. Le feuillage et les branches offrent un abri et un lieu de nidification. Les plantes sont la principale source d'alimentation, et les animaux ont développé des habitudes alimentaires qui leur permettent de tirer parti du pollen, de la sève, du nectar, des feuilles, des fleurs, des bourgeons, des graines, des fruits, des noix et même de la fibre de bois. Dans certains cas, la flore abrite de petits insectes dont se nourrissent des animaux plus visibles comme la libellule ou la fauvette.

CRÉER DES NICHES POUR LES ANIMAUX

Généralement, plus vous installez de niches favorables aux animaux, plus vous accueillez d'espèces différentes. Veillez à installer assez de niches pour satisfaire les besoins vitaux des animaux que vous voulez attirer ; cela peut aller d'un point d'eau grand comme une bassine pour des espèces de petites grenouilles, à des hectares d'habitat pour certains mammifères.

... un goût pour la beauté s'épanouit mieux en plein air...

HENRY DAVID THOREAU (1817–1862), essayiste, poète, naturaliste et philosophe américain

DANS *votre* VOISINAGE

Le véritable intérêt d'un jardin naturel est ce qu'on apprend sur la vie sauvage.

Chaque parcelle d'une région abrite des plantes essentielles pour la faune locale. Les plantes indigènes sont généralement les plus attirantes pour la faune, mais elles ne sont pas toujours les plus répandues. Certaines plantes acclimatées peuvent être très prisées des animaux. Un exemple est le sorbier (*Amelanchier lævis*), un arbuste originaire d'Amérique du Nord souvent planté dans les jardins publics et parfaitement acclimaté ; ses fruits sont appréciés de nombreux oiseaux. Mais de telles plantes peuvent limiter la diversité écologique, ou être envahissantes au jardin.

ÉVALUER LE SITE

Chaque site est porteur de sa combinaison unique de possibilités et de limites, et même au cœur de larges zones urbaines peuvent se jouer des scènes de la vie sauvage. Une souche de plantes bien établies fructifiant régulièrement est le meilleur élément qu'un jardin puisse offrir. Une rangée d'arbres approchant de la maturité fournit un habitat d'une valeur considérable, qui se poursuit même dans son déclin, lorsque les troncs creux proposent des lieux de nidification. Des tas de brindilles, une litière de feuilles en décomposition et d'autres matériaux organiques enrichissent le sol et offrent abri et nourriture à beaucoup de petits animaux précieux.

Les éléments physiques du lieu peuvent être aussi importants : un point d'eau naturel, mare, ruisseau ou source est très appréciable. Il offre à boire et peut accueillir des espèces d'animaux ou de plantes de zones humides. Une pente modérée et un terrain varié permettent de diviser le jardin en différentes zones d'habitat.

Des conditions physiques extrêmes peuvent limiter les possibilités. De trop petites dimensions réduisent de façon évidente les possibilités de création d'habitats variés, mais même une jardinière, si elle est bien garnie, peut attirer son lot de visiteurs. Les sols très sableux ou mal drainés ne peuvent accueillir n'importe quelle plante si on ne les amende pas (voir pages 36-37 pour l'amélioration des sols). Un sol dense empêche aussi les animaux fouisseurs de creuser leur nid, bien que ce défaut puisse être apprécié dans les cas extrêmes, s'agissant de lapins par exemple (mais les taupes n'éprouvent aucune difficulté dans ce type de terrain).

Certains facteurs de voisinage peuvent aussi restreindre les possibilités d'un jardin.

CRÉER UN AUTHENTIQUE BIOTOPE

- Plantez selon la topographie naturelle : les points bas conviennent aux plantes qui aiment l'humidité ou aux aménagements aquatiques ; un talus élevé convient aux plantes de rocaille.
- Protégez votre jardin des vents, surtout des vents froids hivernaux.
- Introduisez des plantes dont se nourrissent les animaux que vous préférez.
- Efforcez-vous de varier les plantations, mais évitez un patchwork de spécimens isolés.
- Coordonnez l'habitat avec l'utilisation de l'eau : irrigué et luxuriant près de la maison, sec un peu plus loin.
- Placez les plantes alimentaires et les mangeoires dans les coins les plus retirés de la propriété pour ne pas rebuter les animaux terrestres les plus timides.
- N'utilisez pas d'insecticides chimiques : ils déséquilibrent les relations naturelles proie-prédateur que vous vous efforcez de maintenir.
- Disposez des arbustes pour rapprocher la faune sauvage de la maison ; un patio vous permettra de l'admirer.
- Ajoutez des mangeoires aux plantes alimentaires ; installez des nichoirs pour augmenter les chances de nidification.

LES OISEAUX ET LES PETITS MAMMIFÈRES *raffolent des graines de sapin, en haut, à gauche. Le rouge-gorge est peu farouche et se joindra à vous lorsque vous jardinerez, à gauche.*

UNE MASSE DE PLANTES EN FLEURS *,à droite, est non seulement une fête visuelle, mais aussi un banquet pour de nombreux insectes, parmi lesquels les abeilles qui effectuent leur travail de pollinisation, ci-dessous.*

CERTAINES PLANTES *comme la digitale (*Digitalis purpurea*) agissent comme de véritables aimants sur les abeilles et les papillons.*

L'isolement par rapport à ce qui fondent la vie sauvage est un sérieux problème, moins grave toutefois dans le cas d'animaux particulièrement mobiles, comme les oiseaux. Un fond sonore élevé dû à la vie urbaine est un handicap pour les animaux qui dépendent des communications vocales, et il dissuadera les mammifères errants les plus prudents de s'aventurer dans ce site. Des murs, talus ou autres obstacles stratégiques peuvent diminuer la pollution sonore.

POLLINISATION ET AUTRES PARTENARIATS

Les relations entre les animaux et les plantes sont un des côtés passionnants de la création d'un jardin naturel, et vous pouvez, par des plantations judicieuses, encourager de telles associations dans votre jardin. La coopération, comme la pollinisation par les abeilles dans laquelle toutes les parties sont gagnantes, est une forme de partenariat, mais il existe aussi des relations proie-prédateur dans lesquelles c'est le système et non l'individu qui est gagnant. Par exemple, la coccinelle et sa larve dévorent les pucerons qui peuvent attaquer de nombreuses plantes.

L'absence de pesticides permet une pollinisation sans risque de la part des insectes. Dans le cas des fleurs en corolle, de nombreux insectes coopèrent avec les fleurs dans l'échange de pollen et de nectar. Les grandes fleurs en soucoupe servent d'aires d'atterrissage à divers insectes. Mouches, abeilles et bourdons trouvent de la nourriture sur les corolles des laiterons, par exemple. Les fleurs de digitales sont appréciées des bourdons, alors que les papillons de nuit ne visitent que l'odorant chèvrefeuille.

Par temps froid, les bourdons se réfugient souvent dans les grosses fleurs des chardons où ils trouvent un abri et assez de nourriture pour maintenir la température de leur corps.

EAU, NOURRITURE et ABRI

En insistant sur les produits de première nécessité, vous pouvez tirer le meilleur parti de la vie sauvage.

Les plantes sont, bien sûr, la première source de nourriture dans le jardin, que ce soit le feuillage, la sève, le nectar, le pollen, les graines, les baies, les fruits ou les noix. En toutes saisons, essayez de fournir de la nourriture au moyen de plantes ou de mangeoires. Vous attirerez une large variété d'animaux, oiseaux comme mammifères quand les temps seront difficiles. Lors d'un hiver rude, la survie des oiseaux peut dépendre d'un supplément quotidien de nourriture.

LE STRICT MINIMUM. *Beaucoup d'oiseaux, comme la mésange, en haut, apprécient les cacahuètes. Le rouge-gorge aime son bain quotidien et il le prend volontiers dans une flaque, ci-dessous, s'il ne dispose pas d'une baignoire.*

NOURRIR LES OISEAUX

L'installation d'une mangeoire va améliorer l'accueil des oiseaux chanteurs dans votre jardin. Placez-la dans un endroit visible, à au moins 1,50 m du sol et à moins de 6 m d'un buisson de persistants où les oiseaux pourront facilement trouver refuge. Bien que les oiseaux repèrent plus facilement les mangeoires qui offrent la nourriture à l'air libre, il est tout de même préférable de les couvrir d'un petit toit en pente pour maintenir celle-ci au sec et prévenir la moisissure.

Vous pouvez faire des mélanges de graines adaptés aux oiseaux de votre région ; il s'agit généralement de millet, de chanvre, de tournesol et de cacahuètes mélangés. Ajoutez une petite quantité de gravillon, ou du sable, pour faciliter la digestion des graines.

Les oiseaux apprécient les restes de cuisine. Le lard et autres graisses animales solides sont riches en ressources énergétiques, mais il ne faut en proposer que si la température est inférieure à 20 °C pour éviter qu'elle rancisse. Beaucoup d'oiseaux apprécient les croûtes, les miettes, la pâtisserie sèche, les pommes de terre cuites et le fromage desséché ; ils consomment même les spaghettis, la gelée de fruits et la noix de coco. Mais attention, les épices et les plats salés sont dangereux pour les oiseaux. En été, ils recherchent les fruits frais, quartiers d'orange ou grains de raisin, et ils trouvent les graines moins appétissantes.

LA SOURCE DE VIE

L'eau est indispensable pour attirer la faune au jardin. La pièce d'eau n'a pas besoin d'être compliquée ni immense, une petite pataugeoire pour oiseaux ou un tonneau d'eau de pluie constituant des éléments économiques pour créer un point d'eau. Une pièce d'eau peut être un plaisir pour l'œil, et si elle est bien aménagée, vous constituez ainsi un espace de repos et de tranquillité pour les hommes et les animaux. Comme les oiseaux apprécient particulièrement le bruit et l'eau, pensez à installer un système de pompe afin de faire circuler l'eau, ou une fontaine associée à un petit bassin.

HERBES ET FLEURS SAUVAGES. *Si on les laisse pousser librement dans un vaste jardin, ces végétaux sauvages, à gauche, offriront de la nourriture aux insectes et aux oiseaux, ainsi que des abris et des sites de nidifications aux oiseaux et aux petits mammifères.*

Les amphibiens, comme les grenouilles et les crapauds, seront aussi attirés par une pièce d'eau, en compagnie des libellules et d'autres insectes des marais (voir Au bord de l'eau, pages 80-81).

Les pataugeoires à oiseaux servent aux nécessités du bain et de la boisson. Il est essentiel que les bords soient en pente douce pour un accès facile, et la profondeur ne doit pas dépasser 8 cm, avec un rocher pour servir de perchoir. Le risque que présentent les chats domestiques plaide en faveur d'une situation élevée, au moins 1 m du sol, et à moins de 5 m d'une végétation dense pouvant servir de refuge.

ABRIS ET NICHOIRS

Les plantes fournissent deux autres éléments indispensables aux habitants du jardin : premièrement, des matériaux de construction et des lieux sûrs pour s'installer ; deuxièmement, des abris contre les prédateurs et le mauvais temps. Par exemple, un seul arbre ou gros arbuste persistant est inestimable pour la faune, par un vent froid d'hiver. Une plante donnée peut remplir différentes fonctions pour une ou plusieurs espèces. On peut aussi fournir un abri non négligeable sous la forme de nichoirs, abris à papillons ou à chauves-souris.

Le manque de lieu de nidification limite souvent le nombre d'oiseaux et de mammifères vivant et se reproduisant au jardin. Installez des boîtes pour les oiseaux qui nichent dans des cavités, comme les sittelles, et de simples supports pour ceux qui sont habitués à des nids plus ouverts, comme les hirondelles. Il existe des livres qui vous indiqueront comment aider les oiseaux en déterminant les dimensions appropriées des nids en fonction des espèces. En général, ce sont les sites de nidification appuyés à une végétation dense sur deux ou trois côtés qui auront le plus de succès.

Si vous remplissez les mangeoires, maintenez la pataugeoire propre et pleine, et entretenez un jardin riche en fleurs, en graines et en feuilles, la faune locale viendra s'y montrer quotidiennement.

UNE MAISON POUR LES OISEAUX : LA CONSTRUCTION D'UN NICHOIR

Il faut adapter la taille du trou d'entrée à l'espèce à héberger (consultez un bon ouvrage pour les détails). D'autres éléments essentiels sont : un toit en pente avec une avancée d'environ 8 cm pour empêcher la pluie de pénétrer ; quatre trous de drainage de 1 cm de diamètre dans le plancher et plusieurs trous de ventilation en haut des parois. Le toit doit être vissé ou amovible pour faciliter le nettoyage en dehors des périodes d'occupation. Utilisez du contreplaqué pour extérieur, ou du bois de charpente traité qui donne une apparence plus rustique. Un morceau de tronc d'arbre dans lequel on a creusé un trou convient à certaines espèces, comme les sittelles. Utilisez des clous en inox ; vous pouvez souhaiter peindre l'extérieur, mais n'appliquez aucune peinture à l'intérieur. Préférez une couleur discrète : gris clair, marron ou vert foncé. Installez les nichoirs sur des poteaux élevés, ou attachez-les à des piquets ou des troncs d'arbre.

PROTECTION *et* DIVERSITÉ

Les animaux s'aventureront d'abord dans votre jardin à la recherche de nourriture, d'eau et d'un abri, mais ils n'y resteront que s'ils s'y sentent en sécurité.

La protection contre les prédateurs et les dangers de l'environnement est vitale si vous voulez être témoin d'aspects de la vie animale comme les parades nuptiales ou l'élevage des petits.

Un problème fréquent est celui des chats qui attendent près des mangeoires, près des buissons fréquentés par des mangeurs de baies, ou à côté des pataugeoires à oiseaux. Une des meilleures stratégies contre ces chats prédateurs est de laisser un espace dégagé autour de ces points d'attraction de façon à ce que les oiseaux voient venir le danger. Du grillage étalé sur le sol au début du printemps peut dissuader les chats de se coucher en attendant les oiseaux. Une herbe de jardin, la rue (*Ruta* spp.) plantée près des points sensibles peut aussi décourager efficacement les chats mal-intentionnés.

Il faut être ingénu pour croire qu'on puisse empêcher les oiseaux de se cogner contre les fenêtres. Pendre des serpentins aux avant-toits, ou coller des silhouettes de faucon sur les vitres peut avoir une certaine efficacité, mais il faut les changer de place de temps en temps. La façon la plus efficace d'empêcher les oiseaux de se heurter aux vitres est de fermer les rideaux.

LES OISEAUX PEUVENT NICHER *dans des endroits inattendus, en haut. Un jardin d'été, ci-dessous, propose des lieux de repos aux hommes et aux animaux.*

LES DANGERS DU JARDIN

Les herbicides et les pesticides constituent un autre danger de l'environnement. Si vous voulez des papillons, il faut accepter la présence de chenilles. Quelques feuilles dévorées par des chenilles sont la marque d'un jardin équilibré. Quand il y a trop de chenilles, ramassez-les et mettez-les dans un pot d'eau savonneuse. Vous pouvez aussi en éliminer quelques-unes avec un jet d'eau puissant. Celles qui tombent à terre sont mangées par les oiseaux. Même les insecticides prétendument inoffensifs pour l'environnement et qui contiennent des *Bacillus thuringiensis* comme principe actif peuvent tuer trop de chenilles. Les insecticides à base de pyrèthre

DIVERSITÉ DE L'HABITAT

Une bonne stratégie pour attirer un grand nombre d'espèces animales est de proposer un vaste choix d'époques de floraison et de types de graines et de feuilles. On peut créer la diversité simplement en divisant le paysage en différentes zones d'arrosage. En général, plus le paysage est varié, plus on y trouve une grande diversité d'animaux. La diversité verticale est un autre point de vue. Des plantes basses, moyennes et élevées créent un paysage plus intéressant pour la faune qu'une pelouse seulement ponctuée de l'ombre de quelques arbres.

peuvent aussi être dangereux pour les papillons et les abeilles. Pour avoir un jardin abritant une faune nombreuse, il faut tolérer des feuilles parfois imparfaites et ne lutter que contre les insectes vraiment importuns.

L'EFFET DE LISIÈRE

L'emplacement des divers éléments de votre jardin est très important. Si une mangeoire n'attire pas les oiseaux, essayez de la déplacer. Il n'est pas toujours facile de savoir pourquoi une mangeoire est fréquentée à un endroit et pas à un autre. Des nichoirs de même type, disposés à des hauteurs différentes, même sur le même arbre, peuvent attirer des oiseaux d'espèces différentes. Les pataugeoires et les mangeoires frappées par le soleil levant sont toujours plus fréquentées que celles qui restent à l'ombre. Après une longue nuit d'hiver, les oiseaux apprécient la chaleur des rayons du soleil.

Lorsque les plantations sont disposées selon des schémas rencontrés dans la nature, une zone de lisière se crée là où deux types de biotopes se rencontrent. Une lisière présente l'avantage de nécessiter un entretien réduit et d'améliorer l'aspect du jardin. C'est aussi une zone favorable à l'observation de la faune. Dans cette zone de transition, vous pouvez avoir la chance de rencontrer des animaux propres à ces deux habitats, ainsi que ceux qui fréquentent à la fois l'un et l'autre. Par exemple, des animaux discrets comme les musaraignes habitent dans des massifs d'arbustes denses, mais si on leur offre à proximité un terrain moins couvert, elles s'y aventureront parfois pour se nourrir.

QUELQUES ESPÈCES *végétales et animales préfèrent les zones de transition entre deux types d'habitat, en haut. Il peut être intéressant de créer de nombreuses zones de ce genre. Les campagnols, au milieu, grignotent parmi les feuilles et les brindilles. L'écureuil roux, à droite, fait son nid dans des arbres creux ou abattus, ou dans des trous dans le sol, mais il est de plus en plus remplacé par son cousin gris.*

LES ARBRES *dans* *un* JARDIN NATUREL

La symétrie, la grandeur et la stature des arbres donnent au jardin son cadre visuel.

Non seulement ils sont agréables à l'œil, mais les arbres fonctionnent comme de véritables usines : à partir de l'énergie solaire, de l'eau et des nutriments du sol, ils fabriquent des feuilles, des bourgeons, de la sève, de la fibre de bois, des racines, des baies et des noix qui nourrissent le règne animal de multiples façons. Beaucoup d'arbres abritent des chenilles et d'autres insectes qui attirent les oiseaux insectivores.

La structure des arbres offre une multitude de possibilités d'abri et de lieux de nidification, depuis des niveaux proches du sol jusqu'à des zones enfouies dans le feuillage, reculées au bout de branches inaccessibles, cachées dans des fourches ou au fond de cavités. Des oiseaux comme les loriots et les gros-becs font plutôt leur nid dans les parties supérieures des grands arbres, alors que ceux qui préfèrent les troncs creux le font plus bas. Avec seulement quelques arbres, vous pouvez simuler toute la diversité de la forêt sauvage : la voûte supérieure, les branches intermédiaires, les arbustes, et la lisière.

Les arbres à feuilles caduques offrent un spectacle varié selon les saisons. En les choisissant bien, ils peuvent vous donner des fleurs au printemps, des feuilles et de l'ombre en été, de belles couleurs automnales et un branchage intéressant en hiver – un changement continu tout au long de l'année.

LE CYCLE VITAL DE L'ARBRE

L'intérêt d'un arbre, en tant qu'habitat, évolue selon son cycle vital. Par exemple, un sapin en pleine croissance abrite des chenilles mangeuses d'aiguilles qui servent de nourriture à une famille de fauvettes ; ces oiseaux font aussi leur nid au plus dense du feuillage. Les cônes tombés à terre attirent les écureuils. Dans sa vieillesse, ce même arbre chargé d'insectes xylophages nourrira un pivert. Ailleurs, sur le tronc, ce pivert creuse un trou pour y nicher. Lorsque l'arbre meurt et s'évide, il fournit un refuge aux petits oiseaux qui fuient les éléments hostiles, et un domicile à de petits mammifères comme les musaraignes ou parfois, une martre.

À la fin de sa vie, un vieux tronc d'arbre peut servir de support à une plante grimpante chargée de fruits qui demeurent bien après la disparition des insectes estivaux.

Pour profiter de tous ces plaisirs, il faut conserver les vieux arbres, en n'élaguant que les branches dangereuses. Quand une branche tombe, laissez-la pourrir sur place ou transportez-la dans un endroit plus approprié de votre jardin où, dans son processus de transformation en humus, elle abritera des champignons que grignoteront des rongeurs, et des fougères qui attireront les oiseaux nichant au sol.

DES ARBRES POUR ATTIRER LA FAUNE

Nom vernaculaire	*Nom scientifique*	*Hauteur d'un sujet adulte*	*Éléments intéressants*
cormier	*Amelanchier* spp.	6-9 m	baies
cornouiller	*Cornus* spp.	90 cm-5 m	fruits
aubépine	*Crataegus* spp.	1,5-5 m	baies/abri
houx	*Ilex* spp.	4,5-12 m	baies/abri
cerisier, prunier	*Prunus* spp.	4,5-12 m	fruits
sorbier	*Sorbus* spp.	6-9 m	baies
bouleau	*Betula* spp.	5-25 m	bourgeons/graines
chêne	*Quercus* spp.	12-38 m	glands/abri
genévrier	*Juniperus* spp.	90 cm-6 m	cônes/abri
pin	*Pinus* spp.	3-24 m	cônes/abri
sureau	*Sambucus* spp.	3-7 m	baies

LA PLANTATION DES ARBRES
Lorsque vous plantez pour l'avenir, choisissez des espèces indigènes robustes dont la taille adulte conviendra aux dimensions de votre jardin ; évitez les espèces qui, à midi, plongeraient la totalité du terrain dans l'ombre. Cultivez plusieurs variétés d'arbres, sélectionnés en fonction de la faune que vous voulez attirer, mais n'oubliez pas qu'un jour, ces arbres seront adultes. Planter un chêne pour obtenir une abondante récolte de glands demande une décennie ou plus de patience, alors que des arbres plus petits porteront des fleurs et des fruits bien avant.

Le choix de l'emplacement des arbres est crucial pour une réussite à long terme. En général, il est conseillé de planter des arbres en périphérie pour qu'ils se fondent dans l'habitat adjacent, protègent votre intimité, et offrent de jolis points de vue à partir de la maison. Si un arbre existant est mal placé – par exemple, s'il fait de l'ombre en un endroit que vous voudriez consacrer au soleil – envisagez de couper la cime et de laisser le tronc se décomposer pour qu'il serve d'abri à la faune sauvage. Les arbres adultes étant des éléments précieux qu'on ne remplace qu'au bout de nombreuses années, efforcez-vous de dessiner votre jardin autour d'eux.

En dehors de leur valeur incontestable d'habitat, la capacité des arbres à abriter du vent et des rayons brûlants du soleil les rend précieux pour les hommes comme pour les animaux. En fonction de la densité de leur feuillage et de leur emplacement dans le jardin, les arbres peuvent créer différentes zones d'ombre dans le paysage, depuis une ombre profonde au nord d'un bosquet de persistants, jusqu'à un soleil bienfaisant et une ombre clairsemée sous les branchages aérés des arbres à feuilles caduques. Les sous-bois étant parmi les derniers endroits à sécher, vous pouvez offrir un lieu de repos frais et humide aux animaux pendant les périodes de sécheresse en aménageant une petite clairière dans une partie du jardin

UNE RÉSIDENCE PAR APPARTEMENTS. *Un arbre, même vieux ou mort, peut offrir refuge et nourriture à une faune nombreuse dans un jardin naturel. Parmi les visiteurs, on peut compter, de haut en bas : un grand pivert tacheté, un écureuil, un petit hibou, des champignons (certaines espèces sont un régal pour les écureuils et autres rongeurs) et une salamandre qui se sent en sécurité sous les feuilles en décomposition, entre les racines de l'arbre.*

LES ARBUSTES *dans le* JARDIN NATUREL

Les arbustes, comme les arbres, sont d'un grand intérêt pour le jardinier, comme pour la faune sauvage.

Alors que les arbres présentent au regard une verticalité frappante, les arbustes offrent la première possibilité d'organiser une diversité horizontale. Ils fournissent aussi, à une moindre échelle, abri et nourriture à la faune sauvage, souvent jusqu'au niveau du sol, et plus près des habitations et des zones de passage. On trouve, parmi les arbustes, quelques-unes des plantes à fleurs et à fruits les plus prolifiques, et, en automne, certains arbustes à feuilles caduques comme le cormier (*Amelanchier lamarckii*) ou le fusain (*Euonymus europæa*) arborent des couleurs magnifiques.

TOUTES SORTES D'ABRIS

En dehors de leur rôle esthétique, les arbustes fournissent un abri aux animaux peureux. Il est certain que ce n'est pas dans un jardin de banlieue bien entretenu que les animaux trouvent de bons abris. On peut, par exemple, trouver qu'un épais tapis d'épineux comme des ronces (*Rubus* spp.) est inesthétique et agressif, mais il sera apprécié de certains oiseaux et de mammifères agoraphobes.

Tout comme les arbres créent des microclimats sous leur ombrage, les arbustes fournissent l'abri nécessaire à certaines plantes plus petites, qui aiment l'ombre. Dans la communauté végétale naturelle, cela comprend

ARBUSTES À FRUITS INDIGÈNES

- épine-vinette (*Berberis* spp.)
- myrtille (*Vaccinium* spp.)
- argousier (*Hippophae rhamnoides*)
- framboisier, ronce (*Rubus* spp.)
- troène (*Ligustrum vulgare*)
- boule de neige (*Viburnum* spp.)
- genévrier (*Juniperus* spp.)
- cornouiller (*Cornus* spp.)
- aubépine (*Cratægus* spp.)
- groseillier (*Ribes* spp.)
- nerprun (*Rhamnus* spp.)
- rose (*Rosa* spp.)
- prunelle (*Prunus spinosa*)
- symphorine (*Symphoricarpos* spp.)
- sureau (*Sambucus* spp.)
- camarine noire (*Empedrum nigrum*)
- if (*Taxus baccata*)

LORSQU'ILS SONT DENSES ET FOURNIS, *les arbustes parviennent à fondre les clôtures et les constructions dans le paysage. Lorsque vous les taillez, pensez à épargner bourgeons et baies restées sur les branches, qui sont la promesse d'une source de nourriture pour les oiseaux. Les buissons que vous voyez ici sont, à partir de la gauche : épine-vinette et lierre (*Berberis et Hedera helix*) ; houx (*Ilex*) ; sureau (*Sambucus racemosa*) avec* Plumosa aurea *et lychnis (*Lychnis chalcedonica*) ; un chardonneret fouillant dans les chardons avec, au-dessus, un sumac de Virginie (*Rhus typhina*). Un jaseur, en haut, à gauche, venu du nord de la Russie pour l'hiver, picore des baies.*

certains jeunes arbres qui poussent à l'ombre des arbustes que, selon le processus de succession des espèces, ils finiront par remplacer.

On peut utiliser les arbustes pour abriter les jeunes plants d'arbres. On peut ensuite laisser les arbres grandir et remplacer les arbustes, ou intervenir en éliminant ceux qui dépassent la hauteur désirée pour maintenir un fourré épais et robuste.

LES NOMBREUSES VERTUS DES HAIES

Plus encore que les arbres, les arbustes supportent une taille visant à limiter leur croissance et leur donner une forme. De plus, on peut les planter en rang serré. Les haies d'arbustes sont un excellent moyen de mélanger plusieurs variétés dans un petit espace, ce qui crée un rideau vertical de diverses plantes accueillantes pour la faune sauvage. Sélectionnez des arbustes composant votre haie de façon à avoir une production continue de fruits et de graines tout au long de l'année.

Dans le dessin du jardin, les haies peuvent constituer des séparations entre différentes zones. À partir de 1,80 m de haut, elles forment des écrans efficaces contre le vent. Selon leur orientation, elles fournissent des expositions au soleil différentes. Par exemple, dans une haie implantée près d'une limite ouest et orientée nord-sud, la face exposée à l'est sera fréquentée par la faune aimant se chauffer aux rayons du soleil matinal, comme les insectes volants et les oiseaux qui s'en nourrissent. Une haie en courbe sinuant dans le jardin présente des expositions au soleil en perpétuel changement.

On ne conquiert

la nature

qu'en lui obéissant.

FRANCIS BACON (1561–1626),
homme d'État et philosophe anglais

Les plantes grimpantes

Les plantes grimpantes sont généreuses en nourriture et en abris pour la faune, et leurs couleurs automnales sont un feu d'artifice.

La valeur particulière des plantes grimpantes tient à leur façon de croître, souple et souvent vigoureuse, ce qui les désigne pour remplir des espaces peu profonds ou étroits, horizontalement comme verticalement. Elles peuvent grimper de manière spectaculaire ; il en résulte des barrières élevées et luxuriantes, un arrière-plan, ou un point de mire dans le jardin. Malgré leur vigueur, elles sont dépendantes de structures ou d'autres plantes auxquelles elles s'accrochent.

Méthodes de croissance

S'enrouler, s'accrocher, se coller, s'agripper, les plantes grimpantes se maintiennent par tous les moyens. Certaines espèces se collent fermement au bois ou à la pierre, d'autres montent en s'entortillant ou en s'agrippant avec des vrilles autour d'un treillis ou d'un grillage. Quelques-unes, comme les roses grimpantes, utilisent leurs épines pour s'accrocher à un support mais gagnent à y être attachées. Certaines s'enroulent autour du support ; parmi celles-ci, on trouve le houblon (*Humulus lupulus*), l'aristoloche (*Aristolochia* spp.) et la bryone (*Bryonia dioica*).

Certaines plantes grimpantes, comme la vigne (*Vitis* spp.) s'accrochent au moyen de vrilles qui poussent à l'extérieur de la tige principale et effectuent des mouvements circulaires jusqu'à ce qu'elles entrent en contact avec un support. Cependant, ces vrilles ne s'accrochent jamais à un support horizontal. Certaines plantes à vrilles, comme la vigne vierge (*Parthenocissus quinquefolia*), possèdent, au bout des vrilles, des disques adhérents.

Les pétioles des feuilles, les branches et même les fleurs peuvent aussi servir de vrilles ; les clématites (*Clematis* spp.) enroulent les pétioles de leurs feuilles autour de leur support. Les plantes à épines, comme les mûriers, utilisent ces épines, pour s'accrocher au support, alors que des plantes à racines aériennes, comme le lierre (*Hedera helix*),

LES FRUITS DE LA CLÉMATITE *(*Clematis vitalba*) en haut, à gauche, possèdent de longs poils argentés ; ils sont toxiques pour l'homme. La vigne vierge (*Parthenocissus quinquefolia*), ci-dessus, recouvre les murs comme une tapisserie. Le houblon commun (*Humulus lupulus*) à gauche, peut facilement être guidé le long d'un mur de pierres.*

développent des radicelles sur leurs tiges pour s'accrocher.

ORGANISER LES PLANTES GRIMPANTES

Les plantes grimpantes complètent l'architecture. Elles peuvent servir à masquer des clôtures, des murs ou des treillis disgracieux. Dans les petits jardins, où il n'y a pas assez de place pour une haie, des plantes grimpantes protègent votre intimité par un rideau de végétation. Des plantes grimpantes tolérantes à feuilles caduques, fixées à une pergola, filtreront le soleil estival.

Des plantes comme la vigne vierge ajoutent une touche de couleurs automnales à une écorce grise ou à un conifère sombre. Deux ou trois espèces ensemble créent une sorte de tapisserie aux couleurs contrastées.

INTÉRÊT POUR LA FAUNE

Les plantes fournissent de la nourriture aux animaux sauvages, sous forme de fruits, de nectar, de pollen et de feuilles, ainsi qu'un abri contre les prédateurs et les éléments. Les plantes grimpantes peuvent monter aussi facilement aux arbustes, aux troncs d'arbre et aux haies, où elles renforcent l'enchevêtrement de feuilles utiles aux oiseaux qui y nichent.

LES COUVRE-SOLS

Ils aident à maintenir le terrain en place et, si on les choisit avec soin, ces plantes peuvent réduire les besoins en arrosage, en fertilisant et en travaux d'entretien. Elles offrent aussi un abri aux petits animaux comme les crapauds, et aux oiseaux qui nichent à terre comme le pouillot chantre. Quelques plantes grimpantes peuvent aussi servir de couvre-sol ; par exemple, le lierre et le chèvrefeuille (*Lonicera* spp.). Parmi les autres plantes couvre-sol, on trouve des herbes comme la fétuque ovine (*Festuca ovina*) ; des buissons bas comme la bruyère (*Calluna vulgaris*), la myrtille (*Vaccinium* spp.), la camarine noire (*Empedrum nigris*) ; et des fleurs du jardin comme la germandrée (*Teucrium* spp.), le muguet (*Convallaria majalis*) et l'herbe aux écus (*Lysimachia nummularia*).

LE GINGEMBRE SAUVAGE *d'Europe (Asarum europaeum), ci-dessus, est un excellent couvre-sol ; on le trouve dans les bois et aux flancs des haies. Les fleurs du chèvrefeuille (Lonicera periclymenum) et du lierre (Hedera helix) ne séduisent pas que l'œil humain, mais aussi celui des papillons, comme ce Robert-le-Diable butinant des fleurs de lierre, ci-dessous.*

PLANTES GRIMPANTES INTÉRESSANTES POUR LEUR COULEUR

- clématite (*Clematis* spp.)
- vigne vierge (*Parthenocissus* spp.)
- chèvrefeuille (*Lonicera* spp.)
- vigne sauvage (*Vitis* spp.)
- bryone (*Bryonia dioica*)
- houblon commun (*Humulus lupulus*)

PLANTES GRIMPANTES INTÉRESSANTES POUR L'HABITAT

- lierre (*Hedera helix*)
- clématite (*Clematis vitalba*)
- ronce (*Rubus* spp.) *
- rose grimpante (*Rosa* cvs.) *

*Toutes les plantes grimpantes offrent un abri ; celles-ci fournissent en outre des fruits.

LES PLANTES HERBACÉES *du* JARDIN

Souvent, ce qui charme dans la forme, la couleur ou l'odeur des fleurs ne s'est développé que pour tromper les pollinisateurs.

Les plantes herbacées sont renommées, à juste titre, pour leur profusion de fleurs, qui enchantent le jardinier par leur spectacle, et les papillons et les abeilles par le pollen et le nectar dont ils se nourrissent. Englobant une grande variété d'espèces sauvages ou cultivées, ces plantes donnent du caractère et de la gaieté à la moindre parcelle, parfois très rapidement.

On peut planter un grand nombre d'espèces et de cultivars, aussi bien en poquets, en bacs ou en vastes plates-bandes, pour profiter de leur beauté, le long des allées, dans les patios, ou dispersés dans une prairie ponctuée de taches de couleurs romantiques. La variété des formes, des dimensions, de la petite plante uniflore à l'impressionnant épi dressé, et des caractères peut satisfaire tous les goûts (voir Les biotopes, pages 99-272).

DES FLEURS POUR TROMPER LES POLLINISATEURS

Les fleurs qui dépendent des animaux pour leur pollinisation doivent faire connaître leurs ressources en nourriture – nectar et/ou pollen riche en protéines. Des couleurs vives permettent aux fleurs de se distinguer et d'attirer l'attention des pollinisateurs. Une texture brillante, satinée ou veloutée augmente aussi leur pouvoir de séduction.

Parfois, des marques particulières, par exemple sur la gorge tachetée de la digitale commune (ou pourpre), aident le visiteur à foncer droit vers son but sucré, et à entrer en contact avec le pollen collant dès qu'il s'est posé sur son aire d'atterrissage. Il arrive que cette publicité soit invisible à l'homme : le centre de certaines quintefeuilles du genre potentille reflète les ultra-violets, ce qui est un signal pour les abeilles qui ne distinguent pas les couleurs, mais peuvent voir le dessin de ces fleurs.

Pour attirer les papillons et avoir leur visite régulière ainsi que celle d'autres insectes, il faut avoir un jardin toujours fleuri. Au début du printemps, les bulbes peuvent attirer les premiers bourdons, alors qu'un peu plus tard, les fleurs restantes reçoivent les abeilles. De la fin du printemps jusqu'à l'apogée de la floraison au milieu de l'été, les plantes herbacées s'associent aux arbustes à fleurs pour nourrir les pollinisateurs pendant leur période de procréation et d'intense alimentation. De l'automne jusqu'aux grands froids, les dernières plantes à fleur annuelles ou vivaces jouent un rôle essentiel en apportant de la nourriture aux papillons, abeilles et coléoptères encore présents.

À la fin de l'automne et en hiver, ces dernières fleurs jouent un autre rôle en offrant des graines aux pinsons et aux autres oiseaux. Pendant les hivers doux,

ÉVITEZ D'UTILISER VOS PLANTES VIVACES *comme fleurs coupées, car vous risquez de priver les pollinisateurs, en haut, du bénéfice de ces ressources. Les iris, à gauche, sont généralement pollinisés par les abeilles.*

PLANTEZ DES FLEURS SAUVAGES *(ci-contre) pour créer des taches de couleurs qui profiteront aux pollinisateurs, aux autres animaux et à vous-même. L'élimination des fleurs fanées encourage les plantes à refleurir.*

des espèces comme l'hellébore fétide (*Helleborus foetidus*), les perce-neige (*Galathus nivalis*), les bruyères à floraison hivernale et les viornes odorantes répandent leurs parfums et leurs couleurs au jardin. Les insectes acceptent aussi bien les cultivars et les fleurs originaires d'autres continents – comme le tabac à fleur (*Nicotiana* spp.) ou les asters d'automne – que les plantes indigènes.

Cependant, dans un jardin naturel, le jardinier peut jouer un rôle important dans la propagation d'espèces de fleurs sauvages en voie de disparition, due le plus souvent à la destruction de leur habitat par l'homme. Les espèces sauvages sont généralement aussi faciles à cultiver que les cultivars commerciaux. La clé du succès réside dans le choix d'espèces adaptées à la situation du jardin. Il faut tenir compte des besoins de la faune à l'intérieur et à l'extérieur du jardin.

PLANTER DES FLEURS

Il faut planter de préférence des variétés originaires de la région. Elles sont mieux adaptées au climat et réduisent les risques de pollinisation croisée par des insectes qui fréquentent autant des espaces sauvages que le jardin, ce qui réduirait l'intégrité génétique et les caractères propres de vos spécimens. Si votre jardin est contigu à un espace sauvage, évitez de planter des plantes importées agressives qui pourraient disperser leurs graines alentour et menacer la communauté indigène.

FAMILLES DE FLEURS QUI ATTIRENT LA FAUNE

Voici une liste, par famille et par genre, des espèces appréciées des animaux.

- ASTERACÉES, famille des marguerites (*Aster, Chrysanthemum, Filipendula, Eupatorium, Tanacetum, Solidago*).
- LAMACIÉES, famille des menthes (*Lavendula, Mentha, Origanum, Salvia, Rosemarinus*).
- SCROPHULARIACÉES, famille des renoncules (*Digitalis, Scrophularia, Verbascum*).
- CRUCIFÈRES, famille des choux (*Cocklearia, Brassica, Crambe, Matthiola*).
- FABACÉES, famille des pois (*Cytisus, Ulex, Ononis, Trifolium, Hippocrepis*).
- VIOLACÉES, famille des violettes (*Viola*).
- PAPAVÉRACÉES, famille des coquelicots (*Chelidonium, Papaver*).
- POLYGONACÉES, famille des renouées (*Rumex, Polygonum*).
- RENONCULACÉES, famille des renoncules (*Anemone, Aquilegia, Delphinium, Ranunculus*).

HERBES *et* MAUVAISES HERBES

L'herbe des prairies ne demande pas autant de soins intensifs que le gazon, et elle offre une plus grande variété de tonalités.

Les herbes sauvages et ornementales, ainsi que les joncs et les roseaux, font partie des éléments clés de la création d'un habitat de type prairie ou steppe. Ce sont aussi de bons couvre-sols, denses ou dispersés, sur les berges des pièces d'eau ou des ruisseaux.

La texture fine et délicate de l'herbe ondulant sous le vent, ses feuilles, ses fleurs et ses graines contrastent agréablement avec la raideur et la solidité d'autres plantes herbacées ou ligneuses. Les subtiles couleurs des herbes vont des teintes panachées de blanc crème ou argenté aux nuances de pourpre, bronze, orange et rouge, surtout en automne et en hiver. Outre les nombreuses herbes de petite taille, il en existe d'impressionnantes au port droit ou légèrement recourbé. Certaines, comme le seigle sauvage (*Elymus virginicus*) sont assez hautes pour servir de brise-vent.

Des plantes couvre-sol comme le pâturin (*Poa pratensis*), ou la fléole des prés (*Pheüm pratense*), se propagent en formant de longues tiges souterraines ou aériennes appelées rhizomes. On les trouve généralement dans des endroits humides.

Les herbes en touffes ne s'étalent pas sur le sol, mais forment des plaques, habituellement sur des sols plus secs. Beaucoup d'espèces européennes et acclimatées sont considérées comme des plantes décoratives. On peut citer : lagurus (*Lagurus ovatus*), le roseau géant (*Arundo donax*), le pennisetum (*Pennisetum villosum*), le stipe (*Stipa pennata*), l'iris (*Miscanthus chinensis*), l'amourette (*Briza maxima*), et l'herbe des pampas (*Cortaderia selloana*).

LES HERBES ORNEMENTALES *comme iris des marais (*Miscanthus*), ci-dessus, introduisent dans le jardin des formes et des couleurs variées. Au jardin, les fleurs sauvages, à droite, et les herbes ornementales plantées parmi les rochers, au-dessus et à droite, offrent un refuge aux petits animaux.*

Les bonnes et les mauvaises herbes

Le système radiculaire profond et fibreux des herbes fixe le sol, ce qui empêche l'érosion. La plupart des herbes tolèrent des sols pauvres. Les herbes européennes supportent en général les attaques d'insectes et d'animaux qui se nourrissent de leurs feuilles, à condition qu'ils ne soient pas trop nombreux. Beaucoup d'espèces se contentent d'un sol sec, alors que d'autres aiment un terrain humide et ombragé.

Celles qu'on appelle les mauvaises herbes, parce qu'elles sont difficiles à éradiquer et présentent peu d'intérêt au jardin, produisent une grande quantité de graines qui sont une source de nourriture pour la faune sauvage, surtout les oiseaux. Lorsqu'elles sont mêlées à l'herbe et aux fleurs sauvages, les mauvaises herbes posent peu de problèmes, même s'il est préférable d'éviter les plus envahissantes d'entre elles.

Composez votre prairie selon votre goût, le caractère de la région dans laquelle vous vivez, et la faune particulière que vous voulez attirer. Établissez vous-même votre calendrier de semis sans vous attarder sur les mélanges de graines préparés que vous trouverez en jardinerie ou chez les pépiniéristes. Deux herbes sont à éviter : le chiendent (*Agropyron repens*) et *Cynodon dactylon*, vivace qui se répand rapidement, car elle a tendance à éliminer les autres espèces utiles.

Veillez à maîtriser la croissance des deux herbes suivantes : le roseau commun (*Phragmites communis*) et le ruban de bergère (*Phalaris arundinacea* var. *picta*), plantes assez agressives.

Prairie herbeuse et vie sauvage

Ce qui semble être une plaine gracieuse, parsemée de fleurs et ondulant sous le vent, est en réalité un biotope très complexe de plantes strictement hiérarchisées, organisé verticalement, et riche d'une multitude d'habitats et de niches écologiques où vit la faune locale. Forêt en miniature, une prairie abrite une multitude de scarabées, punaises, insectes volants et araignées.

Dans les prairies humides, des reptiles comme la couleuvre chassent les vers, les scarabées et les chenilles ; certaines espèces d'amphibiens profitent aussi de l'abondance de nourriture dans les prairies d'été. Pour la même raison, les oiseaux insectivores recherchent les terres enherbées où ils trouvent de quoi nourrir leurs petits.

HERBES ET MAUVAISES HERBES NON ENVAHISSANTES POUR LE JARDIN NATUREL

* plantes acclimatées, non indigènes

Herbes

- lagulus * (*Lagurus ovatus*)
- molinie bleue (*Molinia caerulea*)
- reed grass (*Calamagrostis* spp. et cultivars)
- canche (*Deschampsia* spp. et cultivars)
- canche flexueuse (*Deschampsia flexuosa*)
- seigle sauvage (*Elymus* spp.)
- pennisetum + (*Pennisetum villosum*)
- fétuque (*Festuca* spp. et cultivars)
- fausse avoine (*Avenula pratensis*)
- gourbet (*Ammophila arenaria*)
- sorgho (*Panicum* spp.)
- grey hair grass (*Corynephorus canescens*)
- millet (*Milium effusum*)
- amourette (*Briza maxima*)
- stipe plumeuse (*Stipa penata*)
- eragrostis (*Eragrostis* spp.)

Mauvaises herbes

- molène (*Verbascum* spp.)
- épurge (*Euphorbia* spp.)
- millefeuille (*Achillea millefolium*)

PLANTES *des* MARAIS

Un point d'eau, surtout d'eau courante, est un bon moyen d'attirer les oiseaux et les mammifères.

Dans un écosystème naturel, les habitats humides sont d'une importance vitale. L'eau est indispensable à la faune sauvage qui se rassemble autour des étangs ou des cours d'eau pour boire, manger et se baigner. Dans le cas des amphibiens, un environnement aquatique propre est également nécessaire à leur reproduction.

LA PIÈCE CENTRALE DU JARDIN

La pièce d'eau est tout indiquée pour être le point de mire du jardin : sa surface miroitante qui reflète le ciel s'ouvre sur un paysage agité. Le saut inattendu d'une grenouille, le surgissement d'un oiseau capturant un poisson, l'éclair d'une libellule, tout vient enrichir la variété botanique.

Outre le bruit apaisant de l'eau, elle modère la chaleur extrême par son évaporation en surface, et crée un microclimat renforcé par le flux d'air circulant au-dessus de l'eau – comme cela se produit dans une oasis. Le chant de l'eau courante peut aussi masquer les bruits de la vie urbaine, comme celui de la circulation.

La profondeur est un facteur important : les grenouilles préfèrent une hauteur d'eau comprise entre 15 et 60 cm, ainsi que des berges en pente douce qui permettent aux adultes de sortir. Les oiseaux aquatiques préfèrent une hauteur d'eau d'environ 45 cm.

Pour recueillir tous les avantages d'une pièce d'eau, le jardinier doit la concevoir avec soin et prévoir une source d'eau propre. La pollution due aux fosses septiques et aux excès d'engrais des exploitations agricoles interfère avec la chimie naturelle d'une masse d'eau. Les résidus de pesticides, le chlore des piscines et les écoulements chargés en pétrole des autoroutes sont des poisons potentiels pour la vie aquatique.

ZONES DE MARAIS ET PLANTES

Il existe des plantes adaptées à chaque partie de la pièce d'eau. Celle-ci peut contenir des plantes immergées comme le millefeuille aquatique (*Myriophyllum* spp.), des plantes flottantes comme l'azolla (*Azolla* spp.) et la lentille d'eau (*Lemna* spp.), des plantes émergées dont les racines sont enterrées, comme les nénuphars (*Nymphæa alba*), et des plantes de berge tels les joncs (*Typha* spp.) et les soucis d'eau (*Caltha palustris*).

Si l'on veut donner la priorité aux oiseaux aquatiques, il est préférable de planter quelques plantes indigènes résistantes qui leur plaisent, par exemple les épis d'eau et les lentilles d'eau.

Dieu tout-puissant planta d'abord un jardin ; et c'est, évidemment, le plus pur des plaisirs humains.

Essai sur les jardins
FRANCIS BACON
(1561–1626),
homme d'État
et philosophe
britannique

PIÈCES D'EAU AU JARDIN.
Un cours d'eau traversant un jardin mérite d'être soigné et mis en valeur, mais l'eau calme d'un étang, ci-dessus et à droite, héberge une plus grande variété de plantes aquatiques et offre beaucoup de niches écologiques.

LES PLANTES DE MARAIS *comme les nénuphars, ci-contre, enrichissent l'eau en oxygène, conséquence naturelle de la photosynthèse. Ces plantes peuvent aussi servir de plates-formes flottantes aux grenouilles.*

S'il n'y a pas d'oiseaux, vous pouvez cultiver d'intéressantes plantes à feuillage comme les sagittaires (*Sagittaria* spp.) et les nénuphars indigènes. Ces derniers sont particulièrement intéressants, non seulement pour leur floraison longue et spectaculaire, mais aussi pour la variété d'habitats qu'ils offrent aux petits animaux aquatiques. Leurs larges feuilles flottantes servent de solarium aux grenouilles, et leurs fleurs et leurs bourgeons constituent des perchoirs pratiques pour les libellules. Sous la surface, de minuscules animaux comme les rotifères, les hydres et les larves d'insectes se fixent à leur tige. Les plantes à larges feuilles sont aussi bénéfiques à la vie aquatique par l'ombre qu'elles projettent, ce qui empêche l'eau de trop chauffer sous le brûlant soleil estival. Elles offrent en outre un lieu de repli aux poissons et aux têtards. Un des meilleurs choix est le nénuphar jaune (*Nuphar lutea*).

Non seulement les nénuphars enrichissent l'eau en oxygène, mais ils remplissent deux autres importantes fonctions : éliminer du dioxyde de carbone et fabriquer des tissus végétaux dont se nourrira la faune sauvage à partir des rayons du soleil. Pour l'aération de l'eau, les meilleures plantes sont l'utriculaire (*Utricularia vulgaris*) et la renoncule flottante (*Ranunculus aquatilis*).

TIREZ LE MEILLEUR PARTI DE VOTRE PIÈCE D'EAU

- Imitez la nature en plaçant vos pièces d'eau là où la végétation est luxuriante.
- Pour créer un peu de mystère et inviter à la découverte, assurez-vous que la pièce d'eau n'est jamais entièrement visible.
- Placez-la en un point bas du paysage, où l'eau se rassemble naturellement.
- Choisissez des plantes qui introduiront la verticalité dans son habitat, comme l'iris jaune (*Iris pseudacorus*).
- Un feuillage abondant surplombant ou rampant vers l'eau adoucit les angles des berges. Parmi les bonnes plantes de berges, on peut citer : la gratiole officinale (*Gratiola officinalis*), le souci d'eau (*Caltha palustris*) et Pickerel weed (*Pontederia cordata*).
- Pour des raisons esthétiques, n'utilisez des pierres pour border l'étang que s'il y en a ailleurs dans le jardin.
- Ne laissez pas apparaître le béton ou le plastique ; recouvrez-les avec des plantes couvre-sol comme le souci d'eau (*Caltha palustris*) ou certaines variétés de carex (*Carex* spp.).

… tous ces petits violons dans l'herbe, toutes ces cornemuses, ces flûtes délicates ne sont-ils pas plus beaux que les mots lorsqu'on les entend au clair de lune, au cœur de l'été ?

Henry Beston (1888–1968),
écrivain américain

CHAPITRE TROIS

RÉSIDENTS *et* VISITEURS

DE LA CIME *au* TERRIER

Quand on jardine vraiment avec la nature, on offre le gîte à toute une variété d'animaux.

Un jardinier qui a des affinités avec la machine bien huilée des écosystèmes naturels peut effectuer des plantations qui dépassent le simple aménagement au profit de l'homme. Il peut recréer des biotopes adaptés aux oiseaux et aux mammifères, et même aux amphibiens, aux reptiles et aux insectes, pour élaborer un jardin qui ne se contente pas d'être agréable à l'œil, mais aussi qui attire ces animaux et leur vient en aide.

Aux instants cruciaux de l'alimentation matinale, pendant les migrations, ou au crépuscule, lorsque sortent les animaux nocturnes, le jardin naturel ressemble à un théâtre bruissant, bourdonnant des vibrations de la spontanéité sauvage. Bien loin des jardins manucurés ornés de fleurs exotiques parfaitement dessinées, vous pouvez assister à des scènes aussi émouvantes que la béquée d'un petit, aussi absorbantes qu'une querelle pour une portion de territoire, et aussi dramatiques que celle d'un prédateur traquant et capturant sa proie.

ORGANISER LE SITE

Un jardin constitué de végétaux variés offre une mosaïque de possibilités – appelées niches par les écologistes – pour différentes espèces de la faune. Au fil des saisons, des centaines d'espèces d'insectes et d'innombrables espèces d'oiseaux fréquenteront un jardin organisé dans la diversité. Ici, les ressources alimentaires proposées par les arbres, les arbustes et les plantes herbacées sont de la première importance. Tout aussi importantes sont les possibilités de nidification et de refuge contre les intempéries et les prédateurs. Par exemple, la mésange à tête bleue et la mésange charbonnière sont attirées par l'abondance d'insectes, mais ne restent dans le jardin que si elles peuvent y construire un nid convenable dans une cavité ou un nichoir.

Toute la nature arbore un universel sourire.

HENRY FIELDING (1707–1754), écrivain anglais

Beaucoup de petits animaux ont besoin de refuges sûrs ou d'une couverture végétale pour échapper aux prédateurs affamés comme le faucon ou le hibou. Dans certains cas, les besoins de l'animal varient au fil de sa vie : chez beaucoup de papillons, la chenille dépend d'un feuillage particulier, alors que les adultes préfèrent le nectar de certaines fleurs.

Ne négligez pas l'eau : c'est un véritable aimant pour toutes sortes d'animaux, surtout pendant la chaleur de l'été, ou les

QUELQUES TRUCS POUR ATTIRER LA FAUNE

- Organisez le jardin autour d'un pivot de plantes indigènes adaptées et non envahissantes. En reproduisant les caractéristiques séduisantes d'une communauté de plantes en bonne santé – diversité et robustesse des espèces, abondance des ressources – vous pourrez satisfaire au mieux les besoins spécifiques de la faune locale.
- Préservez les grands arbres car ils sont les premiers fournisseurs de nourriture, d'abris et de biotopes complexes. En leur absence, pensez au long terme et plantez un bosquet pour que l'avenir restitue une partie de la forêt sacrifiée aux besoins de l'homme.
- Si votre jardin est trop petit pour héberger des arbres importants, créez des niches verticales en plantant des plantes grimpantes. Associez deux ou trois espèces pour générer des habitats variés.
- Prévoyez une floraison et une fructification étalées pour que la faune puisse s'alimenter tout au long de l'année.

LES HIRONDELLES, *en haut, volent avec grâce et agilité. La centaurée (Centaurea nigra) est une bonne source de nectar pour les bourdons et les papillons.*

rigueurs de l'hiver alors qu'elle se fait rare.

Vous pouvez beaucoup apprendre des écosystèmes lorsque vous concevez votre jardin. Établir un échelonnement vertical de la végétation du sol au sommet des arbres, comme on le voit dans la nature, peut être aussi important que la variété des plantes. En échelonnant les plantes, les plus basses au premier plan et, par ordre croissant, les plus élevées vers le lointain, vous aurez une excellente vue sur tous les niveaux.

La diversité horizontale de l'habitat aussi est importante. Chaque type d'habitat attire une espèce différente et, de plus, les lisières, là où plusieurs habitats se rejoignent, attirent encore d'autres espèces. La transition entre la forêt et les massifs d'arbustes, ou bien les zones où la prairie rejoint les fourrés abritent plus d'espèces que des parcelles isolées d'un habitat quel qu'il soit, car elles peuvent satisfaire une plus grande variété de besoins. Par exemple, le gobe-mouches gris aime les perchoirs élevés et dégagés en lisière de forêt, d'où il peut chasser les insectes qui volent au-dessus de la prairie. Les deux habitats lui sont nécessaires, un pour se nourrir, l'autre pour se percher, et ce, en compagnie d'autres oiseaux qui vivent exclusivement dans l'un ou l'autre des deux habitats.

N'oubliez pas qu'un jardin diversifié à la fois verticalement et horizontalement a besoin d'être organisé de façon naturelle pour être efficace. Par exemple, un ruisseau sinuant à travers des plantes basses bien feuillues est plus attrayant pour les animaux que s'il coule sur une étendue ouverte de gazon ou dans un patio. Une des raisons est que les animaux ont, autant que nous, besoin de sécurité. Un oiseau des bois, joli mais timide, qui se sent en sécurité en se baignant dans un ruisseau enfoui dans les buissons et abrité par un chêne, ne ressentira pas le même sentiment de sécurité s'il s'aventure dans un courant exposé au milieu de la pelouse.

UN JARDIN *organisé pour la diversité, en haut, propose différents micro-habitats et une diversité de niches pour la faune. Le map butterfly (Arachnia levana) avec son motif multicolore de lignes et de taches habite les lisières de forêts. Il se nourrit du nectar des fleurs de plantes herbacées et d'arbustes. Jeunes lapins à l'entrée de leur terrier, ci-dessus.*

PAPILLONS DIURNES *et* PAPILLONS NOCTURNES

Le pouvoir de voler permet aux papillons un contact intime avec les plantes en fleurs.

Les papillons diurnes et nocturnes appartiennent au même ordre taxinomique, les lépidoptères. Même si ces nombreuses espèces sont de tailles et de couleurs variées, elles on toutes en commun une disposition des ailes en quatre parties : deux ailes avant, deux ailes arrière. Au repos, les papillons diurnes relèvent souvent leurs ailes verticalement, l'une contre l'autre, pour n'en montrer que la face inférieure camouflée en couleurs neutres – une stratégie qui leur évite d'être repérés par les prédateurs.

Beaucoup de papillons de nuit se camouflent de la même façon. Leurs ailes avant mystérieusement colorées recouvrent leur corps comme un toit pour qu'il se confonde avec la structure de l'écorce des arbres.

Les antennes constituent une autre différence entre les deux groupes : celles des papillons de nuit portent souvent des plumes compliquées, alors que celle des papillons diurnes sont simplement terminées par une boule.

DES AILES MULTICOLORES

Les couleurs resplendissantes des ailes de beaucoup de papillons diurnes et de quelques nocturnes sont constituées par une tapisserie de millions de délicates écailles microscopiques disposées sur la membrane d'une aile en réalité transparente. Chaque espèce arbore ses couleurs distinctives et celles des femelles peuvent être différentes de celles des mâles – ce qui facilite les parades nuptiales.

Les papillons diurnes comme nocturnes, animaux à sang froid, ne peuvent voler que si leur corps atteint une certaine température. Par temps froid, les ailes des papillons étalées sous le soleil agissent comme de minuscules panneaux solaires. Les papillons de nuit diffèrent de leurs cousins amateurs de soleil ; volant surtout la nuit, ils doivent s'agiter pour réchauffer leur système de vol.

Les fleurs fournissent une source d'énergie aux papillons adultes sous forme de nectar. En retour, les insectes aident les fleurs à pratiquer une pollinisation croisée en transportant le pollen. Ils aspirent le nectar (et parfois l'eau) au moyen d'une trompe, long tube fixé sur la tête, et utilisent leurs organes du goût placés sur leur dernière paire de pattes, pour tester une source de nourriture avant de l'ingérer.

UNE VIE VARIÉE

Sur le chemin qui va de l'œuf fécondé à la vie adulte, les insectes passent par une série d'états physiques séparés par des mues pendant lesquelles ils perdent leur squelette externe (exosquelette). Lorsque la transformation entre deux états inclut un stade larvaire rampant, on l'appelle métamorphose, phénomène particulièrement visible chez les papillons.

Peu de temps après avoir été fécondée par un mâle, la femelle cherche une plante appropriée

LE PAON DE JOUR *(Inachis io), en haut, doit son nom aux yeux dessinés sur ses ailes. Les merveilleuses nuances de couleur visibles sur beaucoup de papillons, surtout les bleus et les verts, comme on peut les voir sur ces papillons bleus communs (Polyommatus icarus), à gauche sont dues aux écailles irisées de leurs ailes. Une aile vue en gros plan, ci-dessus, à droite.*

LE CYCLE DE LA VIE

◀ ❶ *Une seule femelle peut pondre des centaines d'œufs, mais chacun est déposé isolément, sur ou sous une feuille de la plante hôte.*

❷ ▶ *a larve, ou chenille, sort de l'œuf immobile. C'est un animal vorace.*

❸ ▶ *a chenille s'enferme ans un cocon et ttend, en un endroit brité, que ses tissus e réorganisent pour rmer un papillon dulte.*

◀ ❹ *Au bout d'une ou deux semaines, le papillon adulte brise le cocon et s'en extrait.*

pour y déposer ses œufs. Un papillon tournoyant au-dessus des herbes peut être entrain d'utiliser ses organes du goût et de l'odorat pour repérer une plante acceptable. L'œuf est petit – généralement pas plus gros qu'une tête d'épingle. La coquille protectrice rigide, au départ de couleur claire, fonce au fur et à mesure que l'embryon se développe.

Après être sortie de l'œuf, la seule activité de la chenille consiste à consommer implacablement le feuillage de la plante hôte. Correctement alimentée, elle peut grossir très vite et muer quatre fois en trois à six semaines. Elle est alors prête à devenir chrysalide.

Chez les papillons, la chrysalide pend par une petite tige à la branche d'une plante ou sous une feuille. On peut reconnaître les chrysalides de beaucoup d'espèces à leur forme et à leur couleur.

Les chrysalides des papillons de nuit sont généralement enfermées dans un cocon de soie. Chez de nombreuses espèces, elle est cachée dans les branches, dans une litière de feuilles, ou dans une cavité souterraine. Certaines y dorment tout l'hiver.

Quelques heures après être sorti de son cocon, le papillon adulte déploie ses ailes encore tendres, et les gonfle de liquide pour les rendre belles et aptes au vol. Ces nouveaux venus peuvent sembler errer sans but en tournoyant au-dessus du jardin, mais la vie bat son plein, car leur principale activité est la recherche de nectar et d'un partenaire.

MEILLEURS CHOIX

Les plantes préférées des papillons

- grand orpin (*Sedum telephium*)
- aigremoine d'Europe (*Eupatorium cannabinum*)
- armoise (*Artemisia* spp.)
- salicaire commune (*Lythrum salicaria*)
- aster (*Aster* spp.)
- buddléia (*Buddleia* spp.)
- lilas (*Syringa vulgaris*)
- chardon (*Cirsium vulgare*)
- marguerite (*Telekia speciosa*)
- menthe (*Mentha* spp.)
- laiteron (*Asclepias* spp.)
- verge d'or (*Solidago* spp.)
- *orties (*Urtica* spp.)
- violette (*Viola* spp.)

Avant toute plantation, consultez Les biotopes (à partir de la page 99) et un bon ouvrage sur les papillons.

* Cette espèce n'est valable que pour les larves.

UN MACHAON (Papilio machaon) *visitant une prairie à la recherche de nourriture et d'un lieu pour pondre.*

DES AMATEURS *de* VERDURE

Les insectes ont des modes de vie et d'alimentation extrêmement variés, mais la plupart vivent en intimité avec les plantes, souvent pour consommer leur sève ou leur feuillage.

Afin de ne pas être détectés par des prédateurs, beaucoup d'insectes arborent des nuances de vert ou de brun qui se fondent bien avec les feuilles ou l'écorce de leur habitat favori. Pour atteindre le stade adulte, les insectes phytophages subissent une métamorphose simple ou incomplète. Après être sortis de l'œuf, les larves grossissent par paliers en changeant d'exosquelette plusieurs fois, jusqu'à ce qu'ils atteignent leurs caractéristiques d'adulte, comme la capacité à se reproduire et la formation des ailes.

SAUTERELLES

Les sauterelles à longues antennes sont chez elles dans le feuillage des arbres et des arbustes à feuilles caduques. Elles volent mal ; leurs ailes leur servent de camouflage, mais surtout à produire un son que le mâle utilise pour communiquer avec ses partenaires potentielles.

Généralement, seul le mâle émet ce son, mais dans une espèce américaine, la femelle répond. Pour « chanter », ils élèvent la base de leurs ailes antérieures dont les bords sont garnis d'une rangée d'aspérités cornées et les frottent l'une contre l'autre. D'autres espèces émettent des sons aigus, des cliquetis ou des bourdonnements, selon un schéma reconnaissable et constamment répété.

L'ordre des orthoptères comprend les sauterelles et les criquets. Ils ont en commun un appareil buccal conçu pour manger des feuilles, et d'énormes pattes arrière, souvent puissantes, qui leur permettent de sauter.

LES DÉGÂTS CAUSÉS PAR LES INSECTES

La consommation végétale saisonnière de ces insectes n'a généralement pas d'impact négatif sur l'aspect du jardin, surtout si leur nombre n'est pas trop élevé et si les plantes à feuilles larges et tendres qu'ils consomment sont variées et robustes.

Beaucoup d'espèces de sauterelles vivent près du sol. Elles sautent et volent beaucoup plus que leurs cousines arboricoles et possèdent parfois des ailes postérieures audacieusement décorées. Les sauterelles migratrices appartiennent à ce groupe. De temps en temps, en Europe du sud, un nuage de sauterelles inattendu peut ruiner une récolte. Leur répertoire musical

LA GRANDE SAUTERELLE DES MARAIS *(Stethophyma grossum), en haut, à gauche, vit dans des endroits marécageux, riches en sphaigne. La sauterelle verte (Tettiginoia viridissima), à gauche, préfère les arbres et arbustes, et a adapté sa couleur à son environnement.*

LA SAUTERELLE DES CHAMPS
(Omocestus rufipes), à droite, est presque noire et préfère les petites clairières dans les bois et la lande. Une des nombreuses espèces d'insectes qui se nourrissent de la sève des plantes (en bas).

se compose de bourdonnements et de grésillements, parfois émis en plein vol.

Autre fameux sauteur très répandu, le criquet pousse une série de pépiements quasi musicaux. Cette espèce est presque noire, ce qui est un bon camouflage dans les sous-bois humides et ombragés qu'elle affectionne.

Le grillon est brun clair. Contrairement au criquet il recherche les endroits chauds et secs et peut s'aventurer dans les habitations. Autrefois, il fréquentait assidûment les boulangeries et, en dépit de son chant perçant, était considéré comme un porte-bonheur et non comme un insecte nuisible.

De grands buveurs

Les membres d'un autre ordre d'insectes, les homoptères, se nourrissent de la sève des plantes. Les cicadelles sont parmi les plus abondants de ces insectes. Elles aiment les prairies et les lisières. Elles ont tendance à sauter brutalement lorsqu'on les dérange.

Les cigales, les plus gros homoptères, possèdent un corps rugueux et des yeux proéminents. Comme chez les autres membres de l'ordre, la bouche est située très en dessous de la tête. Certaines espèces sont connues pour leur capacité, au stade larvaire, à se nourrir sur les racines souterraines pendant de longues périodes – pour une espèce, pendant dix-sept ans. C'est ensuite qu'elles émergent en masse. Leur grand nombre désoriente les prédateurs, ce qui facilite l'accouplement et la reproduction. Les mâles émettent un bruissement intense et régulier depuis les hautes branches des arbres – souvenir traditionnel et heureux des jours d'été pour tous les Européens. Il existe un autre grand ordre de suceurs de sève, les hétéroptères. Leur nom latin fait référence à leurs ailes antérieures qui associent deux sortes de membranes : transparentes à l'extrémité, elles sont cornées à la base. Ces ailes repliées sur le dos forment un X caractéristique. Ils projettent leur organe suceur en avant. Certaines espèces de punaises (*Pentatoma rufipes*) se nourrissent non seulement de plantes, mais aussi d'insectes.

LES COCCINELLES

Beaucoup d'insectes, dont les pucerons verts, affaiblissent les plantes en se nourrissant de leur sève. Heureusement, les coccinelles (ordre des Coccinella) les chassent. Il existe de nombreuses espèces de ces petits coléoptères, chacune reconnaissable à sa couleur et à la disposition de ses points (punctata). Les coccinelles peuvent être rouges ou jaunes, et posséder deux, sept, dix, treize ou même vingt-quatre points.

Les insectes volants

Les insectes participent à la pollinisation des fleurs, pratiquent la prédation et développent d'ingénieuses formes de parasitisme.

Beaucoup d'insectes adultes possèdent des ailes, mais ceux qui tirent parti d'un vol rapide et agile sont les abeilles, les guêpes, les mouches et les coléoptères. Tous subissent une métamorphose complète qui les fait passer du stade de larve rampante à celui de chrysalide, puis d'adulte volant.

Architectes par instinct

La laborieuse abeille joue, dans la pollinisation des plantes et l'apparition des graines et des fruits qui en découle, un rôle plus grand que n'importe quel autre insecte. Les abeilles nichent dans des arbres creux, mais acceptent volontiers les ruches qu'on leur fabrique (voir aussi Des pollinisateurs fidèles, pages 76–77). Dans tous les cas, elles construisent un rayon en cire imperméable, basé sur un motif régulier de cellules hexagonales. Ces immeubles collectifs servent d'abri aux larves ou de lieu de stockage pour le miel qui sert de nourriture à la colonie lorsque les fleurs et leur nectar se font rares.

Pour de nombreuses espèces d'abeilles et de guêpes, le cycle vital s'articule autour de la reine fertile qui produit toutes les larves, 50 000 et plus. Les larves sont d'abord nourries avec un mélange de miel et de pollen que les ouvrières ramassent dans des échancrures en forme de paniers placées sur leurs pattes postérieures. Au printemps ou en été, la reine quitte la ruche accompagnée d'un essaim d'ouvrières pour fonder une nouvelle colonie et rencontrer un mâle éphémère. Une fille nourrie à la gelée royale, mélange hautement nourrissant sécrété par les ouvrières, succède à sa mère comme reine de l'ancienne ruche.

Le bourdon noir et orange est un autre insecte social. À l'opposé des abeilles dont les membres de la colonie survivent tout l'hiver, seule la reine des bourdons survit et émerge au printemps pour chercher une crevasse protectrice où elle fondera une nouvelle colonie.

Parmi les abeilles, les espèces sociales dominent en quantité, mais dans la diversité des espèces, ce sont les solitaires qui règnent sans partage. La plupart des abeilles solitaires pondent leurs œufs et élèvent leurs larves dans des trous souterrains ou d'autres lieux humides du sol où la moisissure peut devenir une menace pour les œufs et les larves.

Les abeilles maçonnes, excellentes pollinisatrices qui ne piquent pas, mélangent de la poussière de pierre ou de l'argile avec de la salive pour constituer un matériau de construction proche du ciment. La femelle utilise ce matériau pour construire un groupe de cellules cylindriques souterraines ou camouflées contre un rocher.

LA POLLINISATION DE BEAUCOUP DE PLANTES *repose sur des insectes comme les abeilles, les bourdons, à droite, et les sphinx (Hemaris fuciformis), en haut. Le hanneton, ci-dessus, se nourrit de feuilles caduques alors que sa larve vit sur la racine des plantes.*

LE SPHINX

Le sphinx (*Deilephila elpenor*) aime visiter les chèvrefeuilles en fin de journée. Les chenilles de ce papillon de nuit vivent sur l'osier et le caille-lait.

Chaque cellule, ne contenant qu'un œuf, est approvisionnée en miel. Les cellules sont enfin recouvertes pour parachever la construction. La croissance et la métamorphose de la nouvelle génération se font dans ce lieu sûr et sec. Le nouvel adulte perce un trou dans le mur pour sortir au moment voulu.

Guêpes et frelons

Alors que les abeilles sont des végétariennes qui se nourrissent de nectar et de pollen, les guêpes parcourent le jardin à la recherche de chenilles et autres insectes fraîchement tués pour nourrir leurs larves. Il existe de nombreuses espèces de guêpes sociales, la guêpe commune (*Vespula vulgaris*), la guêpe d'Allemagne (*V. Germanica*), la guêpe rouge (*V. Rufa*) et le frelon (*V. Cabro*). Elles construisent toutes des nids en « papier » fait de fibre de bois mâchée. Le frelon cache son nid sous le sol ou dans une crevasse.

Il peut être dangereux de déranger accidentellement un nid occupé, car les guêpes sortent en masse pour défendre leur domicile, et elles peuvent piquer à plusieurs reprises. À l'automne, les frelons se nourrissent de fruits trop mûrs et de nectar. Ils peuvent être gênants, mais pas spécialement dangereux dans le jardin.

Parmi les autres espèces, on peut citer la mouche papetière, moins féroce et qui ne construit que de petites colonies constituées d'une seule couche de cellules, souvent sous les avant-toits des maisons, et la solitaire guêpe maçonne qui construit sur des brindilles, des chambres à une seule cellule délicatement incurvées.

Des parasites ingénieux

Alors que les guêpes, vivant en colonies, contrôlent la population d'insectes phytophages par la prédation directe, l'ichneumon parasite les chenilles encore vivantes. La femelle localise la larve de son espèce hôte et pond ses œufs sur le dos de cette dernière. Lorsqu'elle éclôt, la larve creuse un trou dans la chenille, s'en nourrit, et finit par la tuer, mais pas avant qu'elle soit prête à muer. Beaucoup de ces guêpes, y compris l'étonnante hyper-parasite qui pond ses œufs sur la larve d'une autre guêpe parasite, sont si petites qu'elles sont à peine visibles à l'œil nu.

Le rôle bénéfique que jouent ces parasites dans le contrôle des insectes nuisibles prend de plus en plus d'importance, particulièrement pour les fermiers et les maraîchers. Par exemple, l'ichneumon de l'espèce *Encassia formosana* qui pond ses œufs sur ceux de la mouche blanche a été introduit pour combattre celle-ci en horticulture.

Ces guêpes parasites sont maintenant élevées à des fins commerciales. Leurs œufs sont simplement placés dans des sacs en papier spéciaux. Le maraîcher n'a plus qu'à ouvrir le sac et à l'attacher dans la serre.

Cette méthode naturelle de lutte contre les insectes nuisibles n'est pas encore très répandue au jardin, car les jeunes guêpes parasites s'enfuient en masse à la recherche de leurs victimes. Jardiner avec la nature, c'est chercher à attirer ces guêpes utiles en cultivant certaines espèces de plantes herbacées qu'elles apprécient, par exemple l'aneth, l'achillée (*Achillea* spp.) et la tanaisie (*Tanaceta vulgare*).

INSECTES UTILES. *L'ichneumon est utile parce qu'il combat les insectes de façon naturelle en déposant ses œufs sur les larves d'espèces nuisibles.*

Des pollinisateurs fidèles

La pollinisation, fonction vitale pour les fleurs et les fruits, est en grande partie l'œuvre des abeilles.

Il est difficile de trouver de meilleurs pollinisateurs que les abeilles. Et depuis des milliers d'années, elles nous fournissent du miel et de la cire (pour les bougies). Depuis l'Europe du Sud, leur région d'origine, l'homme les a transportées dans toutes les parties du monde.

Les abeilles s'intéressent aux plantes riches en nectar et/ou en pollen (voir page suivante : Plantes riches en pollen). Elles fabriquent le miel à partir du nectar, et utilisent le miel et le pollen pour se nourrir. Elles continuent à visiter la même espèce de plante tant que celle-ci comble leurs besoins. C'est cette fidélité qui en fait de si bons pollinisateurs. Les abeilles reconnaissent les fleurs à leur forme, leur couleur, et leur odeur. Bien qu'elles ne puissent pas distinguer le rouge, elles sont sensibles aux ultra-violets. Les fleurs leur apparaissent comme des objets brillants dans une masse de feuillage grisâtre. Certains pétales possèdent la marque du miel : des bandes ou des taches qui indiquent le chemin du nectar (situé dans ce qu'on appelle la glande à miel).

UNE ABEILLE BUTINE *une fleur de renouée bistorte (*Polygonum bistorta*). Les apiculteurs, ci-dessous, portent des voiles de protection et des vêtements de couleur claire pour éviter d'être piqués. Au jardin, les abeilles absorbées par la quête de nectar et de pollen piquent peu.*

Les ouvrières

Les ouvrières récoltent le nectar et le pollen. Le nectar est composé d'eau et d'environ 20 % de sucre. De retour à la ruche, l'ouvrière régurgite le nectar stocké dans son sac à miel (une partie spéciale de son système intestinal). Elle le donne alors à d'autres abeilles, ou bien le verse dans une cellule vide. Le miel, qui est le carburant des abeilles, se forme lorsque l'eau s'évapore. Sa teneur en sucre peut atteindre 80 %.

Le pollen est un important aliment de croissance pour les larves. Lorsqu'une abeille butine une fleur, les grains de pollen, généralement collants, s'accrochent à ses poils. L'abeille se brosse et fait de la plus grande partie du pollen une boule qui reste accrochée à ses pattes postérieures.

Les grains restant pourront être déposés sur le stigmate d'une autre plante (pollinisation). Les experts peuvent déterminer quelles plantes ont été butinées par la couleur de la boule de pollen. Au printemps, le pollen jaune provient souvent du saule, le pollen orangé des crocus.

DANS UN GROUPE D'ABEILLES, *seule la reine produit des œufs. Elle les dépose dans des cellules d'incubation.*

Pour attirer les abeilles au jardin, il faut cultiver des plantes riches en pollen, et n'utiliser les herbicides et les pesticides qu'avec la plus grande parcimonie.

Le langage des abeille

Les abeilles se transmettent de renseignements pour indique où se trouvent de nouvelles source de nourriture. Elles le font au moyer d'un langage qui est une sorte de danse que l'éclaireuse effectue sur l rayon. Si la nourriture est située à environ 80 - 90 m, elle effectue une danse circulaire. Les « transporteuses suivent son mouvement et partent à la recherche de l'odeur des fleurs e question. Elles volent autour de la ruche jusqu'à ce qu'elles les découvrent. Quand la source de

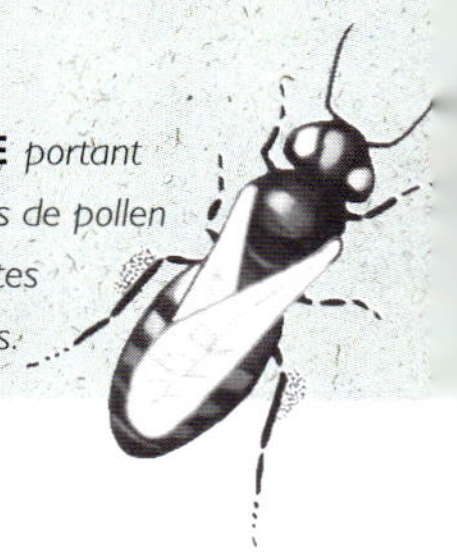

OUVRIÈRE *portant deux boules de pollen sur ses pattes postérieures.*

PLANTES RICHES EN POLLEN

Les abeilles butinent des centaines d'espèces de plantes. Cette liste n'est qu'une petite sélection.

Printemps

Arbres et arbustes

pommier (*Malus* spp.)
genêt (*Cytisus*)
cornouiller mâle (*Cornus mas*)
groseillier (*Ribes*)
bois joli (*Daphne mezereum*)
forsythia (*Forsythia*)
aubépine (*Crataegus* spp.)
chèvrefeuille (*Lonicera* spp.)
mahonia (*Mahonia aquifolium*)
poirier (*Pyrus* spp.)
prunier (*Prunus* spp.)
saule (*Salix* spp.)
noisetier (*Corylus* spp.)

Plantes herbacées

bergénia (*Bergenia* spp.)
bugle rampante (*Ajuga reptans*)
crocus (*Crocus* spp.)
monnaie du pape (*Lunaria annua*)
pachysandra (*Pachysandra terminalis*)
corbeille d'argent (*Arabis caucasica*)

Été

Arbres et arbustes

févier d'Amérique (*Gleditsia triacanthos*)
châtaignier (*Castanea sativa*)
catalpa (*Catalpa bignonioides*)
tilleul (*Tilia* spp.)
rose (source de pollen, peu de nectar, *Rosa* spp.)

Plantes herbacées

gypsophile paniculée (*Gypsophila paniculata*)
cosmos commun (*Cosmos bipinnatus*)
thym commun (*Thymus vulgaris*)
géranium (*Geranium* spp.)
balsamine (*Impatiens glandulifera*)
boule azurée (*Echinops* spp.)
lavande (*Lavandula augustifolia*)
guimauve (*Althaea officinalis*)
herbe aux chats (*Nepeta* × *faasenii*)
polémonium (*Polemonium* spp.)
orpin (*Sedum* spp.)
soleil (*Helianthus* spp.)
cardère à foulon (*Dipsacus sativus*)

Automne

Arbres et arbustes

vigne vierge (*Parthenocissus* spp.)
lierre (*Hedera helix*)

Plantes herbacées

aster d'automne (*Aster* spp.)
rose d'Inde (*Tagetes erecta*)
liatris (*Liatris spicata*)
verge d'or (*Solidago* spp.)

ON ÉLÈVE LES ABEILLES, *Apis mellifera, en haut, dans le monde entier. Les premières ruches fabriquées par l'homme furent probablement faites de bûches creuses, de poteries posées sur le flanc, ou de paniers renversés.*

nourriture est située plus loin, l'éclaireuse marche tout droit sur le rayon, en remuant l'arrière de son corps d'un côté à l'autre. Après quelques centimètres, elle fait demi-tour et recommence ses mouvements ondulatoires. Cette danse est très riche en renseignements. La distance à la source de nourriture est indiquée par l'amplitude des mouvements ; plus les mouvements sont prononcés, plus la source est proche. La direction de la ligne sur le rayon indique la direction de la nourriture par rapport au soleil. Une ligne verticale ascendante signifie : vers le soleil. Une abeille peut voler jusqu'à environ trois kilomètres, aller plus loin lui demanderait une trop grande dépense d'énergie. Le temps a aussi son importance, les abeilles volent moins loin s'il fait froid et sombre.

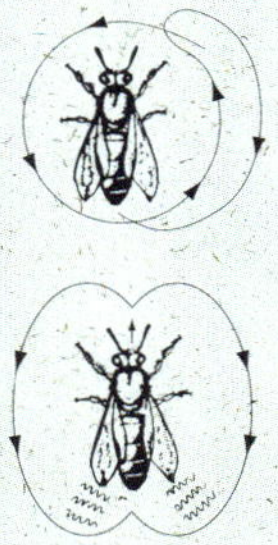

La danse circulaire (a) et la danse ondulatoire (b) d'une abeille éclaireuse.

« Droit vers le soleil »

« Environ 30 ° à gauche du soleil »

« À droite du soleil »

Les insectes rampants

Un monde de créatures invisibles travaille sous les pieds du jardinier pour le plus grand bien des plantes.

Le ver de terre est un des piliers de l'écologie des jardins. Si la terre est saine, les vers de terre consomment une grande quantité d'herbe et de feuilles en décomposition, transformant ces détritus en humus précieux. Ils créent, par leurs fouilles silencieuses et incessantes, un labyrinthe de galeries dans lesquelles l'air circule facilement autour des racines, là où il est nécessaire à l'activité microbiologique du sol. Cet assouplissement du sol permet aux racines en développement d'absorber plus facilement l'eau et les nutriments dissous.

Des consommateurs de pourriture

Deux types de vers de terre communs fréquentent nos jardins : le ver de terre rouge, et les autres (généralement gris). Pour encourager ces discrets héros du jardin, il faut éviter l'abus d'engrais chimiques. Un compost riche en nutriments est un additif bien préférable, et il a aussi la faveur de ceux qui concourent, avec les vers de terre, à l'amélioration du sol : mille-pattes, cloportes, ainsi que de minuscules podures et mites du sol qui participent aussi à la déstructuration des plantes en décomposition.

Insectes souterrains

Comme les galeries des vers de terre, les tunnels creusés par les fourmis aèrent le sol. La fourmi noire, une espèce très répandue et aux régimes alimentaires variés, construit des colonies souterraines à la limite des zones boisées et près des habitations. Ces fourmis sont aussi très friandes d'un miel qu'elles se procurent en « trayant » les pucerons. Une autre espèce, la fourmi rouge, préfère se nourrir d'autres insectes. C'est une espèce protégée car elle accomplit un travail utile en combattant les insectes nuisibles de nos forêts.

LE CERF-VOLANT, *en haut, se défend avec ses pinces impressionnantes. On trouve ce remarquable coléoptère dans les bois. Il se nourrit de nectar et de sève. Après le coucher du soleil, le ver de terre, à droite, remonte à la surface pour se nourrir de la litière de feuilles humide.*

CE CHARANÇON VERT (Phyllobius viridearis), *ci-dessus, se cache dans les orties. Les lycoses, à gauche, dont il existe un grand nombre d'espèces, chassent leurs proies sur le sol et les plantes basses.*

Les larves rampantes de beaucoup d'insectes volants mènent une vie souterraine. Le hanneton et le taupin passent leur période larvaire dans le sol, se nourrissant des racines des plantes. D'autres larves sont des prédateurs sophistiqués.

La larve de la cicindèle se cache dans un trou et attend, prête à attraper une fourmi ou une araignée par surprise. La larve vorace du fourmilion adopte une stratégie similaire, mais elle attend au fond d'un trou conique creusé dans le sable, dans lequel tombent ses malheureuses proies.

Recycler le bois mort

D'autres larves d'insectes, dont beaucoup d'espèces de scarabées, vivent cachées dans les souches d'arbres et les branches tombées à terre entrées en décomposition. Elles y effectuent la difficile tâche de digérer la cellulose, ou fibre du bois. Ce creusement ininterrompu laisse des traces caractéristiques sous l'écorce du bois mort, témoins de la transformation de cette matière en engrais. Les piverts, qui chassent ces insectes xylophages, en tirent aussi profit lorsqu'on laisse le bois mort à leur disposition dans le jardin.

Prédateurs terrestres

Qu'il soit à l'ombre, au soleil ou sous les feuilles, le sol du jardin est une arène dans laquelle se produisent de nombreux prédateurs. Un groupe important d'insectes prédateurs, les coléoptères terrestres, joue un rôle bénéfique en chassant avidement les chenilles, et même les limaces et les escargots. Pour les encourager, ainsi que d'autres coléoptères utiles, on peut leur offrir des refuges permanents sous forme de bordures de buissons bas ou persistants.

UNE PETITE FOURMI FAUVE *(Formica polyctena), à gauche, dans une posture menaçante. On la trouve dans les dunes de sable où elle se nourrit surtout de proies animales.*

Habitants à huit pattes

Les araignées figurent aussi parmi les prédateurs terrestres importants. Plutôt que de tendre une toile, la lycose aux fines pattes parcourt un territoire dégagé, chasse ses proies et se chauffe au soleil en lisière de prairie. Comme presque toutes les araignées, elle injecte à ses victimes un venin paralysant et en aspire le contenu jusqu'à ce qu'il n'en reste plus que l'exosquelette desséché.

L'épeire tisse une toile, mais on la trouve souvent cachée sous une feuille, à l'affût. D'autres espèces d'araignées restent immobiles au milieu de leur toile, attendant leurs proies.

Le faucheux, qui n'est pas à proprement parler une araignée, possède des pattes très longues et très fines qui forment des arcs autour de son petit corps. Il chasse de petits insectes et absorbe la sève des plantes, principalement la nuit.

AU BORD *de* L'EAU

Une pièce d'eau ou un ruisseau attirera plus d'êtres vivants que n'importe quel autre aménagement.

UN HÉRON EN VISITE *dans un étang, ci-dessus, peut rester immobile pendant des heures à pêcher. Pour dissuader les hérons de manger tous vos poissons, essayez de placer un faux héron au bord de l'eau. Les vrais hérons penseront que la place est prise et iront voir ailleurs.*

En dehors de son apport esthétique, l'eau est indispensable à la vie. De nombreuses espèces d'insectes ou d'oiseaux trouvent leur nourriture dans l'eau ou près de l'eau, et presque toutes les créatures vivantes, même des animaux ou des oiseaux très discrets, doivent s'approcher des mares ou des ruisseaux pour boire.

LES AMATEURS D'EAU

Les amphibiens sont parmi les amateurs d'eau que l'on peut satisfaire le plus facilement. Certaines grenouilles peuvent prospérer et se reproduire dans des flaques minuscules – parfois de la taille d'une grande bassine de cuisine.

Les détails de leur cycle vital varient selon les espèces, mais la reproduction commence généralement lorsque le mâle chante pendant les nuits, au printemps, pour attirer les femelles, formant à l'occasion des chœurs assourdissants. Après l'accouplement, la femelle pond ses œufs dans l'eau, où ils restent en paquets immergés, parfois attachés à la végétation. Les têtards sortent des œufs et se nourrissent d'algues et d'autres pousses végétales. Ils passent généralement plusieurs mois dans l'eau, se transformant progressivement en adultes à quatre pattes et sans queue.

Grâce à des pattes arrière puissantes, les grenouilles peuvent effectuer des bonds vigoureux pour échapper à leurs prédateurs, alors que leurs doigts palmés leur permettent de nager rapidement après leurs proies, comme des larves d'insectes. Si la pièce d'eau de votre nouveau jardin n'a pas encore attiré des grenouilles en migration, vous pouvez y installer une colonie en y plaçant quelques œufs récoltés dans un fossé ou une mare naturelle. La grenouille verte (*Rana esculenta*) ne se trouve qu'en Europe continentale, souvent en grand nombre, là où elle dispose d'eau propre en quantité suffisante. Au printemps, les grenouilles communes (marron) sont beaucoup moins bruyantes que leurs cousines vertes ; dès qu'elles ont déposé leurs œufs, elles quittent l'eau et on n'entend plus parler d'elles.

Les crapauds pondent aussi dans l'eau, mais leurs têtards se développent beaucoup plus rapidement, et ils se contentent même d'une flaque temporaire

LA GRENOUILLE ARBORICOLE *(Hyla arborea), ci-dessus, possède des ventouses au bout des doigts, ce qui lui permet de grimper aux branches. Au printemps, elle pond ses œufs dans des mares ou de petits étangs. En été, les jeunes quittent l'eau pour chasser les insectes dans la forêt. Ces insouciantes grenouilles sont devenues rares. Les libellules, comme cette grande Brachyton pratense, à droite, sont utiles car elles mangent de grandes quantités de moucherons.*

LE TRITON COMMUN, *à droite, pond ses œufs un par un sur des plantes aquatiques. Le tadorne aux couleurs remarquables (*Tadorna tadorna*), autre habitant des marais, ci-dessous et à droite, vagabonde en surface, à la recherche de nourriture.*

dans un creux de terrain. Les crapauds adultes mènent une vie largement terrestre, préférant les recoins humides et ombragés du jardin ou des environs de la maison. Comme tous les amphibiens, ils ont besoin d'un contact avec l'humidité pour ne pas se déshydrater.

Les crapauds ont, dans le cou, des glandes qui sécrètent un poison dissuasif pour leurs éventuels prédateurs. Le régime alimentaire typique d'un crapaud se compose de la plupart des insectes nuisibles du jardin, comme les chenilles des papillons de nuit ou les larves de bibion, de chenilles, d'escargots, mais aussi, hélas, du si utile ver de terre.

L'espèce la plus répandue en Europe est le crapaud commun (*Bufo bufo*), brun pâle. Il est surtout actif la nuit, lorsqu'il chasse les insectes volants attirés par les lumières des habitations. Le jour, il s'abrite sous une plante ou se retire dans un trou.

On trouve aussi le crapaud des roseaux (*Bufo calamita*) qui peut se reproduire dans divers environnements, depuis la végétation épaisse de la berge d'une rivière jusqu'à une flaque temporaire pauvre en végétation. En Angleterre, on trouve surtout le crapaud des roseaux, le long des côtes, dans des mares situées derrière les dunes.

LES HABITANTS À PLUMES

Les visiteurs potentiels des plus grands étangs sont la poule d'eau, la foulque et diverses espèces de canards. On trouve le canard sauvage un peu partout, et il sera le premier à visiter votre pièce d'eau ; il patauge à la surface ou broute des plantes aquatiques succulentes, mangeant à l'occasion un poisson, des œufs de grenouille ou même des insectes aquatiques.

LES INSECTES AQUATIQUES

Une eau bien aérée permet aux animaux qui absorbent l'oxygène de l'eau de respirer et de se reproduire. Cela comprend les animaux à branchies (poissons, têtards et salamandres) et une multitude d'insectes aquatiques qui respirent à travers la peau. Parmi les larves d'insectes qui utilisent cet oxygène, celles de la libellule sont les plus répandues. Après avoir dévoré avec voracité les larves de moustiques et d'autres insectes de l'étang, elles émergent en adultes agiles et rapides. Elles survolent les marais et les ruisseaux à la recherche de moustiques, de mouches et de moucherons adultes. On a pu en chronométrer à la vitesse de 100 km/h. La femelle pond ses œufs sur des feuilles flottantes ou des rochers humides. D'autres insectes prédateurs opèrent à la surface même de l'eau. On peut voir le gerris glisser sur presque tous les ruisseaux et les étangs, porté par la seule tension superficielle de l'eau. Comme les araignées terrestres auxquelles ils ressemblent (ils sont en fait apparentés aux insectes suceurs de plantes), ils ressentent les vibrations du moindre insecte infortuné tombé à l'eau et se précipitent pour le vider de sa substance.

On voit aussi fréquemment des groupes de petits gyrins ovales et noirs, nageant près de la surface. Ils émettent des séries de vibrations et, en analysant les faibles ondes en retour avec leurs antennes sensibles, ils peuvent détecter les insectes en difficulté et se diriger vers eux.

Les notonectes se suspendent la tête en bas, juste sous la surface de l'eau. Ils fondent sur leur proie en utilisant leurs longues pattes arrière comme des rames. Plus bas, dans les sombres profondeurs, se dissimule la nèpe géante, un formidable chasseur de têtards et de jeunes salamandres.

LES VISITEURS à ÉCAILLES

Tout jardin qui aspire à être une communauté équilibrée d'animaux sauvages doit abriter des serpents et des lézards.

Les reptiles ne font pas partie des animaux que les jardiniers attirent délibérément dans leur jardin. Les serpents et les lézards souffrent d'une effrayante réputation. Les serpents, en particulier, sont l'objet d'un mélange de phobie et de fascination. Cependant, les serpents peuvent aider le jardinier à limiter la prolifération d'animaux herbivores. Comme prédateurs hautement spécialisés, ils occupent le haut de l'échelle de la chaîne alimentaire.

NOS AMIS SERPENTS

Les serpents les plus répandus dans nos jardins ne sont généralement pas dangereux pour l'homme. Les plus fréquemment rencontrés en Europe sont, sur terre, la couleuvre lisse (*Coronella austriaca*), dans l'eau, la couleuvre à collier et la vipère (*Vipera berus*). On tue parfois la couleuvre lisse parce qu'on la confond avec la vipère. Il semble que cela soit dû à sa réaction de défense lorsqu'elle est surprise – elle rejette sa tête en arrière, siffle, puis la lance en avant pour mordre. Mais ses petites dents ne renferment aucun poison et ne peuvent pas faire grand mal. La couleuvre lisse préfère les terrains en lisière de bois, particulièrement les coteaux où elle peut se chauffer au soleil. Elle chasse les lézards, les souris et les campagnols ; elle attrape d'abord sa proie par le cou, puis l'étouffe en l'entourant avec son corps. La couleuvre à collier vit surtout dans l'eau où elle cherche sa nourriture (salamandres et grenouilles). Sur terre, à l'occasion, elle mange un campagnol. La femelle pond ses œufs sur terre sous des feuilles ou dans un tas de compost.

REGARDEZ OÙ VOUS MARCHEZ

Il est rarement justifié de tuer un serpent, même en cas de panique, car il s'agit souvent d'une espèce

APRÈS L'HIBERNATION, *le lézard des sables mâle, en haut, arbore une magnifique livrée verte. Ci-dessous, une couleuvre à collier. Elle porte un collier jaune autour du cou. Voyez le détail de ses écailles, à droite.*

inoffensive que l'on confond avec une autre, potentiellement mortelle. Et malgré leur mauvaise réputation, les serpents venimeux jouent un rôle important dans l'écologie du jardin.

Il existe un seul serpent venimeux en Europe, la vipère, et elle mène une vie plutôt discrète. Néanmoins, il peut être judicieux de porter des bottes montantes lorsque vous débroussaillez un jardin pour la première fois, ou que vous cultivez un terrain voisin d'un habitat sauvage. Évitez de mettre les pieds ou les mains dans des endroits où pourraient se cacher des serpents, dans des crevasses ou sous des rochers si vous n'y voyez pas clairement.

Les lézards

Les lézards sont des proches parents des serpents avec lesquels ils partagent une peau résistante garnie d'écailles ; mais à de rares exceptions, ils possèdent quatre pattes. Le plus répandu est le lézard des sables, dans les régions sablonneuses d'Europe. Au sortir de l'hibernation, le mâle prend une magnifique livrée verte ; c'est à ce moment seulement que la femelle apparaît. Le lézard vivipare est une autre espèce assez commune en Europe continentale. Il ne pond pas d'œufs, mais donne naissance à des jeunes complètement développés. L'orvet (*Anguis fragilis*) est une espèce de lézard sans pattes que l'on rencontre dans toute l'Europe, sur les terrains calcaires.

Une place pour les lézards et les serpents

Pour attirer les reptiles dans votre jardin ou à proximité, et avoir une chance de les observer, prévoyez un mur ou un talus garni de rocaille, protégé et ensoleillé, où la chaleur rayonnante réconfortera leur corps à sang froid. Un sol couvert de feuilles ou de paillis leur fournira un abri au frais pendant les heures les plus chaudes du jour. Un jardin accueillant pour les reptiles devrait comprendre des éléments faciles à entretenir comme, par exemple, un versant rocheux, un tas de pierres ou un tas de bois en décomposition.

ON TROUVE LE LÉZARD VERT, *ci-dessus, en Europe centrale et du Sud. À la saison des amours, la gorge du mâle devient bleu azur. La timide tortue d'eau douce, ci-dessous, est malheureusement une espèce aujourd'hui menacée.*

Sous la carapace

L'autre grand groupe de reptiles est celui des tortues. La plupart des espèces habitent près de l'eau, surtout des étangs. On trouve encore parfois la tortue d'eau douce (*Emys orbicularis*) dans certaines parties de l'Europe, bien que le développement de l'industrie et l'assèchement des terrains aient sérieusement menacé son existence au cours du dernier siècle. La tortue d'eau douce aime l'eau claire avec une abondante végétation d'où elle émerge avec prudence pour profiter du soleil. Elle se nourrit de larves d'insectes, de têtards et de petits poissons.

LES OISEAUX INSECTIVORES

De nombreuses espèces d'oiseaux s'adaptent facilement à nos jardins pour le plus grand bonheur des jardiniers.

Couverts de leur manteau de plumes, les oiseaux partagent avec l'homme le goût des couleurs harmonieuses, et leur chant est souvent mélodieux aux oreilles humaines. Ils constituent un spectacle intéressant : pas trop petits, ils débordent d'activité dans leur vie sociale comme dans leur façon de se nourrir. De plus, il n'est pas rare qu'ils élèvent leurs petits sous nos yeux. De nombreuses espèces visitent nos jardins quand nous leur offrons de la nourriture. Enfin, il est très facile d'effectuer des plantations qui satisfont leurs besoins et nos goûts esthétiques. Un jardinier attentif peut facilement repérer une douzaine d'espèces d'oiseaux dans un jardin présentant une diversité d'habitats. L'essentiel est constitué de résidents permanents.

BIENVENUE AUX INSECTES

Beaucoup de plantes qui développent des fruits et des graines en été et en automne abritent une grande variété d'insectes lors de l'éclosion des fleurs et des feuilles au printemps. Pendant leur saison de floraison, les prairies et les bordures de plantes herbacées constituent un environnement regorgeant d'insectes, fréquentées par de nombreux oiseaux insectivores. Les fleurs de toutes sortes attirent des milliers de pollinisateurs à six pattes qui deviennent la proie d'oiseaux comme les gobe-mouches gris, les geais et les hirondelles. Le jeune et tendre feuillage de quelques arbres communs d'Europe, comme le chêne et le saule, est, au départ, dépourvu du tanin qui doit repousser les insectes : en même temps que les chatons en fleurs, il est envahi par les chenilles.

Beaucoup d'oiseaux migrateurs, surtout le verdier et le chardonneret, fouillent dans cette profusion printanière pendant la pause qu'ils effectuent avant de rejoindre les pays nordiques pour s'y reproduire. L'écorce de toutes sortes d'arbres héberge des insectes, araignées et chrysalides. Ils attirent des oiseaux comme la sittelle, le grimpereau des bois et la mésange charbonnière.

DES RÉGIMES VARIÉS

Pour attirer la plus grande var été d'oiseaux, vous devez tenir compte de la quantité minimale d'insectes que doit comporter leur régime. Les oisillons ont besoin de protéines pour passer au stade d'oiseaux robustes, processus accéléré qui ne prend que quelques semaines. C'est pourquoi la plupart des oiseaux chanteurs élèvent leurs petits pendant les riches mois d'été pendant lesquels pullulent les insectes. C'est l'époque de l'année où l'on rencontre le plus grand nombre d'oiseaux se nourrissant d'insectes et d'autres invertébrés. Pendant les autres saisons, ils consomment davantage de fruits et de graines. Cependant, même en hiver, certaines espèces s'intéressent d'abord aux insectes (et surtout à leurs œufs et à leurs chrysalides).

LA SITTELLE, *en haut, apprécie un environnement boisé et se plaît à visiter un jardin arboré. Elle niche de préférence dans un trou, en haut d'un arbre, mais accepte aussi volontiers un nichoir. L'hirondelle, à gauche, nourrit ses oisillons avides de protéines avec des chenilles pleines de sucs.*

L'AGILE GOBE-MOUCHES GRIS, *ci-dessus, possède un bec fin avec lequel il attrape les mouches. Le bec du grand pivert tacheté, à droite, est puissant et pointu, ce qui lui permet de creuser des trous profonds dans l'écorce des arbres où il trouve des insectes.*

ATTRAPER LES INSECTES

Les oiseaux insectivores ont des pattes puissantes mais agiles qui leur permettent, selon les cas, de s'accrocher aux branches les plus minces, de se pendre la tête en bas, de grimper aux arbres, ou de sauter sur le sol. Le bec des oiseaux insectivores est conçu pour saisir des insectes rampants et volants, picorer les insectes et les cocons minuscules, frapper l'écorce des arbres, écraser la solide carapace des coléoptères, et d'autres tâches spécialisées.

Les oiseaux insectivores cueillent les insectes sur le feuillage, les fleurs et les tiges des plantes. Beaucoup d'oiseaux chanteurs se nourrissent de cette façon, chaque espèce opérant à un certain niveau ou sur un type de végétation. En équilibre ou voletant au-dessus des chenilles ou d'autres petites proies, ils saisissent rapidement la nourriture sur la plante avec leur bec effilé. La pie-grièche, quant à elle, possède un bec en forme de crochet et attrape des proies plus grosses, qu'elle cloue souvent sur des épines ou du fil de fer barbelé. Le gobe-mouches préfère attraper les insectes au vol. Son bec s'ouvre largement, et ses ailes longues et étroites lui permettent de faire demi-tour en plein vol.

Les pattes fermement accrochées au tronc, les piverts creusent les arbres en décomposition pour en extraire les insectes avec leur bec puissant et leur langue extensible. Ils ne négligent pas les mangeoires et, parfois, parcourent le sol en quête de fourmis.

LA GRIVE DRAINE, *ci-dessous, fouille pour trouver de la nourriture pour ses petits. Plus tard, ils mangeront des baies. En mai et juin, un rossignol, à droite, dans votre jardin vous assure un concert presque nuit et jour. Ces oiseaux se sentent en sécurité dans les buissons épineux, les sous-bois riches en plantes herbacées, les forêts humides d'arbres caducs, et les vastes talus boisés.*

D'autres espèces se nourrissent au niveau du sol en marchant, en sautant ou en grattant parmi les feuilles à la recherche d'insectes rampants ou autres invertébrés. L'excellente vision des oiseaux chanteurs ne leur sert pas qu'à détecter des proies insaisissables, mais aussi à surveiller l'arrivée d'un éventuel prédateur.

OISEAUX GRANIVORES *et* FRUGIVORES

Les fruits et les graines de beaucoup de plantes sont délibérément attirants pour les oiseaux.

Lorsque les oiseaux poursuivent leurs proies, insectes ou invertébrés, ils ont souvent affaire à des cibles mouvantes, insaisissables ou cachées. Les fruits et les graines sont plus faciles à atteindre. En échange de nourriture (hydrates de carbone, graisses, protéines et vitamines), les oiseaux, comme d'autres espèces animales, transportent les graines vers de nouveaux horizons. C'est un arrangement qui satisfait tout le monde. En ce sens, les oiseaux qui consomment des fruits et des graines jouent un rôle direct dans la dispersion des semences loin des plantes mères, et dans la propagation des espèces vers de nouveaux territoires.

TRÈS COLORÉ, *le chardonneret, ci-dessous, aime visiter les endroits où il peut trouver des plantes chargées de graines, comme la cardère. La mésange charbonnière, ci-dessous et à droite, aime aussi les jardins, surtout si elle y trouve des graines savoureuses, de tournesol.*

LA DISPERSION DES GRAINES

Les plantes ont développé des stratégies variées pour accomplir ce but vital. Certaines attirent les oiseaux par des fruits vivement colorés, à la chair agréablement pulpeuse et nourrissante. Quand ceux-ci ont satisfait leur appétit, ils se débarrassent généralement des noyaux, s'ils sont trop gros et difficiles à casser. Parfois, l'oiseau ne lâche le noyau qu'après avoir volé vers un nouveau perchoir, et la graine est ainsi transportée.

Les petites graines de certaines plantes à fruits, comme celles de l'épine-vinette (*Berberis* spp.), ne sont pas détruites au cours de la digestion par l'oiseau ; elles sont donc transportées pendant tout le temps que dure ce processus. Les arbres fruitiers appartenant au genre prunus – abricots et cerises – produisent des graines amères et même toxiques que l'oiseau abandonne après avoir consommé la chair du fruit. Utilisant une autre stratégie, le gui produit des fruits dont les graines sont si désagréablement collantes

Les oiseaux, libres occupants de la terre, de l'air et des océans, leur forme, la symétrie, leurs mouvements, la grâce.

JAMES MONTGOMERY (1771–1864), poète anglais

que les oiseaux, après avoir pris leur repas, s'en débarrassent en frottant leur bec sur l'écorce des arbres, précisément là où cette plante parasite doit pousser.

Beaucoup d'espèces de plantes n'enveloppent pas leurs graines dans un fruit savoureux et attirant, mais en condamnent une grande quantité à être dévorées, comptant sur celles d'entre elles qui seront répandues ou déplacées par les mouvements brusques des moineaux ou des écureuils pour perpétuer la lignée.

La capsule de la balsamine géante (*Impatiens glandulifera*) éclate avec une telle force que les graines sont projetées au loin. Chez d'autres plantes, certaines graines sont libérées lorsqu'un oiseau se pose sur la tige : celle-ci vibre, les graines tombent à terre, ce qui fait qu'elles ne sont pas consommées. Dans un environnement humide, les graines tombent sur le sol mouillé

LE GROS-BEC, *ci-contre, aime les graines du merisier. En hiver, lorsque la nourriture est rare, il visite les jardins à la recherche de fruits et de graines. Par temps très froid, le jaseur, à droite, migre de l'Europe du nord vers les régions occidentales. Il aime particulièrement les baies, comme celles du cormier.*

puis sont déplacées avec la boue qui colle aux pattes des oiseaux aquatiques. Enfin, d'autres graines, comme celles des bidens (*Bidens* spp.) possèdent de minuscules crochets avec lesquels ils s'accrochent au plumage et voyagent ainsi loin de la plante mère.

VISITEURS VERSATILES ET PALAIS ÉCLECTIQUES

Ne vous étonnez pas de l'inconstance des oiseaux en ce qui concerne leurs préférences alimentaires et leur appétit. Ils peuvent adopter d'emblée une plante chargée de fruits, et en ignorer une autre en attendant que ses fruits mûrissent naturellement et deviennent moins astringents, ou que leur ressource de nourriture préférée soit épuisée. Alors qu'une certaine année, un arbuste à fruits peut attirer des nuées de gros-becs, une autre année, il n'aura presque pas de visiteurs (même s'il décore toujours votre jardin d'une belle tache de couleur). En fait, les oiseaux ne sont pas seulement versatiles, mais ils sont aussi étonnamment éclectiques et, lorsque les temps sont difficiles, ils acceptent une nourriture qu'ils négligeraient en période d'abondance.

Pour les arrivants du premier printemps, comme les verdiers et les linottes, qui sont parfois surpris par un coup de froid alors que la plupart des insectes sont encore en hibernation, les baies persistantes du jardin deviennent très attractives comme aliment de secours.

DES FRUITS ET DES GRAINES POUR LES OISEAUX

Un jardin dans lequel on trouve des plantes comme le chardon laineux (*Cirsium eriophorum*), l'achillée (*Achillea* spp.), et la tanaisie (*Tanacetum vulgare*) attire des oiseaux granivores variés, en particulier des fringillidés. Les oiseaux peuvent profiter des graines de plantes comme la cardère qui persiste sur la plante pendant tout l'hiver.

Les arbustes à baies attirent aussi une grande variété d'oiseaux. On sait que ces derniers apprécient ces fruits après qu'ils ont gelé. Les fruits d'été et d'automne, par exemple ceux du sureau et des ajoncs, ou les mûres, sont un régal pour la grive ou le merle qui sont présents toute l'année. Les fruits du houx, de l'if, de l'aubépine ou du prunellier sont une source importante de nourriture hivernale, alors qu'il n'y a plus rien ailleurs.

Pour cette raison, en automne, n'éliminez pas les plantes qui ont fini de fleurir, mais laissez-les en place, avec leurs graines, jusqu'au printemps. Les oiseaux vous en seront reconnaissants.

UNE MERLETTE *à la recherche de nourriture, ci-dessous. C'est un oiseau des jardins très familier, et l'un des plus répandus en Europe.*

PETITS MAMMIFÈRES *du* JARDIN

Beaucoup de petits mammifères sont les bienvenus dans un jardin naturel car ils chassent de nombreux insectes nuisibles.

Apprécier les mammifères qui habitent régulièrement notre jardin est un vrai défi. D'un côté, ces animaux à fourrure et à sang chaud sont plus proches de nous dans l'échelle de l'évolution que n'importe quels autres habitants du jardin. De l'autre côté, leur mode de vie les rend difficiles à observer – ils mènent une existence plutôt discrète. Pour se reposer et élever leurs petits à l'abri des prédateurs, ils vivent souvent sous terre, ou dans des arbres creux. Pour ces espèces, l'activité terrestre a essentiellement lieu la nuit.

Nous devons souvent nous fier à des preuves indirectes pour détecter leur présence – traces évidentes de leur activité comme des empreintes de pattes ou des marques de passage, ou morsures. On peut aussi détecter leur présence grâce à des touffes de poils, des déjections, des tiges mâchées et autres restes de repas végétariens. Mais ces animaux vifs et pleins de ressources, qui peuvent parfois nous contrarier, peuvent aussi nous captiver et forcer notre respect.

CHASSEURS AU RAS DU SOL

Le hérisson est typiquement un habitant des forêts qui, parce qu'il s'adapte très bien, fréquente aussi nos parcs et jardins. C'est un animal nocturne et, pendant le jour, il reste dans son nid dans les sous-bois, parmi les rochers ou les branches mortes. Son régime se compose d'insectes, de vers et d'escargots, mais aussi d'œufs et de poussins qu'il vole dans les nids des oiseaux. Quand un danger le menace il se roule en une boule hérissée de piquants.

LE VOLEUR UNIVERSEL

La belette est un des prédateurs les plus répandus. Son corps au dos brun-roux et au ventre blanc est d'une finesse étonnante. Elle préfère les champs dégagés et les broussailles, mais on la rencontre aussi souvent dans les parcs et les jardins. Elle chasse nuit et jour. Son régime est fait essentiellement de souris, qu'elle poursuit jusque dans leurs trous.

LES CHAMPIONS DES MANGEURS D'INSECTES

Bien qu'elle habite les bois, on trouve aussi régulièrement la musaraigne dans nos jardins et même dans nos maisons. Elle

L'ÉCUREUIL GRIS, *en haut et à gauche, importé d'Amérique du Nord au XIXe siècle, très répandu en Grande-Bretagne mais peu en France. Le mulot, ci-dessous, est un véritable habitant de la forêt, même si on le rencontre fréquemment dans les parcs et jardins.*

L'ÉCUREUIL COMMUN, *à gauche, a été éliminé d'une grande partie de l'Angleterre par l'écureuil gris, plus agressif. Les hérissons, ci-contre, visitent régulièrement nos jardins pendant la nuit. La souple belette, au centre à gauche, chasse les souris et autres petits vertébrés.*

possède un long museau en forme de trompe et de longues moustaches. Elle mène une vie relativement discrète et est active de jour comme de nuit. Elle chasse les insectes, les vers, les escargots, mais aussi de petits vertébrés.

La taupe est parente de la musaraigne, mais est beaucoup moins active. Elle mène une vie souterraine, utilisant ses pattes antérieures puissantes et griffues pour « nager » dans la terre meuble à la recherche de vers et d'insectes. Même si elle peut causer des dégâts aux pelouses et aux racines des plantes, elle est utile au jardin car elle ameublit le sol et réduit la population de larves qui s'attaquent aux racines.

Les grignoteurs de plantes

Les souris des maisons, des champs et des bois sont de vrais rongeurs qui se nourrissent plus particulièrement d'herbes, de graines, de noix et de fruits, même si elles ne dédaignent pas les champignons et les insectes. Le mulot est la plus répandue de ces diverses espèces.

Les lièvres et les lapins utilisent leurs remarquables incisives pour ronger non seulement les herbes et autres plantes herbacées, mais aussi les bourgeons, les brindilles, l'écorce et les feuilles des plantes ligneuses. On trouve une variante du lièvre en Irlande et en Écosse.

Les ramasseurs de noix

L'écureuil se nourrit surtout de graines, mais il mange aussi des fruits, des bourgeons, des écorces, des jeunes pousses, des champignons, des insectes, et il pille parfois des nids d'oiseaux. Il cherche sa nourriture dans les arbres et, à un moindre degré, sur le sol. Il stocke ses réserves de nourriture pour l'hiver dans des arbres creux ou des trous dans le sol. L'écureuil est présent dans toute l'Europe. Son pelage varie du rouille clair au presque noir, en passant par le marron foncé. L'écureuil commun est marron-rouge et possède une queue en panache. En hiver, son pelage fonce et ses oreilles prennent une touffe de poils.

L'écureuil gris, importé d'Amérique du Nord au XIXe siècle, est très répandu en Angleterre et en Irlande. Dans le sud de l'Angleterre, son comportement agressif a chassé les écureuils communs. Il mange souvent des bourgeons et des jeunes pousses, causant de graves dégâts à la forêt en de nombreux endroits.

L'écureuil gris construit son nid dans des troncs creux et des nichoirs. Certains écureuils peuvent s'apprivoiser facilement et on peut les attirer avec des grains de maïs, des pignons ou des cacahuètes.

LES BLAIREAUX *sont des habitants des bois plutôt craintifs, mais on peut parfois en rencontrer à découvert dans la campagne.*

GROS MAMMIFÈRES *dans le* PAYSAGE

Les gros mammifères exercent une influence particulière sur l'imagination humaine.

Habiles et rapides, vifs, puissants et rusés, les grands mammifères errant librement dans la campagne réveillent nos craintes et notre admiration. Leurs apparitions occasionnelles sont inoubliables – qu'y a-t-il de plus saisissant, par exemple, que d'apercevoir une harde de cerfs pendant une promenade dans la campagne ?

On peut maintenant rencontrer le chevreuil dans presque tous les types d'habitat – plaines et collines, prairies et sous-bois. Au cours des siècles, il a suivi la civilisation et a remplacé son régime original fait de feuilles et de bourgeons, par les plantes alimentaires cultivées par l'homme. En hiver surtout, ces animaux peuvent entrer dans votre jardin pour grignoter l'écorce des arbres et arbustes.

Si vous voulez observer des chevreuils, levez-vous de bon matin et dirigez-vous vers une prairie en bordure de bois. À cette heure, ils broutent souvent dans ce type d'habitat. Mais s'ils vous détectent, ils font demi-tour et s'enfuient dans le bois en levant la queue, ce qui vous permet d'apercevoir clairement la tache blanche qu'ils portent sous celle-ci.

En hiver, les mâles, les biches et les faons vivent ensemble en hardes de dix animaux ou plus. Les hardes éclatent au début du printemps et c'est aussi à ce moment que les mères et les petits se séparent. Pendant la saison du rut, de la mi-juillet au mois d'août, les mâles et les femelles laissent des traces odorantes pour marquer leur territoire. Le reste de l'année, ils se promènent par groupes de deux ou trois individus.

LES CHEVREUILS

Les chevreuils sont des animaux très craintifs et il est difficile de les attirer au jardin. Vous pouvez disposer des blocs de sel ; tous les cervidés ont besoin de sel. Dans la nature, ils se nourrissent de jeunes pousses, de bourgeons, de feuilles, de mûres, de framboises, et

L'ÉLAN *(en bas) vit dans les forêts et les toundras d'Europe du Nord. Il y a donc peu de chances pour qu'il visite votre jardin. Ce grand cervidé aime beaucoup les jeunes feuilles et les plantes aquatiques qu'il trouve le long des rivières et des ruisseaux. Vous pourrez en revanche apercevoir une harde de cerfs (ci-dessous) au hasard d'une promenade dans la campagne.*

d'herbes tendres. Si votre jardin peut offrir tout cela et qu'en même temps vous protégez vos jeunes arbres avec du grillage, il est probable que des chevreuils viendront le visiter. Mais il faut d'abord demander à vos voisins si une telle visite ne les importune pas.

Le cerf

L'aspect altier et majestueux des cerfs ne peut manquer d'impressionner. Ils errent sur de vastes étendues et sont beaucoup plus mystérieux que leurs cousins de plus petite taille – ce qui fait qu'on en apprécie encore davantage le spectacle.

Pendant des années, le nombre de cerfs n'a cessé de décroître, à cause de la chasse et de la disparition de leur habitat naturel. Aujourd'hui, ils sont encore nombreux dans certaines régions d'Europe centrale et septentrionale. La raison pour laquelle cette population est maintenant stabilisée est la protection dont ils sont l'objet dans des réserves naturelles, où ils deviennent parfois presque apprivoisés. Mais leur survie en dehors de ces réserves est devenue néanmoins très difficile.

Cela est également vrai pour les sangliers, autrefois largement répandus dans toute l'Europe. Ces animaux fouillent la terre à la recherche de nourriture et peuvent causer de réels dégâts dans les régions habitées. Mais en forêt, ce comportement en fait des animaux utiles, car ils consomment une quantité non négligeable d'insectes nuisibles comme les hannetons, les tenthrèdes, ou les chenilles. En fouissant, ils aèrent le sol avec leur groin, permettant à la forêt de se renouveler.

Les canins

Autrefois, le loup était présent dans de vastes régions d'Europe, mais à cause de sa constante persécution par l'homme et de l'évolution de son habitat naturel, il ne survit que dans quelques réserves.

En chassant par groupes de vingt individus ou plus, les loups peuvent vaincre des proies assez grosses, des cerfs par exemple. Ils préfèrent tuer des animaux faibles ou malades et agissent donc un peu comme un service sanitaire qui maintient l'équilibre dans la population

UNE LAIE *et ses marcassins, en haut. Ces animaux retournent la litière d'humus lorsqu'ils fouillent le sol, mais il est préférable de les exclure du voisinage de votre jardin. Deux jeunes renards, ci-dessus, attendent, dans leur tanière, la nourriture que rapporteront leurs parents.*

des animaux à sabots. Le loup est extrêmement méfiant vis-à-vis de l'homme.

À la campagne, et parfois dans de rares villes, un jardinier peut, rencontrer un renard, bien que ce chasseur rusé ait une audition et un odorat très développés qu'il utilise, entre autres, pour détecter et éviter l'homme.

Au petit trot, la nuit et au petit matin, le renard fouille les lisières entre les forêts et les prairies à la recherche de souris, lapins, et criquets ou autres insectes.

DES CHEVREUILS DANS LE JARDIN. *Bien qu'assez craintifs, les chevreuils se risquent à pénétrer dans les jardins quand il fait très froid et que la nourriture est rare.*

LES VISITEURS NOCTURNES

Lorsque le soleil se couche, l'obscurité enveloppe le jardin et de nouveaux personnages entrent en scène.

Les araignées rafraîchissent leurs toiles, les animaux nocturnes s'activent, les grenouilles arboricoles vocalisent, les lucioles flamboient au bord de la prairie : lorsque tombe la nuit, un monde nouveau apparaît.

ENTREZ DANS LE MONDE NOCTURNE

Le monde nocturne n'est en aucun cas fermé au jardinier curieux qui veut s'adapter. Apprenez à vous appuyer sur d'autres sens que la vue pour saisir les odeurs et les sons dont l'importance croît avec la nuit. Et profitez de la moindre lumière disponible. Par exemple, le crépuscule permet d'apercevoir les animaux nocturnes au moment où ils se réveillent. Sur le ciel s'obscurcissant, se découpent les silhouettes des chauves-souris et des hiboux. Certaines espèces, comme les papillons de nuit, sont au maximum de leur activité à cette heure de transition. Un jardin baigné par un clair de lune est, de la même façon, ouvert à notre lecture attentive.

Même à la seule lumière des étoiles, nos yeux parviennent à s'adapter pour distinguer des formes et des mouvements. L'œil humain fait preuve d'une étonnante sensibilité nocturne après seulement quinze à trente minutes dans l'obscurité, loin des lumières artificielles.

LES FLEURS NOCTURNES ET LEURS ADMIRATEURS

Comme nous, les animaux ne distinguent pas les couleurs dans la nuit ; il n'est donc pas étonnant que les fleurs de couleur claire ressortent dans l'obscurité du jardin. Certaines fleurs ne brillent de tous leurs feux que la nuit, comme par exemple la fleur d'une ipomée tropicale (*Ipomea alba*) qui ne s'épanouit que pendant une seule nuit.

D'autres fleurs vantent leur nectar et leur pollen en ne dégageant des parfums exotiques qu'après le coucher du soleil. De nombreux lys, chèvrefeuilles (*Lonicera periclymemum*) et l'odorante orchidée papillon

LA NUIT, *il arrive souvent qu'une alucite, en haut, se pose sur la vitre, attirée par la lumière. La queue de la luciole mâle, en haut et à droite, émet de la lumière pour attirer la femelle. Celle-ci lui répond depuis le sol en allumant la sienne. Le hibou moyen-duc, à gauche, se sent en sécurité dans l'épaisse frondaison des conifères. Il est actif la nuit, chassant les petits animaux comme le campagnol.*

(*Platenthera bifolia*) que l'on trouve localement en Europe centrale, sont d'excellents exemples de parfums nocturnes. L'augmentation de l'humidité dans l'air amplifie ces odeurs dont le rôle est d'attirer des pollinisateurs potentiels.

Les fleurs nocturnes conservent habituellement leur nectar dans de longues fleurs tubulaires accessibles à la trompe effilée du sphinx. Un observateur patient peut apercevoir ces papillons de nuit flotter comme des fantômes au-dessus des bordures de fleurs.

Mais les papillons de nuit n'ont pas le monopole du nectar nocturne ; dans les régions méditerranéennes, par exemple, quelques fleurs sont pollinisées

L'OREILLARD, *ci-dessus, est maintenant une espèce en danger. L'engoulevent, à droite, est également devenu rare à cause de la disparition ou de la transformation de la lande, son habitat.*

par des chauves-souris lorsqu'elles boivent le nectar printanier. Une plante appelée *Lobaea scandens*, qu'on peut parfois trouver en plante annuelle cultivée, est une de ces « fleurs à chauves-souris ».

UN NETTOYAGE DU CIEL

D'autres animaux, les chauves-souris surtout, profitent naturellement des insectes nocturnes pour se nourrir. Le secret de la chauve-souris réside dans l'écholocation, qu'elle utilise pour se déplacer et localiser ses proies. En vol, elle émet des sons de haute fréquence qui se réfléchissent sur les objets placés devant elle et reviennent vers ses oreilles pour y être interprétés. Elle peut repérer un insecte aussi petit qu'un moustique.

Certaines espèces de chauves-souris hibernent, souvent en vastes colonies, pendues la tête en bas et bien cachées dans des endroits sombres, arbres creux, grottes, caves ou même greniers.

Que ce soit parce qu'elles ne vivent que la nuit, alors que nous dormons, ou parce qu'elles ont incarné le mal dans tant de films d'horreur, les chauves-souris jouissent d'une mauvaise réputation, ce qui ne reflète pas leur véritable rôle dans l'écologie de nombreuses parties du monde. Par exemple, des petites chauves-souris comme les pipistrelles contribuent largement à la destruction des insectes nocturnes, en particulier des moustiques.

Dans les régions tropicales, les chauves-souris jouent un rôle crucial dans la vie de beaucoup de plantes. En cherchant le nectar, elles pollinisent les fleurs ; en consommant les fruits charnus des cactus et des arbres, elles dispersent les graines.

Asseyez-vous dehors à minuit et fermez les yeux ; sentez l'herbe, l'air, l'espace.

LINDA HASSELSTROM (XXe SIÈCLE), femme de lettres américaine et propriétaire de ranch.

LES RAPACES NOCTURNES

À côté des chauves-souris, mais en nombre bien plus restreint, les engoulevents gobent les insectes grace à leur large bec grand ouvert. En une soirée, un engoulevent peut capturer 500 moustiques. Ses plumes au bord duveteux étouffent le bruit de son vol au-dessus des jardins et des lisières des bois. Perché sur une clôture ou une branche, le mâle entonne son chant de séduction ; la femelle lui répond avec un cri proche de celui du hibou.

Partageant avec les engoulevents un vol agile et silencieux et des cris perçants dans la nuit, le hibou traverse le paysage nocturne à la recherche de proies plus grosses. Par exemple, le hibou moyen-duc capture les souris et les taupes, mais aussi les sauterelles et les vers gris. Il occupe souvent des nids que d'autres espèces d'oiseaux ont désertés, dans les arbres et les haies, où il élève ses oisillons. À intervalles réguliers, le mâle émet ses longs « hooou » plaintifs qu'on peut parfois entendre jusqu'à un kilomètre. De plus grande taille, la chouette peut capturer jusqu'à 20 rongeurs en une nuit.

Les INDÉSIRABLES

Pour bénéficier d'une présence de la faune dans le jardin, le jardinier doit décourager les animaux à problème.

Dans des conditions idéales, la communauté des plantes et des animaux, dans un jardin naturel, reste équilibrée. Il y a cependant quelques mammifères qui, à cause de leur comportement vorace, sont difficilement tolérables.

LES CLÔTURES FONT LES BONS VOISINS

La stratégie la plus efficace consiste à utiliser du grillage ou toute autre barrière pour empêcher les animaux gênants de pénétrer dans le jardin. Ce sont les capacités à sauter, grimper et creuser de l'animal en question qui dictent la hauteur, la profondeur sous le niveau du sol et les dimensions des mailles du grillage à utiliser.

Dans des régions très boisées, c'est le chevreuil, avec ses bonds exceptionnels, qui détermine la hauteur maximale des clôtures. Une hauteur de 2 m est généralement suffisante, mais vous serez plus tranquille avec 2,50 m. Vous avez le choix entre une clôture en grillage, d'autres types de clôtures métalliques, ou une clôture en bois. Une biche peut se glisser dans une ouverture de seulement 30 cm de large, alors qu'il suffit de 25 cm à un faon. Un cerf essaiera toujours en premier lieu de passer sous une clôture, la base devra donc être fermement fixée. Vérifiez-la régulièrement pour détecter les trous et les points faibles.

Les ratons laveurs, qu'on peut aujourd'hui rencontrer dans certaines régions d'Europe, sont incapables de sauter, mais sont d'excellents grimpeurs, ce qui les rend difficiles à dissuader. Pour être efficace, une clôture en grillage doit être couronnée d'un toit lui aussi en grillage. Ce toit, qui doit mesurer 60 cm en haut d'une clôture de 1,80 m, peut être assez lâche pour que le raton laveur ne parviennent pas à s'y accrocher pour retomber ensuite sur le sol.

Enterrez le bas de la clôture sur environ 15 cm pour l'empêcher de soulever le grillage et passer dessous.

DES CAGES POUR LES PLANTES

Du grillage entourant les plantes et les troncs d'arbre constitue un bouclier contre les prédateurs. En présence de cerfs, une telle protection doit mesurer au moins 1,50 m de haut.

On peut protéger l'écorce des arbres contre les souris en les enveloppant dans du plastique épais sur une hauteur de 60 cm. Vous pouvez protéger vos bulbes et autres vivaces contre les taupes en les plantant dans des paniers en grillage ou des pots de fleur avec des trous de drainage. Enfin, vous

EN CREUSANT LEURS GALERIES, *les taupes peuvent causer des dégâts considérables aux pelouses et aux racines.*

BARRIÈRES CONTRE LES ANIMAUX FOUISSEURS

Les grillages doivent être suffisamment enfoncés dans le sol. Nous recommandons un retour de 20 cm à la base du grillage pour éviter que les animaux passent en dessous.

Animal	*Dimension de la maille*	*Profondeur dans le sol*
Taupe	12 mm	45 cm
Lapin	25 mm	30 cm
Rat	25 mm	45 cm
Rat musqué	25 mm	60 cm

LE RATON LAVEUR, *à gauche, est un mammifère originaire d'Amérique du Nord, où il est très répandu dans les jardins. On l'a introduit en Europe pour sa fourrure. Son régime est très varié et il mange volontiers la nourriture des oiseaux. Les chats, à droite, peuvent sérieusement réduire la population d'oiseaux d'un jardin. Malgré leur allure sympathique, les lapins, ci-dessous, peuvent être des animaux très gênants.*

LE RAT MUSQUÉ, *à droite, aussi importé d'Amérique du Nord, mange les racines et les feuilles des plantes aquatiques.*

pouvez laisser mûrir le raisin et les autres fruits, enveloppés dans un fin filet en plastique. C'est une excellente protection contre les oiseaux et autres frugivores. On peut protéger les grappes et les épis de maïs avec des bas Nylon.

Répulsifs

À côté des barrières physiques, les répulsifs sont une façon très efficace de combattre les animaux à problème au jardin. Les répulsifs les plus répandus sont tirés de plantes naturellement âcres et d'animaux carnivores. Prenez conseil auprès de votre jardinerie locale. Parmi les systèmes électriques qui éloignent les animaux, on trouve des appareils émettant des sons à haute fréquence et d'autres qui génèrent des champs magnétiques. Mais attention : les publicités exagèrent beaucoup l'efficacité de telles installations.

Stratégies de plantation

Une bonne stratégie peut consister à espacer les plantes vulnérables et à y intercaler des plantes au feuillage désagréable. Ces odeurs naturelles submergent l'odorat très sensible de beaucoup de mammifères et interfèrent avec le plaisir potentiel des plantes qui les attirent. Il arrive même qu'ils fassent demi-tour, dégoûtés. Si c'est le but que vous recherchez, les plantes suivantes méritent d'être essayées : les armoises (*Artemisia* spp.), les oignons (*Allium* spp.), les soucis (*Calendula* spp.), en particulier contre les lièvres et les lapins ; les œillets d'Inde (*Tagetes* spp.) contre toutes sortes de mammifères ; la grande épurge (*Euphorbia lathyris*) et les bulbes de jonquille contre les taupes ; les digitales (*Digitalis* spp.) contre les cerfs, ainsi que la sauge et la menthe (*Salvia* et *Mentha* spp.).

Une méthode plus subtile consiste à mettre les plantes vulnérables au milieu d'une plantation dense d'espèces qui ne figurent pas au régime des animaux visés, et donc ne les intéressent pas. Cette stratégie est portée à son comble si vous entourez vos plantes d'une barrière d'épineux, comme l'épine-vinette (*Berberis* spp.).

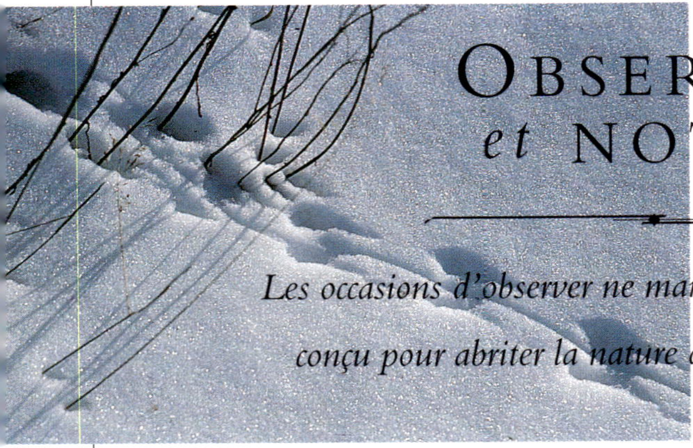

OBSERVER *et* NOTER

Les occasions d'observer ne manquent pas dans un jardin conçu pour abriter la nature dans sa diversité.

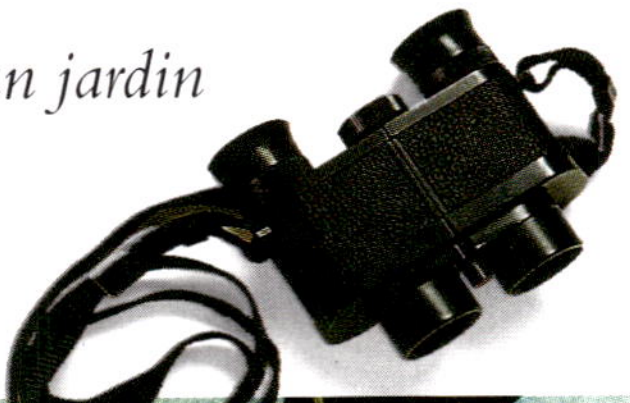

Assister aux divers événements de la vie animale – depuis la scène discrète qui se joue dans la corolle d'une fleur, jusqu'aux migrations spectaculaires d'oiseaux ou de mammifères – augmente les plaisirs du jardin. Quelquefois, notre expérience repose sur l'interprétation de traces animales au jardin : une feuille grignotée, des traces dans la neige fraîche, ou le monticule d'une fourmilière qui indique un réseau complexe de tunnels sous nos pieds.

LE JOURNAL DU JARDIN

Un journal ne se contente pas de fixer des événements isolés, mais permet de faire des comparaisons et de discerner des cycles dans le temps. Les croquis sont un supplément inestimable à cette chronique personnelle. Ils expliquent les rapports entre divers animaux et plantes, et

DES TRACES DE SOURIS *dans la neige, ci-dessus, trahissent sa présence. Une observation attentive révèle celle d'une araignée bien camouflée, à droite.*

fixent des détails passionnants. Négligez toutes préoccupations artistiques ou exactitudes scientifiques : une plume facile, un crayon tendre, guidés par une main spontanée et un œil en alerte peuvent compléter vos observations écrites, puis agrémenter vos souvenirs et votre compréhension ultérieurs.

ORGANISATION DES DONNÉES

Pour commencer, notez les données de base, comme la température, la pluviométrie, la date et l'heure. Il peut être utile de classer les éléments de comportement : alimentation, appel, accouplement, incubation, nidification.

Plus tard, vous pourrez organiser vos observations par espèces animales ou par plantes hôtes. Un répertoire ou un ordinateur équipé d'une base de données peuvent vous être très utiles.

L'ŒIL DE L'OBJECTIF

Les photographies sont intéressantes pour illustrer l'histoire d'un jardin et celle de ses habitants et visiteurs. L'idéal est de posséder un bon appareil 24 x 36 à optique macro. Vous pouvez aussi utiliser divers objectifs interchangeables selon les situations. Dans des conditions d'éclairage difficiles, un pied évite le flou de bougé accidentel, toujours possible si vous tenez l'appareil à la main. Des filtres

UN JOURNAL DE JARDIN. *Dans la nature, il y a une relation parfaite entre les plantes et les animaux. Découvrez ces rapports et notez-les. Une année pauvre en baies, ainsi, signifie moins d'oiseaux dans le jardin en hiver.*

VOUS POUVEZ AGRÉMENTER *votre journal d'illustrations, d'esquisses ou d'interprétations talentueuses, comme cette aquarelle.*

peuvent éliminer les reflets et corriger une balance des couleurs imparfaite.

QUELQUES TRUCS POUR L'OBSERVATEUR DE LA NATURE

Il existe quelques techniques simples pour aiguiser son sens de l'observation et augmenter ses chances d'être témoin de scènes de la vie sauvage. Efforcez-vous de réveiller votre curiosité d'enfant et d'imiter l'attention calme et résolue d'un détective.

N'oubliez pas que l'homme est impressionnant pour les autres vertébrés, surtout pour les mammifères et les oiseaux. Adoptez un comportement calme, discret ; portez des chaussures souples et des vêtements qui ne bruissent pas ; évitez de parler à voix haute, et de fixer du regard les animaux qui paraissent nerveux. Par-dessus tout, déplacez-vous lentement, arrêtez-vous souvent, et ne vous précipitez pas vers votre but.

Prenez quelques minutes pour écouter attentivement tous les bruits, appels et chants du jardin. Détecter la présence d'animaux soigneusement camouflés, comme les sauterelles, peut dépendre exclusivement de signaux sonores. Respirez les odeurs de la nature, pas seulement le parfum évident des fleurs, mais des senteurs plus subtiles, comme l'odeur épicée des feuilles d'automne, ou l'arôme minéral et corsé de la terre fraîchement retournée. Avec les mains, éprouvez la texture des plantes, depuis le revers cireux de la feuille du chêne jusqu'aux rides élaborées de l'écorce du sapin.

Embrassez toute la verticalité de votre jardin. Regardez ce qui se cache au niveau du sol, sous les pierres et les bûches. Examinez la cime des arbres et contemplez le vol des oiseaux.

Programmez vos observations pour qu'elles coïncident avec le pic d'activité des divers animaux. Certains mammifères préfèrent la lumière adoucie des heures qui précèdent le lever du soleil et suivent son coucher ; d'autres ne se sentent épanouis qu'au milieu de la nuit. Les oiseaux connaissent leur maximum d'activité après que les premiers rayons du soleil ont réveillé les insectes.

Notez la première apparition d'un animal ; l'arrivée d'un oiseau depuis son habitat hivernal – quel jour du printemps les hirondelles sont revenues. Indiquez le début d'une phase significative du cycle annuel d'une plante.

LES ARTS ET L'ARTISANAT *ont toujours tiré leur inspiration de la nature, que ce soit du monde animal ou de celui des plantes et des fleurs. Cette couette, à droite, cousue vers 1840, utilise des motifs floraux.*

INSTRUMENTS UTILES

- Un pluviomètre et un thermomètre à minima et maxima vous permettent de noter et de suivre les deux éléments les plus importants qui affectent la vie du jardin, et vous aident à devenir plus sensible à la progression des saisons.
- Ramassez des petits spécimens pour une identification ultérieure et une éventuelle préservation. Dans le cas de feuilles et de fleurs, vous pourrez constituer un herbier.
- Des jumelles permettent une meilleure intimité avec les habitants du jardin craintifs ou cachés. Les deux critères les plus importants sont le grossissement, qui doit être au moins de 7, mais pas supérieur à 10, et la luminosité, qui doit être au moins de 30, et peut atteindre 50. Les jumelles que vous trouvez généralement dans les magasins sont des 7 x 35 ; cela doit être suffisant. Des 7 x 42 offrent une meilleure luminosité dans des mauvaises conditions, à l'aurore ou au crépuscule, quand les mammifères sont particulièrement actifs.
- Pour mieux observer les animaux minuscules et leur environnement, prenez une simple loupe ave un manche repliable. Plus coûteux, les microscopes de poche avec éclairage à piles incorporé permettent différents niveaux de grossissement.

Chacun a besoin de beauté autant que de pain, d'endroits pour jouer et d'autres pour prier, où la Nature puisse apaiser, choyer et donner force à notre corps autant qu'à notre âme.

John Muir (1838-1914)
naturaliste et écrivain américain d'origine écossaise

CHAPITRE QUATRE

Les BIOTOPES

LES SEPT BIOTOPES

Les plantes dans la nature, et leur utilisation au jardin

Les cent quarante quatre espèces de plantes qui figurent dans ce chapitre ont été groupées selon sept biotopes. C'est une approche de la classification des plantes sur une base géographique. Chaque espèce a ses propres besoins en ce qui concerne le type de sol, le taux d'humidité requis, sa préférence pour l'ombre ou le soleil, et sa tolérance aux modifications de l'habitat. Si ses conditions de végétation ne sont pas remplies, la plante peut ne survivre qu'avec difficulté, voire ne pas survivre du tout.

Lorsque vous concevez et plantez un jardin, il est très important de prendre en considération les besoins des plantes. Si vous faites les bons choix, elles se sentiront chez elles et s'épanouiront. Choisir des plantes adaptées signifie également que vous passerez moins de temps à désherber, arroser, tailler etc. En d'autres mots, une sélection correcte met fin à la corvée de jardinage pour faire place à un plaisir constant, passé à admirer les plantes et leurs visiteurs.

Chaque chapitre traitant d'un biotope s'ouvre par une illustration artistique sur double page, représentant les plantes caractéristiques que ce biotope abrite (avec les visiteurs qu'elles attirent), et une description des conditions qui le caractérisent. Le dessin offre un échantillonnage des espèces abordées dans le chapitre ; cependant, vous rencontrerez rarement toutes ces espèces ensemble dans une seule région, et ne les verrez jamais toutes en fleurs en même temps.

LE CHOIX DES PLANTES

Les plantes citées dans Les Biotopes ont été sélectionnées pour donner un aperçu adéquat des espèces européennes les plus séduisantes et les plus frappantes qu'on rencontre fréquemment dans chaque biotope. Mais il se peut qu'une espèce illustrée et décrite n'apparaisse pas dans ce type de biotope, dans la région où vous habitez. Par exemple, *Arnica montana* est devenu très rare dans beaucoup de régions. Cela est dû en partie au fait que les plantes ont été cueillies, et en partie aux changements survenus dans son biotope à cause de l'utilisation d'engrais, à une plus grande fréquentation touristique, et aux destructions entraînées par les drainages et la construction de chemins d'accès.

Dans la nature, certaines espèces sont répandues en un certain lieu, et pratiquement inexistantes dans le même type de biotope cent kilomètres plus loin. Il est impossible de tenir compte de ces différences régionales dans un livre de cette nature. Si vous voulez en savoir plus sur une région particulière, vous devez consulter des publications scientifiques ou de vulgarisation, sur la région concernée.

À la fin de chaque chapitre, vous trouverez une courte liste d'espèces complémentaires susceptibles d'enrichir un jardin naturel, grâce à leur aspect charmant, ou parce qu'elles attirent la faune. Cette liste n'a pas la prétention d'être exhaustive, et peut, à l'occasion, déborder sur un autre type de biotope, car quelques espèces sont de

SI UNE GRAINE TOMBE *à terre, elle peut germer et devenir une plante, ou bien périr. Le point essentiel est qu'elle trouve les conditions de croissance qui lui conviennent. La germandrée petit-chêne (Veronica chamaedrys), en haut et à droite, pousse dans les prés, les broussailles, et les sous-bois clairs, souvent en sol humide ; les marguerites et les coquelicots apprécient les sols assez secs, à droite ; le machaon, ci-dessus, visite les fleurs d'une zone marécageuse.*

Les sept biotopes

véritables survivantes et se débrouillent pour survivre dans des conditions variées.

À partir de l'éventail des espèces d'un type de biotope, vous pouvez concevoir un jardin, ou une partie de jardin, accueillant des plantes européennes poussant ensemble dans la nature et dans ce type d'habitat. En assemblant des plantes de différentes hauteurs, en construisant des murets de soutènement, en installant une prairie ou en creusant une pièce d'eau, vous pouvez créer un jardin capable d'accueillir des plantes adaptées à différents biotopes. Les plantes ne sont plus alors seulement de belles choses en soi, mais elles forment

RECONNAÎTRE UN BIOTOPE

Sol humide
Les plantes aimant les sols humides sont présentes dans toute l'Europe, là où il y a suffisamment d'eau. La majorité sont des plantes de marais, ou poussant sur les berges. Elles possèdent un feuillage typique et fleurissent abondamment. Elles sont idéales au bord d'une pièce d'eau ou au bord d'un fossé ou d'un ruisseau. La plupart supportent bien l'ombre.

Lieux humides et acides
Ces espèces proviennent de terrains pauvres et acides. Ces régions autrefois déshéritées sont considérées aujourd'hui comme des réserves naturelles. Ce chapitre décrit aussi des espèces qui poussent dans des sols sableux plus secs, pauvres et acides. Dans les réserves naturelles, les sols acides, les sols humides et acides, et les sols secs sont souvent très proches.

Sols secs
Il existe de nombreuses régions sèches en Europe. Les plantes qui y poussent sont bien adaptées aux étés secs. Elles développent un bon système radiculaire, et peuvent se rétablir extrêmement rapidement après une longue période sans eau.

Espaces dégagés
Les espèces de ce biotope doivent, pour une grande part, leur dispersion à l'homme, même si elle ne fut pas intentionnelle. Ce sont de jolies fleurs sauvages qui apparaissent dans les endroits les plus variés, très souvent, là où une activité humaine a modifié le sol le long des routes, des digues, des voies ferrées, et dans les jachères.

Sous-bois
Un bois est plus qu'un ensemble d'arbres. Les plantes herbacées peuvent y être magnifiques, surtout sur les lisières et dans les clairières. Ce ne sont pas toujours les fleurs qui attirent l'attention – regardez les frondes des fougères, par exemple. Créer un jardin boisé d'espèces européennes peut être un défi qui mérite d'être relevé.

Parcs paysager
Ce biotope concerne deux groupes de plantes. En premier, les espèces qui sont très appréciées, et plantées dans les jardins depuis des siècles – plantes sauvages de caractère exotique venant souvent d'Europe centrale et qui, en Europe occidentale, peuvent retourner à l'état sauvage. En second, un groupe de plantes qui ont été combattues avec acharnement pendant des siècles – les mauvaises herbes agricoles. Devenues rares, elles sont maintenant choyées comme plantes de jardin.

Terrains secs et rocailleux
Dans la nature, les plantes décrites ici poussent sur les fines couches de terre sèche des régions rocheuses, souvent aux flancs inhospitaliers des montagnes. Dans un environnement urbain, on les trouve sur les murs, le long des quais et dans les décharges. Elles peuvent supporter des situations difficiles, mais n'aiment pas les sols humides ou riches en humus.

COMMENT LIRE *ce* CHAPITRE

Les pages qui suivent présentent cent quarante quatre plantes européennes indigènes qui rendront votre jardin naturel séduisant grâce à leurs formes et à leurs couleurs, à l'attrait qu'elles exercent sur la faune sauvage, ou à d'autres caractéristiques particulières. Elles sont groupées selon sept types de biotopes. Vous trouverez une liste d'autres plantes à la fin de chaque section.

*Nom **vernaculaire** et nom **scientifique** de la plante. Les plantes sont groupées par type, puis par nom scientifique au sein de chaque groupe.*

*La **couleur du bandeau** identifie un des sept biotopes.*

*Les noms **vernaculaire** et **scientifique** de la **famille** de la plante, ainsi que son type (annuelle, vivace, arbuste, etc.).*

***Photographie** de l'espèce abordée, avec une légende si le texte traite de plusieurs espèces.*

*Sur la **carte**, la (ou les) région d'où la plante est originaire est en jaune, celle (s) où elle s'est acclimatée, en bleu, celle (s) où elle a été introduite, en vert.*

*Le **texte** fournit des renseignements sur les fleurs, le feuillage et les fruits de la plante, ainsi que sur les coloris et l'évolution saisonnière ; les sols adaptés et la méthode de multiplication ; les sous-espèces ou les cultivars intéressants, et, le cas échéant, les visiteurs qu'elle attire.*

*Le **calendrier** indique les périodes de floraison.*

*Des **illustrations** soulignent certains aspects de la fleur ou du fruit, ou montrent les animaux qu'elle attire ; pour les oiseaux, le sexe est indiqué lorsqu'il entraîne une différence de couleur.*

Aracées : famille des arums · Bulbeuse

Pied de veau

Arum maculatum

Dans la nature, le pied de veau, ou gouet, vit dans les sous-bois et les haies ombragées. Il est présent dans presque toute l'Europe. Les feuilles n'apparaissent qu'au printemps, en même temps que la fleur et sa bractée caractéristique, de couleur vert jaunâtre. Une grappe serrée de baies vertes et brillantes, assez décoratives, se développe au sommet de la tige, après la floraison. Elles deviennent rouges en automne et sont toxiques. Cette plante fait l'objet d'une utilisation médicinale depuis l'Antiquité romaine.

Au jardin, vous pouvez placer le gouet parmi des arbustes à feuilles caduques, sous des arbres, ou dans une bordure. Il fleurit à une époque où peu d'autres plantes sont en fleurs. Les jeunes bulbes se forment à côté du pied mère. Il est facile de les détacher pour les replanter lorsque la plante est en sommeil. Cette espèce se ressème aussi spontanément.

Les feuilles d'une espèce voisine, *Arum italicum*, n'apparaissent qu'en automne. De plus, ses feuilles possèdent des veinures blanches, ce qui leur donne un aspect marbré, alors que celles du gouet sont décorées de marques vert foncé. Les fleurs sont semblables et les baies orangées apparaissent en juillet et mûrissent à la fin de l'été.

J F M A M J J A S O N D

fleur printanière

CARACTÉRISTIQUES
- Fleurs et baies décoratives
- Se ressème
- Hauteur 15 - 45 cm
- Ombre
- Modéré

214

*Le **tableau de références** comprend :*

- *Caractéristiques de la plante.*
- *Hauteur de la plante.*
- *Préférence pour l'ombre ou le soleil.*

Les besoins en eau habituels de la plante, lorsqu'elle est bien établie dans son biotope d'origine.

***Faible** – peu ou pas d'apport d'eau en dehors des pluies.*

***Modéré** – arrosages occasionnels, surtout si les pluies sont inférieures à la normale pour la région.*

***Important** – arrosages fréquents, sauf si les pluies sont supérieures à la normale pour la région.*

Sols humides

Plantes *pour* sols humides

Une sélection pour le bord de l'eau et les endroits humides

De vastes régions d'Europe, en particulier dans la zone atlantique, sont caractérisées par leurs fortes pluies. Dans la campagne, tout un système de ruisseaux et de rivières draine cette eau qui se vide dans la mer, ou se concentre dans les nombreux lacs et marais d'eau douce, formés par la nature, ou encore creusés par l'homme.

Toutes ces rivières, ruisseaux, fossés, mares et lacs ont une chose en commun : des berges humides qui accueillent une végétation abondante, souvent riche en fleurs. Au printemps, de magnifiques rangées de bistortes (*Polygonum bistorta*) posent une touche rose sur les zones humides qui longent les ruisseaux, alors qu'en été, des rubans violets de salicaires (*Lythrum salicaria*) signalent un fossé ou un terrain humide.

Dans ces régions pluvieuses, le sol n'est pas très acide et est généralement bien pourvu en nutriments et en humidité. Il n'est donc pas étonnant que de nombreuses plantes poussant sur les berges soient de grande taille et possèdent de larges feuilles. Les zones de transition sont aussi caractérisées par l'apparition de nombreuses espèces de plantes.

Dans la zone de passage d'un sol humide à un sol sec, on trouve des plantes qui préfèrent un sol humide, d'autres qui apprécient davantage de sécheresse. Cette variété d'espèces est ce qui rend un paysage traversé de rivières et de ruisseaux, si brillant et si coloré.

Au printemps, les sols humides sont plus lents que les sols secs à retrouver une température favorable à la croissance des plantes. C'est la raison pour laquelle les sols humides abritent peu d'espèces à floraison printanière. Une autre raison est que les plantes vivaces, généralement assez hautes, consacrent d'abord leur énergie à la formation des tiges et des feuilles, et ne fleurissent qu'ensuite.

Dans la nature, les plantes sont en concurrence. La bataille pour la survie est permanente et, seules subsistent les espèces adaptées aux conditions particulières du lieu où elles se trouvent. Dans un jardin, vous, le jardinier, pouvez décourager les plantes les plus envahissantes. Ce qui est souvent impossible dans la nature peut être réalisé dans un environnement contrôlé.

Au jardin, une pièce d'eau, un ruisseau ou un fossé sont des sources abondantes de végétation et de vie sauvage. La surface de l'eau reflète la flore des berges, des animaux variés viennent y boire, et les oiseaux nichent parmi les hautes plantes vivaces. Des plantes aquatiques comme le nénuphar (*Nymphea alba*) et la grenouillette (*Hydrocharis morsus ranæ*) laissent flotter leurs gracieuses feuilles en soucoupe à la surface de l'eau, et offrent des fleurs qui ne sont en aucune façon inférieures aux élégantes fleurs exotiques tropicales.

Bistorte

Polygonum bistorta

On trouve la bistorte dans de nombreuses régions d'Europe, généralement dans des sols très humides. À l'inverse de beaucoup d'autres variétés de polygonums, la bistorte est d'un grand intérêt ornemental. L'épi de fleurs roses qui s'élève au-dessus des feuilles, à l'extrémité d'une longue tige, est assez séduisant pour être utilisé en fleur coupée.

La période de floraison principale va de la fin du mois de mai au début du mois de juillet ; une seconde floraison plus limitée peut survenir à la fin de l'été. Pendant la floraison, la bistorte est très fréquentée par les abeilles.

Malgré son abondante floraison, on ne la multiplie pas essentiellement par semis car elle produit peu de graines capables de germer. La bistorte produit des rhizomes d'où naissent de nombreux rejets avec lesquels elle colonise de grandes étendues, sur les berges humides des cours d'eau et d'autres zones similaires. Pour la cultiver au jardin, il suffit de diviser les racines d'un exemplaire volumineux et de planter les morceaux séparément. Malgré une tendance à la prolifération, la bistorte n'est jamais une nuisance pour le jardin.

CARACTÉRISTIQUES

- *Très fréquentée par les abeilles*
- *Feuilles comestibles comme les épinards*
- *Hauteur 40-50 cm*
- *Mi-ombre/plein soleil*
- *Important*

Épurge des marais

Euphorbia palustris

Certaines espèces d'épurges européennes sont des mauvaises herbes notoires, d'autres ne sont que moyennement envahissantes. L'épurge des marais se comporte bien au jardin. C'est une plante dont la floraison abondante au début de l'été produit beaucoup de pollen, mais qui ne se ressème pas spontanément. Ses fleurs elles-mêmes ne sont pas particulièrement intéressantes, mais les bractées jaunes qui les entourent sont très jolies.

Dans la nature, on trouve habituellement cette espèce là où du terreau de feuilles ou du limon fournissent une grande quantité de nutriments. Au jardin, l'épurge des marais a besoin d'humidité et d'un sol fertile – près d'une mare naturelle ou au bord d'un fossé, par exemple. Elle se porte moins bien dans la boue d'une pièce d'eau artificielle.

J F M A M J J A S O N D

Dans des situations plus sèches, l'épurge des marais ne dépasse guère une hauteur de 60 cm, mais dans des conditions idéales, elle peut atteindre 1,50 m et plus. On peut se la procurer chez les spécialistes en plantes aquatiques. Bien qu'on puisse la multiplier par division de racines, elle souffre d'un tel traitement. Lorsque vous coupez une plante de cette famille, méfiez-vous de la sève blanche laiteuse : elle est souvent toxique et peut provoquer une éruption si elle entre en contact avec la peau.

CARACTÉRISTIQUES

- *Fleurs séduisantes et abondantes*
- *A besoin d'espace*
- *Disparaît en hiver*
- *Hauteur 60 cm - 1,50 m*
- *Plein soleil*
- *Important*

tige florale avec ses glandes à miel et ses bractées

Souci d'eau

Caltha palustris

J F M A M J J A S O N D

Dans la nature, on trouve toujours le souci d'eau dans des zones humides, mais, au jardin, il fleurit abondamment dans un habitat plus sec. Si le sol est raisonnablement humide, il peut aussi tolérer le plein soleil.

La floraison principale a lieu en avril et mai, mais une seconde floraison peut se produire en août et septembre. Ses grandes fleurs jaunes sont visibles de loin, et une seule plante peut en produire des dizaines. Dans la nature, vous ne verrez que des espèces à fleurs simples, mais dans les jardins, on voit souvent les cultivars 'Multiplex' à fleurs doubles, et 'Alba' à fleurs blanches.

Le souci d'eau est très facile à cultiver et à multiplier et, même si vous n'avez jamais fait de semis, vous pouvez y parvenir. On récolte la graine qui a mûri en été et on la sème immédiatement en pot, dans de la terre humide. La germination se produit au bout de quelques jours et, à l'automne, les jeunes plantes peuvent être mises en pleine terre où elles fleuriront au printemps suivant. Les semis de printemps ne germent souvent que l'année suivante.

Les cultivars ne peuvent pas être semés, mais après quelques années, multipliés par division de touffe.

'Multiplex', un cultivar à fleurs doubles

division de touffe

CARACTÉRISTIQUES

- *Fleurit abondamment*
- *Pour sols humides et normaux*
- *Hauteur jusqu'à 60 cm*
- *Mi-ombre/plein soleil*
- *Modéré*

Reine des prés

Filipendula ulmaria

La reine des prés est une des plantes les plus aromatiques qu'on puisse trouver dans la nature et, lorsqu'elle est en pleine floraison, c'est un vrai délice. Elle pousse souvent dans les zones marécageuses et à côté des fossés, mais elle apparaît aussi en grand nombre là où des arbres ont été abattus.

La reine des prés est facile à cultiver au jardin. Elle se ressème spontanément, et peut même devenir un peu envahissante, car les jeunes plantes peuvent surgir par dizaines, en particulier si le sol reste constamment humide. Un éclaircissage régulier est nécessaire. Le cultivar *Filipendula purpurea* 'Elegans', aux fleurs rose pâle, est moins envahissant que la forme sauvage, et c'est celui qu'on trouve le plus souvent dans les jardins. Sa meilleure utilisation est en bordure d'une pièce d'eau ou d'un fossé, en association avec d'autres plantes comme la salicaire et l'iris jaune. Ensemble, au bord de l'eau, ces hautes plantes vivaces forment un brillant massif fleuri qui dure plusieurs mois. Mais elles servent aussi à recouvrir et protéger les berges, si la pente n'est pas trop abrupte. Dans des sites plus secs, la reine des prés peut néanmoins souffrir assez fortement de la rouille. Par son pollen abondant, la reine des prés attire les abeilles, les mouches et les coléoptères. Les oiseaux granivores apprécient ses graines.

CARACTÉRISTIQUES

- Fleurs abondantes et odorantes
- Parfois envahissante
- Hauteur 50 cm - 1,80 m
- Mi-ombre/plein soleil
- Modéré

Salicaire, lysimaque rouge

Salicaire, lysimaque rouge

Lythrum salicaria

Cette plante durable est idéale pour les zones humides du jardin, difficiles à drainer, mais elle supporte aussi des terres plus sèches si on l'arrose en conséquence. Dans des sols humides et fertiles, elle peut atteindre 90 cm, et ses hampes florales peuvent mesurer jusqu'à 40 cm. Sous réserve qu'elle ne rencontre pas trop de concurrence, elle forme plusieurs tiges érigées au-dessus d'un élégant feuillage, chacune couronnée de grappes de fleurs verticillées rose violacé qu'on peut utiliser en fleurs coupées. La salicaire préfère le plein soleil ou une ombre légère, et gagne à être cultivée en vastes massifs, le long des ruisseaux ou dans des zones humides et boueuses.

Cette plante est autostérile (nécessité de pollinisation croisée) et se ressème facilement ; un éclaircissage minutieux est nécessaire.

La multiplication se fait par division de touffe en août ou septembre, ou par semis. Au fil des années, plusieurs cultivars ont fait leur apparition. 'Robert' possède des fleurs rouge foncé et mesure 75 cm ; 'Lady Sackville' aux fleurs roses, 80 cm ; 'Firecandle' ou 'Feuerkerze' est rose-rouge et mesure 1,50 m. La plus impressionnante est certainement 'Zigeunerblut', 1,20 m de haut avec des fleurs rouge sombre. La salicaire, par son pollen et son nectar, attire diverses espèces d'abeilles, de papillons et de bombyles.

CARACTÉRISTIQUES

- *Séduisantes fleurs rose-violet*
- *Polyvalente*
- *Hauteur 50 cm - 1,20 m*
- *Mi-ombre/plein soleil*
- *Modéré/important*

Grande douve

Ranunculus lingua

Les énormes fleurs jaunes de la grande douve lui donnent l'apparence d'une fleur exotique, à tel point qu'il est parfois difficile de croire qu'il s'agit d'une fleur sauvage européenne. Sa désignation scientifique 'lingua' (langue) et un de ses autres noms vernaculaires 'renoncule langue' viennent de la forme des premières feuilles situées à sa base. Les feuilles qui apparaissent sur la tige sont linéaires et une pellicule cireuse leur donne une teinte gris-vert.

Contrairement à d'autres espèces de boutons d'or, cette plante ne se développe que dans des zones très humides. Elle pousse de préférence dans une profondeur d'eau allant jusqu'à 20 cm, mais survit aussi bien sur les rives boueuses parmi d'autres plantes.

La multiplication de la grande douve se fait par les stolons qui apparaissent autour de la plante mère, au début du printemps.

En culture, les graines germent rarement spontanément. La grande douve ne convient pas aux petits jardins urbains car elle émet de nombreux stolons et est donc très envahissante.

Lorsque vous lui choisissez un lieu d'implantation, soyez vigilant : une pièce d'eau peu profonde peut être complètement recouverte en deux ans et, pour finir, elle domine également la végétation des berges. Elle ne s'acclimate pas aussi facilement là où le terrain est plus sec.

CARACTÉRISTIQUES

- *Grandes fleurs jaune d'or*
- *Envahissante*
- *Hauteur 60 cm - 1,20 m*
- *Mi-ombre/plein soleil*
- *Important*

Carex pleureur

Carex pendula

En général, les carex ne sont pas des plantes particulièrement appréciées pour leur aspect décoratif. Les fleurs sont insignifiantes et le bord des feuilles est coupant comme un rasoir. Pour le jardin d'ornement, la gamme se limite à la forme sauvage et à quelques cultivars aux feuilles panachées de stries blanches. Dans la nature, on trouve cette espèce sur les berges marécageuses des ruisseaux et des étangs. Au jardin, on peut la planter près d'une pièce d'eau. Au bout de quelques années, elle forme une souche robuste et, pendant tous les mois d'été, elle porte de longs épis de fleurs pendantes sur des tiges mesurant jusqu'à 1,50 m. Ses feuilles longues et pointues pendent gracieusement au-dessus de l'eau et oscillent à la moindre brise. Ses feuilles abritent les chenilles de nombreux papillons.

Le carex pleureur pousse bien également dans un sol plus sec et peut être planté près d'une pièce d'eau artificielle. Il peut même pousser en sol sableux, si on l'arrose en conséquence. Ne le taillez pas – il suffit de retirer les feuilles et les tiges mortes. Le carex pleureur se ressème à profusion, mais les jeunes pousses sont faciles à éliminer.

CARACTÉRISTIQUES

- *Utilisable en exemplaire unique*
- *Feuilles coupantes*
- *Hauteur 50 cm - 1,50 m*
- *Plein soleil*
- *Modéré*

Primulacées : famille des primevères · Vivace

Lysimaque

Lysimachia vulgaris

La lysimaque est la plante idéale pour stabiliser une berge. Dans la nature, on la trouve dans des endroits exposés au vent et à la pluie. Pour survivre, elle fixe solidement ses racines dans un sol souvent marécageux. Pour ce faire, elle forme des souches épaisses qui restent à la même place pendant des années, ou elle émet des stolons qui lui permettent de se déplacer vers un lieu plus propice. En s'étalant grâce à ses grands stolons, la lysimaque peut devenir une voyageuse infatigable, à tel point qu'elle accélère le processus d'assèchement des marais.

Elle n'est cependant pas envahissante et n'étend ses stolons que sur la partie humide du bord de l'eau. Dans les zones plus les sèches du jardin, elle se comporte normalement. On la multiplie par division de touffe en août et septembre. En terrain très fertile, elle peut atteindre 1,50 m de hauteur. Ses fleurs sont disposées en panache à l'extrémité des tiges. Ses longues feuilles cachent souvent les fleurs jaunes qui apparaissent, de ce fait, plus modestes que celles de la lysimaque tachetée (*Lysimachia punctata*), espèce d'Europe orientale. Les abeilles solitaires comme *Macropis europaea* visitent la lysimaque pour récolter l'huile qui se forme à la base des filaments. Cette huile, avec le pollen, sert de nourriture aux larves des abeilles. On peut retarder la floraison en coupant quelques tiges en mai.

CARACTÉRISTIQUES

- Produit des stolons sans être envahissante
- Hauteur 75 cm - 1,50 m
- Mi-ombre/plein soleil
- Modéré

Pigamon

Thalictrum flavum

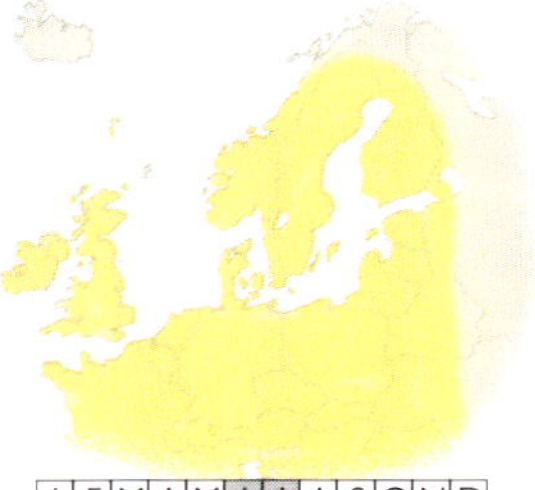

En été, presque toutes les variétés de pigamon portent de spectaculaires gerbes de fleurs qui attirent un grand nombre de pollinisateurs. Le pigamon commun forme de larges souches et, même si dans la nature il se multiplie par stolons, il n'en émet que rarement au jardin. Ses petites fleurs jaunes sont rassemblées en de gros bouquets. Les pétales tombent presque aussitôt après l'éclosion, et ce qui semble être des fleurs, n'est en fait que des milliers d'étamines. Les mouches, les abeilles et les coléoptères y recueillent le pollen.

La sous-espèce *Thalictrum flavum glaucum*, qui peut atteindre 1,80 m, possède de jolies feuilles gris-bleu.

On la cultive fréquemment comme plante à feuillage ornemental, et elle est disponible dans les jardineries. Mais il n'est pas aussi facile de se procurer la variété sauvage à feuilles vert foncé.

Le pigamon commun préfère les sols humides, riches en humus. Dans la nature, il pousse souvent dans les zones marécageuses, ou près des fossés et des ruisseaux. Si vous ne pouvez lui fournir ces conditions, tournez-vous vers le pigamon nain (*T. minus*) ou (*T. aquilegiifolium*) qui peuvent tous deux être cultivés en sol plus sec. On peut multiplier les pigamons par division de touffe ou en semant leurs graines immédiatement après la récolte. Enfin, il faut savoir que pigamons est toxique pour le bétail.

CARACTÉRISTIQUES

- *Attire divers pollinisateurs*
- *Toxique pour le bétail*
- *Hauteur jusqu'à 1,80 m*
- *Mi-ombre/plein soleil*
- *Modéré/important*

Trèfle d'eau

Menyanthes trifoliata

Le trèfle d'eau, à végétation basse, affronte difficilement la concurrence des plantes de marais de taille normale. Mais, lorsqu'il est bien établi, il peut proliférer rapidement sur toute une partie de la berge et, là où l'eau est peu profonde et calme, s'étendre sur le domaine aquatique – de longs stolons poussant sous le niveau de l'eau et finissant par former d'épaisses masses flottantes.

Les feuilles du trèfle d'eau sont lisses et vert foncé, chacune étant composée de trois folioles. Les fleurs blanches à longs filaments, rassemblées en groupes dressés, contrastent agréablement avec les boutons roses frangés. Elles sont surtout visitées par les bourdons et les abeilles. Vue de près, c'est une des plus belles fleurs de la flore européenne, tout à fait capable de se mesurer aux gentianes et aux orchidées. On ne doit pas négliger sa beauté sous prétexte qu'elle est très répandue. Lorsqu'elles se détachent, les grosses graines brun orangé font le régal des canards et des poissons.

Au jardin, le trèfle d'eau doit être planté près de l'eau, ou dans l'eau. Il est du meilleur effet sur la berge boueuse d'un étang naturel assez vaste où il peut s'imposer en peu de temps. S'il devient trop envahissant, coupez le surplus de plantes avec un couteau. On le multiplie par division de touffe au printemps (en mai), quand la végétation redémarre.

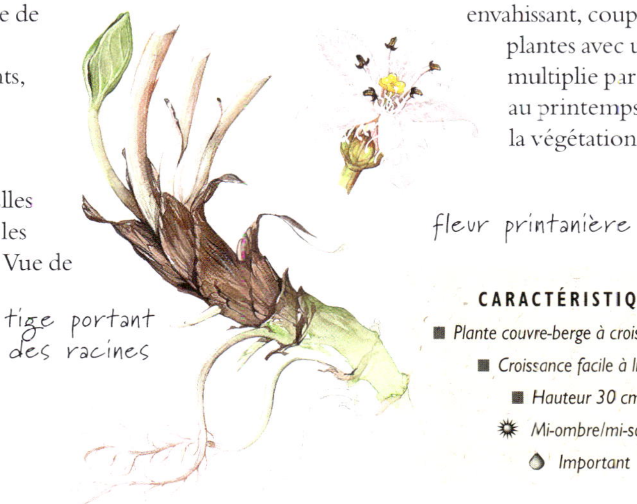

CARACTÉRISTIQUES

- *Plante couvre-berge à croissance lente*
- *Croissance facile à limiter*
- *Hauteur 30 cm*
- *Mi-ombre/mi-soleil*
- *Important*

Gratiole officinale

Gratiola officinalis

La gratiole, ou séné des prés, est une plante toxique. Autrefois, elle était très utilisée en médecine – comme l'indique le mot *officinalis* dans son nom scientifique. À la suite de l'aménagement et du drainage des terres, son habitat préféré, prairies humides et autres lieux boueux, autrefois beaucoup plus répandu qu'aujourd'hui, est en voie de disparition.

Si on peut recréer ces conditions favorables au jardin, la gratiole mérite d'être plantée près d'une petite pièce d'eau ou d'un fossé.

À l'inverse de beaucoup de variétés semi-aquatiques, la gratiole n'atteint qu'une taille modeste. Elle s'étend, généralement à un rythme modéré, grâce à l'émission de stolons.

Cette plante est facile à multiplier par division de touffe et on peut ainsi obtenir un massif assez impressionnant. Avec ses fleurs tubulaires d'un blanc rosé, épanouies du début du printemps à la fin de l'automne, c'est un des éléments colorés du jardin naturel. La gratiole appartient à la même famille que la mimule (*Mimulus guttatus*) d'Amérique du Nord, et la véronique (*Veronica* spp.) dont beaucoup d'espèces poussent en Europe. Dans certains pays, la gratiole est une espèce protégée.

fleur de mimule

CARACTÉRISTIQUES

- *Durable et non envahissante*
- *Utilisée comme plante médicinale (essai déconseillé)*
- *Hauteur 20 - 40 cm*
- *Mi-ombre/plein soleil*
- *Modéré*

autrefois utilisée en médecine

Pesse d'eau

Hippuris vulgaris

J F M A M J J A S O N D

La pesse d'eau est une curiosité : c'est le seul genre et la seule espèce de sa famille. À première vue, elle ressemble à ces mauvaises herbes pratiquement indestructibles, les prêles, car comme elles, elle possède une tige cylindrique autour de laquelle de fines feuilles sont disposées en cercle à des intervalles réguliers. Cependant, un examen plus minutieux révèle de minuscules fleurs nichées au point d'attache des feuilles sur la tige. Pour le jardinier, l'intérêt de la pesse d'eau réside dans la combinaison de tiges longilignes et de feuilles à fine texture disposées en couronnes, particulièrement étonnantes lorsqu'on les voit à contre-jour, éclairées par le soleil.

Le calice se trouve sur l'ovaire. Quelques semaines après la fin de la floraison, les fruits se séparent de la plante et tombent à l'eau. Soit ils germent et s'enracinent, soit ils sont mangés par les oiseaux aquatiques.

La pesse d'eau pousse naturellement dans les sols argileux et les ruisseaux peu profonds. Dans un étang ou une zone marécageuse, elle préfère une profondeur d'eau allant jusqu'à 50 cm. Si l'eau est plus profonde, la plante forme des tiges immergées dont les feuilles sont vraiment différentes. Pour éviter que la pesse d'eau devienne envahissante dans les petits marais peu profonds, enlevez les plantes en excès pendant toute la saison de végétation. Multipliez-la par division de touffe.

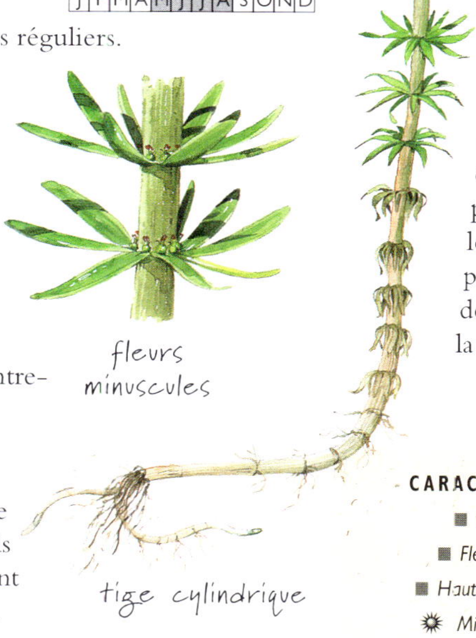

CARACTÉRISTIQUES

- *Ornementale*
- *Fleurs minuscules*
- *Hauteur jusqu'à 40 cm*
- *Mi-ombre/plein soleil*
- *Modéré*

Iris des marais

Iris pseudacorus

L'iris des marais pousse spontanément dans toute l'Europe. Bien qu'il n'ait pas absolument besoin d'avoir les pieds dans l'eau, il préfère les étangs, les marécages, les fossés et tous les lieux humides. Ses fleurs jaune foncé, qui s'épanouissent par groupes de deux ou trois, ont une forme inhabituelle : les grands sépales extérieurs sont retombants, alors que les pétales intérieurs sont dressés. Les feuilles rigides en forme de glaive peuvent mesurer 90 cm ou plus ; les tiges florales sont un peu plus longues. L'iris des marais est cultivé depuis des siècles pour sa valeur ornementale. Il possède aussi des propriétés médicinales.

Dans un grand jardin, on peut créer un effet spectaculaire en creusant une tranchée profonde et large, aux rives en pente, et planter au fond quelques espèces pour terre humide, comme l'iris des marais, le souci d'eau ou l'herbe aux chats. Ces plantes s'étaleront lentement. Lorsque vous fauchez, laissez intacte une bande d'environ un mètre de large de chaque côté du fossé. En quelques années, diverses espèces sauvages l'auront colonisée.

L'iris des marais produit un épais rhizome qui s'étend lentement. Sa division permet de multiplier la plante, ce qui peut aussi se faire en semant les graines en sol humide. Celles-ci, bien emballées dans une capsule, flottent sur l'eau lorsqu'elles sont mûres et se détachent.

capsule de graines décorée

rhizome

CARACTÉRISTIQUES

- Fleurs originales
- Protège efficacement les berges
- Hauteur jusqu'à 90 cm
- Ombre/plein soleil
- Modéré/important

Valérianacées : famille des valérianes — Vivace

Valériane officinale

Valeriana officinalis

Dans la nature, on trouve la valériane officinale principalement près des cours d'eau, dans des endroits humides, et dans des sous-bois d'arbres à feuilles caduques. Au jardin, elle est beaucoup moins exigeante quant à l'humidité du sol. On trouve souvent des jeunes pousses assez loin de la plante mère, parfois même en sol sec. Bien que cette espèce se ressème spontanément, elle n'est jamais envahissante car l'élimination des jeunes plantes est très facile. Les fleurs forment des bouquets denses et arrondis au sommet de tiges ramifiées. Les boutons sont de couleur rose pâle, mais les fleurs épanouies, qui dégagent une désagréable odeur de souris, sont presque blanches – la nuance rose vient des anthères. Ces fleurs attirent toutes sortes d'insectes, coléoptères, mouches, abeilles et papillons. On la multiplie par semis ou par division de touffe.

On cultive la valériane rouge (*Centranthus ruber*), espèce d'Europe méridionale de la même famille, comme plante ornementale. On la confond souvent avec la valériane officinale, mais si on compare les deux plantes, la différence est évidente : les fleurs de la valériane rouge sont plus colorées. Cette dernière préfère un sol bien drainé et elle peut avoir sa place dans un jardin sec.

J F M A M J J A S O N D

CARACTÉRISTIQUES

- *Fleurs à odeur désagréable*
- *Médicinale (essai déconseillé)*
- *Hauteur jusqu'à 1,50 m*
- *Mi-ombre/plein soleil*
- *Modéré*

Butomacées : famille du jonc fleuri — Vivace

Jonc fleuri

Butomus umbellatus

Le jonc fleuri, seul membre de son genre, se trouve à l'état sauvage en Europe. C'est une plante aquatique qu'on ne trouve jamais sur une berge, à moins que le niveau de l'eau soit anormalement bas. Il pousse dans des eaux peu profondes, ses feuilles coupantes comme des rasoirs et ses longues tiges florales s'élevant verticalement au-dessus de l'eau. Au jardin, on peut le planter dans un endroit ensoleillé au bord d'un fossé, ou dans une pièce d'eau. Il se plaît dans le fond boueux d'un étang artificiel ; si celui-ci est doublé d'une feuille imperméable, il tolère une hauteur d'eau allant jusqu'à 45 cm.

La plante se ressème dans l'eau et s'étend aussi grâce à des bourgeons qui se forment sur le rhizome. On la multiplie par division de rhizome au printemps.

Les fleurs rose violacé, relativement grosses, sont pollinisées par les mouches et les abeilles. Le jonc fleuri sert aussi d'aire de repos aux demoiselles, libellules et autres insectes aquatiques. Les grosses libellules, en particulier, sont de jolis insectes qui agrémentent un jardin.

CARACTÉRISTIQUES

- *Plante protégée dans certains pays*
- *Feuilles coupantes*
- *Hauteur 30 cm - 1,50 m*
- *Plein soleil*
- *Important*

Morelle douce-amère

Solanum dulcamara

La morelle douce-amère pousse abondamment dans les sous-bois humides et est aussi très répandue dans les saussaies. Ses longues tiges spiralées s'enroulent autour des branches des arbres et des arbustes. Ses fleurs bleu violacé apparaissent sur les tiges au milieu de l'été, et sont suivies par des baies rouge orangé.

Ces baies sont toxiques, mais la tige ne l'est pas. Le nom de « douce-amère » vient de ce que si on mâche la tige, le goût en est d'abord amer puis sucré.

La douce-amère peut apparaître dans votre jardin sans avoir été plantée.

Les baies, bien que toxiques pour l'homme, sont appréciées des oiseaux, qui les mangent et dispersent leurs graines par leurs fientes. C'est de ces graines que naissent les jeunes plantes. On peut utiliser la morelle douce-amère pour masquer totalement ou en partie une clôture, ou la laisser grimper le long d'un saule étêté. On peut aussi la planter dans un poquet d'humus au sommet d'un arbre creux : les tiges retombent alors au lieu de grimper ; on peut ainsi l'installer dans divers endroits élevés du jardin. Souvent, les tiges rampantes s'enracinent lorsqu'elles entrent en contact avec le sol. On multiplie cette plante par semis ou bouturage. Attention : de nombreuses espèces de solanacées sont toxiques. Parmi les plus dangereuses, citons la stramoine (*Datura stramonium*), la belladone (*Atropa belladona*) et la jusquiame (*Hyoscamus niger*).

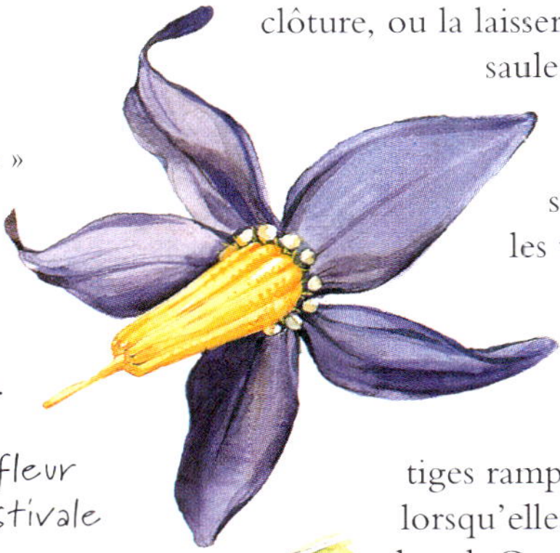

fleur estivale

CARACTÉRISTIQUES

- *Plante grimpante*
- *Baies toxiques*
- *Hauteur 30 cm - 1,80 m*
- *Ombre légère/plein soleil*
- *Modéré/important*

baies toxiques

Lonicera periclymenum 'Belgica'

Chèvrefeuille des bois

Lonicera periclymenum

Les fleurs du chèv
tubulaires, jaune
en nectar, sont p
parfumées de la flore eu
L'odeur est plus forte da
car c'est le moment où
pollinisateurs, le sphinx
papillons de nuit, sont à
de nourriture. Ces fleurs sont vouées à être pollinisées par des papillons à longue trompe. Dans les régions où les papillons de nuit sont rares, ce sont les bourdons qui se chargent de la pollinisation.

Le chèvrefeuille est encore plus proche de la liane que
la morelle

ce-amère. Divers oiseaux
nteurs aiment construire leur
l dans ses tiges emmêlées. De
is, il fournit des fleurs et des
ts et héberge des insectes dont
lent certaines espèces d'oiseaux.
èvrefeuille étrangle parfois de
arbres, et on doit lui attribuer une place au jardin où il ne peut pas endommager les plantes environnantes. On peut le laisser grimper sans danger sur les gros arbres, ou l'utiliser pour camoufler des clôtures ou des grillages. On le reproduit généralement par bouturage. Le chèvrefeuille préfère avoir ses racines à l'ombre, et ses longues lianes montent vers le soleil. Dans des endroits ensoleillés et abrités, le chèvrefeuille est souvent recouvert de pucerons verts.

nonnette cendrée

CARACTÉRISTIQUES

- *Plante grimpante parfumée*
- *Attire les papillons de nuit*
- *Hauteur jusqu'à 6 m*
- *Ombre*
- *Modéré*

Eupatorium purpureum

Eupatoire chanvrine

Eupatorium cannabinum

L'eupatoire chanvrine pousse essentiellement dans des terres humides, près des berges, mais peut aussi croître sur des pentes ombragées. On la trouve fréquemment en terre meuble et fraîche, là où des arbres ont été abattus.

Ses fleurs riches en nectar et à odeur puissante apparaissent en bouquets à la fin de l'été et au début de l'automne. Elles attirent de nombreux et jolis insectes, abeilles, bombyles et papillons d'arrière-saison.

J F M A M J J A S O N D

carte géographique d'été

vulcain ♂

CARACTÉRISTIQUES

- Très appréciée des papillons
- Floraison tardive
- Hauteur 50 cm - 1,50 m
- Ombre légère/plein soleil
- Modéré

L'eupatoire chanvrine peut être plantée en arrière-plan d'une bordure, le long d'un ruisseau, ou à côté d'une pièce d'eau, naturelle ou artificielle, où elle peut trouver l'humidité et le soleil qui lui conviennent. On peut augmenter la production de fleurs en coupant quelques tiges au printemps. Dans la plupart des cas, l'eupatoire forme une touffe épaisse, et convient donc mieux aux jardins assez vastes. Si vous trouvez les espèces européennes trop modestes, essayez quelques variétés d'Amérique du Nord. En voici quelques-unes : *Eupatorium maculatum*, avec ses cultivars 'Album' (blanc) et 'Atropurpureum' (mauve foncé), tous deux mesurant jusqu'à 2 m de hauteur. De la même hauteur, *E. purpureum*, avec ses fleurs rose violacé apporte une tache de couleur au jardin au moment où les autres fleurs estivales sont sur le déclin.

Aubépine

Crataegus monogyna

Dans leurs formes cultivées, les aubépines font tellement partie des paysages domestiqués que l'on a du mal à croire que dans de nombreuses régions d'Europe, elles poussent à l'état sauvage. Croissant lentement, faite d'un bois dur et imputrescible, armée de terribles épines, l'aubépine a été utilisée pendant des siècles pour borner les parcelles de terre, et fut pendant longtemps le meilleur moyen de maintenir le bétail dans un pâturage.

L'aubépine est une plante particulièrement utile dans un jardin naturel. La douce odeur des fleurs blanches qui couvrent l'arbuste au début de l'été attire les pollinisateurs (qui eux-mêmes attirent les oiseaux insectivores).

Les baies, qui mûrissent à la fin de l'été, sont comestibles, mais un peu insipides ; elles fournissent une nourriture pour des oiseaux comme la grive draine. Les redoutables épines et le feuillage épais de l'aubépine fournissent d'excellents abris à de nombreux petits animaux. Beaucoup de petits oiseaux aiment y faire leur nid. À la campagne, on l'utilise encore parfois pour faire des clôtures, et elle forme des haies noueuses pleines de charme, de caractère, et riches d'animaux de toutes sortes.

Les aubépines à fleurs rouges ou roses que l'on plante dans les zones urbaines sont généralement des cultivars, mais cela n'affecte en rien leur capacité à offrir une protection. L'aubépine est facile à tailler et à mettre en forme. Si on l'élague excessivement, elle produit de nombreux rejets. On la multiplie en semant ses graines.

CARACTÉRISTIQUES

- Feuilles caduques
- Abrite les petits oiseaux
- Hauteur jusqu'à 5 m
- Mi-ombre/plein soleil
- Modéré

grive draine

Salix hastata 'Wehrhahnii'

Saule

Salix spp.

Le saule ne survit que si ses racines peuvent tirer du sous-sol de substantielles quantités d'eau. On le trouve sous des formes variées : du petit buisson comme la salicorne (*Salix herbacea*) à l'énorme saule pleureur (*Salix sepulcralis*) qu'on voit sur les berges dessiner les courbes des cours d'eau. Le cultivar *S. Hastata* 'Wehrhahnii' peut atteindre 90 cm, en hauteur comme en largeur et, avec ses feuilles grises, il est d'un bel effet au bord d'un étang ou d'un ruisseau.

Les saules sont tolérants vis-à-vis du sol, poussant aussi bien dans une argile compacte que dans un sol tourbeux ou sablonneux. Les branches des arbustes doivent être coupées tous les deux ou trois ans. Pour le multiplier, coupez une longue branche en hiver, et plantez-la dans le sol. Si vous la coupez à 1,50 m du sol, vous créez un saule étêté. Plusieurs branches plantées de la sorte en diagonale forment un entrelacs de lignes, surtout en hiver lorsqu'elles sont nues. Les abeilles, attirées par le pollen abondant des chatons, le transportent vers les arbres femelles. Chez les saules, la fécondation croisée est fréquente, ce qui rend difficile l'identification des différentes espèces – même les experts ont parfois du mal à les reconnaître.

L'abondant pollen sert aussi à nourrir les chenilles de printemps qui, à leur tour, attirent les oiseaux insectivores. Les chouettes s'installent souvent dans les anfractuosités des saules étêtés pour y élever leurs petits.

CARACTÉRISTIQUES

- *Arbre à larges feuilles caduques*
- *Floraison hâtive*
- *Hauteur 90 cm - 2,50 m*
- *Ombre modérée/plein soleil*
- *Modéré*

chouette sur un saule étêté

Sureau noir (*Sambucus nigra*)

Sureau à grappes

Sambucus racemosa

Peu d'arbustes indigènes connaissent autant d'utilisations que le sureau à grappes. Dans un lointain passé, il était vénéré car il avait la réputation d'éloigner le diable et les sorcières. On utilisait son bois à de multiples usages ; ses fleurs et ses baies servaient à faire des confitures, et à parfumer le vin, le gin et le thé. Dans des fermes anciennes, on peut voir parfois des sureaux courbés, battus par le vent, qui semblent avoir eu la forme d'un arbre. Les branches naissent souvent à 1,50 ou 2 m du sol, et il n'est pas rare de voir la cime passer à travers le toit d'un bâtiment. Ces sureaux avaient été plantés intentionnellement pour protéger le bâtiment de l'orage et éloigner les mouches.

Le sol d'un jardin abritant une grande variété de plantes sauvages ne doit pas être trop riche en azote. C'est un problème, car le sureau a besoin de cet élément nutritif. Heureusement, les sureaux cultivés sont moins difficiles et supportent une terre pauvre. Les fleurs vert-jaune à l'odeur puissante, groupées en bouquets aplatis, sont suivies de baies d'un noir rougeâtre.

Les fleurs et les baies ne sont pas seulement décoratives, mais comestibles. De nombreux oiseaux, dont la fauvette des jardins, se régalent de ces fruits mûrs. Les parties vertes du sureau sont toxiques, comme les baies du sureau nain vivace (*Sambucus ebulus*).

La multiplication se fait en repiquant des boutures d'hiver ou d'été, et par semis. Sur les troncs des vieux sureaux, on trouve fréquemment un champignon remarquable, l'oreille de Judas (*Hirnolea auriculajudae*).

CARACTÉRISTIQUES

- *Feuilles caduques*
- *Apprécié des oiseaux pour ses baies, sa protection et ses insectes*
- *Hauteur jusqu'à 6 m*
- *Mi-ombre/plein soleil*
- *Modéré*

Prunellier

Prunus spinosa

J F M A M J J A S O N D

Le prunellier, ou épine noire, est un des premiers arbustes sauvages à fleurir. Des milliers de fleurs blanches apparaissent avant les feuilles, et on peut les voir de loin, dans un paysage encore nu.

Comme l'aubépine, cette plante porte de longues épines pointues, ce qui la rend impénétrable aux gros animaux, et crée par conséquent un abri pour les petits oiseaux. Dans la nature, un tel fourré permet souvent à des arbres d'espèces plus hautes de se développer et de devenir adultes, le bétail n'ayant pas pu atteindre les jeunes pousses.

Avec son manteau de petites fleurs blanches qui annoncent le printemps et son abondance de fruits d'automne, le prunellier est un membre séduisant et productif de tout jardin naturel, soit en spécimen isolé, soit disposé en fourré protecteur. Abandonné à lui-même, un simple arbuste formera un buisson en expansion continue. Le prunellier se taille facilement, mais il ne développe pas de basses branches aussi vigoureuses que l'aubépine, et il est moins adapté à la formation de haies.

Le prunellier est apprécié des oiseaux, non seulement pour la protection qu'il procure, mais aussi pour ses fruits, et les insectes qu'il abrite dans sa ramure.

CARACTÉRISTIQUES

- *Feuilles caduques*
- *Abri pour les petits oiseaux*
- *Hauteur jusqu'à 4 m*
- *Ombre modérée/plein soleil*
- *Modéré*

Bec de grue (*Geranium pratense*), à gauche ; grande marguerite (*Telekia speciosa*), à droite.

Espèces complémentaires

	Nom	Couleur de la fleur	Hauteur	Floraison / caractéristiques
VIVACES	Myosotis des marais *Myosotis scorpiodes (M. palustris)*	bleu ciel	25 – 40 cm	mai-juillet / plante basse parmi des grandes vivaces
	Cresson des prés *Cardamine pratensis*	lilas	4 – 40 cm	avril-juin / pour prairie humide fleurie
	Guimauve *Althæa officinalis*	blanche et fleurs rouges	60 – 150 cm	juillet-septembre/supporte le sel/ancienne plante médicinale / attire les abeilles
	Bétoine officinale *Stachys officinalis*	violette	30 – 90 cm	juin-août / très spectaculaire en vastes groupes
	Jonc odorant *Acorus calamus*	verte	60 – 120 cm	juin-juillet / fleurs aromatiques suivies de baies verdâtres
	Arum *Calla palustris*	blanche	15 – 25 cm	mai-juin / plante aquatique
	Fleur de coucou *Lychnis flos-cuculi*	rose-rouge	30 – 90 cm	mai-juin / fleurit abondamment / utilisable en bordure
	Menthe *Mentha* spp.	lilas	15 – 50 cm	juin-septembre / merveilleux arôme de menthe / beaux épis de fleurs / envahissante
	Bouton d'argent *Achillea ptarmica*	blanche	75 cm	juin-août / groupes de fleurs en pompon / utilisable en bordure
	Angélique *Angelica archangelica*	blanc verdâtre	1,80 m	juillet-août / fleurs décoratives / usage culinaire / attire les abeilles
	Gaillet *Galium* spp.	blanche	15 – 60 cm	mai-septembre / fleurit abondamment / couvre-sol épais
	Saxifrage dorée *Chrysosplenium*	jaune	15 cm	mars-mai / forme des touffes / culture facile
	Bec de grue *Geranium pratense*	bleu-violet	40 – 70 cm	mai-août / fleurs de longue durée / feuillage décoratif / attire les abeilles
	Lotier corniculé *Lotus corniculatus*	jaune	10 – 25 cm	mai-septembre / fleurs abondantes ressemblant à celles des pois / attire les abeilles
	Vergerette *Pulicaria dysenterica*	jaune	60 – 90 cm	juillet-septembre / grande composée / jadis plante médicinale
	Barbe de bouc *Aruncus dioicus*	crème	1 – 1,80 m	juin-août / plante de mi-ombre / baies toxiques
	Grande marguerite *Telekia speciosa*	jaune	1,20 – 1,50 m	juillet-août / grandes fleurs / attire les papillons
ARBRES	Aulne glutineux *Alnus glutinosa*	verdâtre	4,50 – 9 m	février-mars / caduque / chatons jaunes et cônes noirs / les chatons attirent les oiseaux granivores
	Frêne commun *Fraxinus excelsior*	jaune-vert	4,50 – 40 m	avril-mai / caduque

Lieux humides et acides

PLANTES *pour* TERRAINS ACIDES *et* HUMIDES

Des joyaux venus des terres incultes.

Les terres ingrates, ces régions qui, pendant des siècles, n'offrirent à leurs habitants que faim et pauvreté, recèlent en réalité une flore merveilleuse. Les misérables sols sableux de la lande immense, et les terres acides des régions couvertes de tourbe hébergent des dizaines d'espèces de plantes originales.

On connaît la drosera (*Drosera rotundifolia*), cette plante minuscule qui parvient à survivre en terre acide et humide en ajoutant à la maigre nourriture qu'elle tire du sol, les protéines des mouches qu'elle capture et digère.

Des plantes plus grandes, venues des mêmes régions attirent aussi notre attention – l'arnica (*Arnica montana*), une séduisante plante à fleurs jaunes qu'on trouve dans les bassins humides de la lande européenne n'est pas seulement intéressante pour ses fleurs, mais aussi pour ses propriétés médicinales.

Les troupeaux qu'on a fait paître pendant des siècles sur ces terres naturellement pauvres ont altéré la physionomie du paysage, ne laissant survivre que les plantes les plus spartiates. Parmi elles, la bruyère commune (*Calluna vulgaris*), que l'on trouve dans les zones sèches, et *Erica tetralix*, qui pousse dans des lieux plus humides.

Les terres à bruyère et les plateaux marécageux, comme les marais d'Écosse et les Hautes Fagnes, ont tous une beauté sauvage et intacte. S'ils semblent tristes et monotones à première vue, ils révèlent, à l'examen, une flore d'une grande variété. C'est dans les zones de transition, entre plaines et collines, ou entre zones humides et zones sèches, que cohabitent les espèces les plus variées. Les ornières et autres terres remuées offrent un asile temporaire à une multitude de plantes.

Comment peut-on recréer un tel biotope au jardin ? Vous devez d'abord essayer de cultiver des espèces de ces régions dans un sol pauvre et sableux. Une pièce d'eau artificielle, si nécessaire obtenue à l'aide d'une feuille imperméable tapissée d'une couche de tourbe ou de terre sableuse peut constituer un environnement favorable pour les quelques plantes aquatiques que l'on trouve dans ces régions, et qui attirent souvent les libellules et autres insectes des marais. La transition entre le sec et l'humide devient rapidement le domaine de la sphaigne, et lorsque cette dernière s'est installée, d'autres plantes originales ne tardent pas à apparaître, comme la drosera ou la grassette (*Pinguicula vulgaris*). Dans les zones plus sèches du jardin, on peut planter des variétés de bruyères et d'autres plantes herbacées de la lande. Ces plantes attirent souvent un très grand nombre d'abeilles et de papillons.

Un simple balcon, une terrasse ou un patio dallé peuvent abriter une lande en miniature, à l'aide de bacs à réserve d'eau remplis d'une terre adaptée aux besoins de chaque plante.

Calluna vulgaris

Bruyère commune

Calluna vulgaris

La grande famille des bruyères ne comprend qu'une seule espèce de *Calluna*. Toutes les autres plantes que nous appelons « bruyère » appartiennent au genre *Erica*. Autrefois, la bruyère commune, *Calluna vulgaris*, couvrait de vastes étendues en Angleterre, en Écosse, en Irlande, aux Pays-Bas et en Allemagne, poussant dans son sol préféré, pauvre en azote et en phosphate. Les moutons qui paissaient, en restreignant la croissance des arbres, favorisèrent la bruyère qui prit de plus en plus de place dans ces régions. Ajoutez le fait que cette plante se ressème très facilement, et vous comprendrez comment de vastes étendues de landes paisibles se sont formées.

J F M A M J J A S O N D

Les amateurs sélectionnèrent des spécimens mutants trouvés dans la nature. On les multiplia par boutures et on leur donna des noms pleins de fantaisie. C'est ce qui est à l'origine des nombreux cultivars actuels qui peuvent décorer votre jardin. Les graines des cultivars produisent souvent des plantes « d'origine » ; il est donc conseillé de les multiplier par boutures à la fin de l'été.

La bruyère fleurit abondamment en été, attirant une foule d'abeilles et de papillons multicolores dans votre jardin.

CARACTÉRISTIQUES

- *Inadaptée aux sols calcaires*
- *Bonne pour abeilles et papillons*
- *Hauteur jusqu'à 1,50 m*
- *Plein soleil*
- *Faible*

papillon

bruyère fritillaire sur un épi de fleurs

Bruyère des neiges

Erica carnea

J F M A M J J A S O N D

La bruyère des neiges est une curiosité au sein de sa famille, car dans la nature, on la trouve dans les sols calcaires du sud de l'Europe. Cependant, dans un jardin de bruyères, elle poussera aussi en sol neutre ou légèrement acide. Autre particularité qui contraste avec la majorité des plantes des régions atlantiques tempérées, cette bruyère montre ses fleurs rose chair entre décembre et mars. Elle est particulièrement séduisante quand ses fleurs sont nimbées de neige. En mars, on voit souvent les abeilles bourdonner autour de ces fleurs, car c'est la première nourriture qu'elles trouvent après l'hiver. Comme pour la bruyère commune, on trouve de nombreux cultivars de la bruyère des neiges en jardinerie. La couleur des fleurs varie du blanc presque pur au rouge foncé. Au jardin, plantez ces bruyères à 15 ou 20 cm d'intervalle ; au bout d'un an ou deux, elles forment un épais tapis. On peut les tailler en mars ou avril, après la floraison. On les multiplie par boutures, qui s'enracinent très facilement.

abeille sur un épi de fleurs

CARACTÉRISTIQUES

- Fleurit en hiver
- Bonne plante mellifère
- Hauteur 15 - 50 cm
- Plein soleil
- Modéré/important

Gentiane des marais

Gentiana pneumonanthe

J F M A M J J A S O N D

La gentiane des marais n'a jamais été très répandue, mais aujourd'hui, dans la nature, elle est devenue très rare. Indigène en France, elle possède des fleurs bleues tubulaires ; certaines sont d'un bleu uni, d'autres sont un peu plus claires, d'autres enfin portent des rayures claires sur fond sombre. Si on en voit un vaste parterre, chose pratiquement impossible en dehors d'un jardin botanique, ces variations de nuances des fleurs sont tout à fait frappantes. Curieusement, on trouve une semblable variété de couleurs sur des espèces de l'Himalaya, *Gentiana farreri* et *G. Sino-ornata*, qui aiment les sols humides et acides.

La gentiane des marais est plus difficile à cultiver que la gentiane acaule (*Gentiana acaulis*) qui est très répandue dans les régions montagneuses. La gentiane des marais aime les sols acides, tourbeux et retenant l'humidité. Elle vit généralement dans les mêmes biotopes que les orchidées sauvages. S'il est impossible de lui fournir ces conditions dans le jardin, on peut essayer de la cultiver en bac à réserve d'eau rempli de la terre appropriée.

La gentiane croisette, *G. Cruciata*, est facile à cultiver en sol pauvre et argilo-calcaire, bien que ses fleurs soient moins spectaculaires. On la multiplie par semis, et elle se ressème parfois spontanément si le sol lui convient.

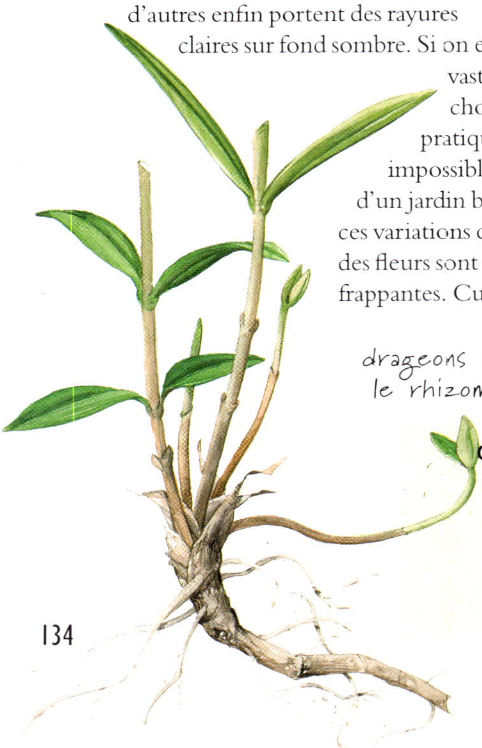

CARACTÉRISTIQUES

- *Fleurs bleues originales*
- *Difficile à trouver*
- *Hauteur 5 - 40 cm*
- *Mi-ombre/plein soleil*
- *Modéré*

Orchis tacheté (*Dactylorhiza maculata*)

Dactylorhiza

Dactylorhiza maculata

Depuis les années 1950, la population d'orchidées a été considérablement réduite, et elle a même disparu de vastes régions d'Europe. Ces plantes détestent les engrais, et l'introduction des engrais chimiques, ajoutée au drainage de maintes prairies marécageuses, a sonné le glas de nombreuses espèces.

Pour un amateur, il est difficile de reconnaître les espèces et, de plus, beaucoup d'espèces, même d'un genre différent, s'hybrident facilement. Dans de nombreux pays d'Europe, les orchidées sont légalement protégées et, même si ce n'est pas le cas, nous vous déconseillons fortement de les collecter dans la nature.

La partie souterraine des dactylorhizas a la forme d'une main, comme le suggère leur nom scientifique. Ces racines peuvent parfois être de la grosseur d'une main d'enfant. Presque toutes les racines d'orchidées sentent le moisi.

Les orchidées ne sont pas faciles à cultiver au jardin. Elles préfèrent un sol plutôt acide, pauvre en nutriments. On les multiplie difficilement par division des racines, mais les plantes se ressèment parfois spontanément. L'approvisionnement commercial en orchidées est limité, mais leur culture s'accroît lentement.

CARACTÉRISTIQUES

- *Rare dans la nature*
- *Disponibilité limitée*
- *Hauteur jusqu'à 60 cm*
- *Mi-ombre/plein soleil (selon les espèces)*
- *Modéré/important*

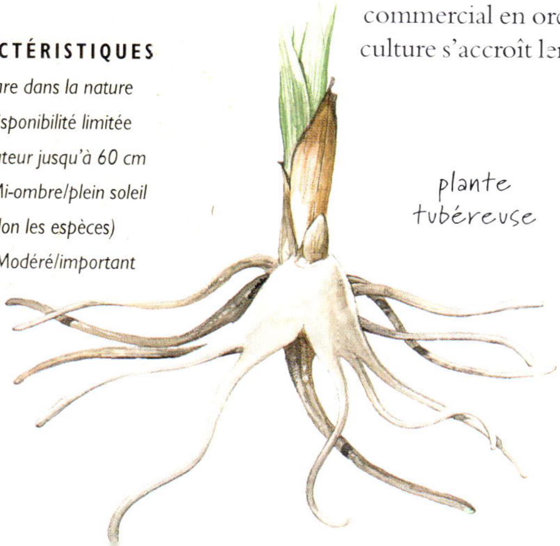

Myrica gale var. tomentosa

Bois-sent-bon

Myrica gale

J F M A M J J A S O N D

Le bois sent bon, ou myrte des marais, pousse dans des endroits humides et tourbeux. Ses feuilles sombres et brillantes dégagent une merveilleuse odeur lorsqu'on les froisse (d'où son nom vernaculaire) ; les graines et l'écorce ont aussi une odeur agréable. Les baies séchées sont parfois utilisées en assaisonnement, et les feuilles séchées comme répulsif contre les insectes.

Les fleurs mâles et femelles sont portées par des plantes séparées. Les fleurs à étamines, de couleur brun-jaune, sont les plus frappantes ; les fleurs femelles sont petites et rouge foncé. Les fleurs apparaissent au printemps, avant les feuilles.

Dans la nature, le bois sent bon pousse plutôt en désordre car souvent, les branches retombent et s'enracinent. Au fil du temps, un buisson de bois sent bon s'étend considérablement, d'autant plus que le bétail ne mange pas ses feuilles fortement odorantes. Les lapins n'y touchent pas davantage, bien qu'elles ne soient pas toxiques.

Le bois sent bon est facile à cultiver. Fixez une pousse sur le sol et, lorsqu'elle s'est enracinée, coupez-la et plantez-la ailleurs. Un membre américain du même genre, *Myrica pensylvanica*, est plus grand et produit des baies plus grosses, d'un gris métallique, qu'on utilise fréquemment pour les décorations de Noël. La variété naine *M. gale* var. *tomentosa* n'atteint que 75 cm et fleurit à profusion.

CARACTÉRISTIQUES

- *Feuilles caduques*
- *Feuillage aromatique*
- *Hauteur jusqu'à 1,80 m*
- *Ombre/mi-ombre*
- *Important*

fleurs printanières

Andromeda polifolia

Andromeda polifolia

Il est de plus en plus difficile de trouver *Andromeda polifolia* à l'état sauvage, car son habitat préféré, la tourbière de montagne, est devenu rare. Bien que, dans la nature, cet arbuste ne se trouve qu'en sol acide, il est un peu plus tolérant au jardin. Là aussi, il préfère un sol acide et tourbeux, et dans ces conditions, il peut vivre des années et s'étendre lentement, soit par semis spontané, soit par émission de drageons.

Les fleurs d'*Andromeda polifolia* méritent d'être observées de près. Elles ont la forme de lanternes chinoises, blanches comme de la porcelaine avec des traces de bleu et de rose ; elles apparaissent groupées sur de longues tiges. Cet arbuste préfère un environnement frais, et il est absent du sud de l'Europe.

J F M A M J J A S O N D

L'espèce nord-américaine *Andromeda glaucophylla* est plus facile à cultiver. On trouve facilement le cultivar 'Latifolia' qui fleurit abondamment dans une simple terre de bruyère.

La lande naturelle est un habitat important pour toutes sortes d'animaux, amphibiens, sauterelles et oiseaux insectivores.

CARACTÉRISTIQUES

- *Feuillage persistant*
- *Toxique*
- *Hauteur 7,5 - 50 cm*
- *Mi-ombre/plein soleil*
- *Modéré/important*

fleurs printanières

Gaultheria shallon

Gaultheria shallon

Originaire d'Amérique du Nord, *Gaultheria shallon* est maintenant acclimaté à l'Europe et pousse abondamment dans nos vieux massifs forestiers. Il se développe volontiers sous les conifères (lieu que fuient la plupart des plantes), en étendant son territoire au moyen de ses racines traçantes. Ses grandes feuilles sont rigides et décoratives. Les petits groupes de fleurs en clochettes, blanches à rose pâle sont suivis, en automne, de grosses baies noires juteuses.

De nombreux oiseaux frugivores et des petits rongeurs s'en nourrissent, et les abeilles et autres insectes sont friands du nectar de ses fleurs.

Plantez les gaultherias en haie sauvage, ou disséminés en lisière de bois. La multiplication se fait au moyen des drageons souterrains, faciles à détacher et à transplanter.

Parmi d'autres membres allogènes intéressants du même genre, citons *Gaultheria cuneata*, dont les fruits sont blancs, *G. procumbens* aux baies rouges, et *G. mucronata*. Ces plantes exotiques ne choquent pas si on les utilise avec discrétion, dans un endroit ombragé d'un jardin de terre de bruyère ou dans une forêt de conifères clairsemée.

CARACTÉRISTIQUES

- *Feuillage persistant*
- *Baies appréciées des oiseaux frugivores*
- *Hauteur 30 cm - 3 m*
- *Ombre/soleil modéré*
- *Modéré/important*

Gaultheria procumbens

Vaccinium angustifolium

Myrtille

Vaccinium spp.

J F M A M J J A S O N D

Les membres de ce genre vivent très bien en compagnie d'autres plantes de terre de bruyère dans un jardin garni d'une petite pièce d'eau. L'airelle (*Vaccinium vitis-idæa*) est moins répandue dans la nature que la myrtille sauvage d'Europe (*V. myrtillus*). Cette dernière produit des baies qui, en été, attirent autant les hommes que les oiseaux frugivores et les petits mammifères. Cependant, les fleurs de l'airelle sont beaucoup plus originales, et ses baies rouges demeurent longtemps sur la plante.

L'airelle aime un terrain pas trop sec. Elle tolère l'ombre et se porte bien en sol tourbeux. On trouve parfois, chez les spécialistes, *V. vitis-idæa minus*. C'est une sous-espèce naine qui fructifie abondamment. Elle est très intéressante pour une terrasse tourbeuse. La myrtille préfère un environnement plus sec et supporte une ombre assez dense.

Toutes ces espèces émettent des drageons souterrains. Il est facile de les multiplier en coupant des drageons enracinés et en les transplantant. L'airelle garde ses feuilles en hiver, ce que ne fait pas la myrtille.

Une espèce américaine, *V. corymbosum*, est cultivée en Europe pour ses fruits plus gros ; dans certains endroits, elle est retournée à l'état sauvage.

CARACTÉRISTIQUES

- *Feuillage persistant*
- *Plante mellifère*
- *Baies appréciées des oiseaux frugivores*

Hauteur 15 - 50 cm

Ombre/soleil modéré

Modéré/important

Arnica

Arnica montana

J F M A M J J A S O N D

Comme tant d'espèces qui poussent naturellement dans des sols humides et acides, l'arnica est devenue rare dans la nature à cause de la raréfaction de son habitat naturel. On ne la trouve pas davantage en jardinerie, mais parfois chez des horticulteurs spécialisés. Une fois établie, on peut la multiplier par semis.

Le temps et les efforts dépensés à trouver cette plante sont récompensés par de grosses fleurs jaunes en forme de marguerite, qui apportent une tache de couleur bienvenue au jardin de terre de bruyère à une époque où il y a peu d'autres fleurs. Elle demande un sol sableux, pas trop humide, et préfère le plein soleil. Elle s'accommode bien d'un terrain dégagé, en compagnie d'autres espèces de terre de bruyère.

L'arnica est connue depuis longtemps pour ses propriétés médicinales et beaucoup de foyers disposent encore de pommade à l'arnica. Des plantes cultivées sont récoltées par des laboratoires pharmaceutiques pour servir à la préparation de la pommade. L'arnica est une plante toxique délaissée par la plupart des mammifères.

CARACTÉRISTIQUES

- *Devient rare*
- *Plante médicinale*
- *Hauteur jusqu'à 40 cm*
- *Mi-ombre/plein soleil*
- *Modéré/important*

fleur estivale

pommade à l'arnica

Liliacées : famille des lis — Vivace

Narthecium

Narthecium ossifragum

Narthecium ossifragum se trouve à l'état naturel dans les landes marécageuses et les tourbières. Alors qu'il poussait jadis abondamment dans les landes humides, il est maintenant devenu rare à l'état sauvage dans de nombreuses régions. Selon la tradition, sa consommation par les moutons rendait leurs os fragiles ; on sait que c'est une plante moyennement toxique. Espèce protégée dans un grand nombre de pays, sa collecte dans la nature est strictement interdite.

Ses feuilles vertes, filiformes comme celles de l'herbe, sont décoratives toute l'année. À partir du mois de juin, des tiges couronnées de grappes de fleurs jaunes se balancent au-dessus du feuillage. Après la floraison, les fruits se gonflent et prennent une couleur orange. En quelques semaines un champ passe du jaune à l'orange. Mélangez *Narthecium ossifragum* à d'autres plantes de terre acide et humide comme la drosera, le lin des marais, et les orchidées, pour obtenir un paysage spectaculaire mais d'aspect néanmoins naturel.

On peut parfois acheter cette plante chez les horticulteurs spécialisés. On la multiplie par division de touffe au début de l'été ; on rempote les éclats dans de la tourbe très humide, ou on les plante directement dans le jardin. Elle exige une terre humide et acide, et une exposition ensoleillée. On peut aussi la cultiver en bac à réserve d'eau rempli d'une terre adaptée, pour donner un parfum de lande à une terrasse ou un balcon.

CARACTÉRISTIQUES

- *Moyennement toxique*
- *Gagne à être mélangée à d'autres plantes de terre de bruyère*
- *Hauteur 20 - 30 cm*
- ☀ *Plein soleil*
- 💧 *Important*

fruit orangé

fleur estivale

Droséracées : famille des droseras — Vivace

Drosera commun (*Drosera rotundifolia*)

Drosera

Drosera spp.

La drosera, ou rossolis, est une plante remarquable. Elle pousse normalement dans des sols pauvres, souvent sur ou parmi les sphaignes, ou dans des ornières où s'accumule un peu d'eau. On la trouve parfois disséminée, mais, le plus souvent, elle se concentre en vastes étendues, ce qui donne aux lieux qu'elle colonise une teinte rougeâtre – un effet dû à la couleur rouge des feuilles qui sont garnies de cils humides. Ces cils sont si collants que les insectes y restent prisonniers. Ils contiennent un acide qui digère les insectes, alimentant la plante en protéines.

On en trouve trois espèces en Europe : la drosera à feuilles oblongues (*Drosera intermedia*), la grande drosera (*Drosera anglica*) et la drosera commune (*D. rotundifolia*). La drosera commune est la plus répandue, bien qu'on ne la trouve que dans des zones tourbeuses et de terre de bruyère humide, ce qui n'est pas si fréquent en Europe. La drosera n'est pas facile à cultiver. Elle est rarement disponible et il est parfois difficile de s'en procurer ne serait-ce que quelques exemplaires ou quelques graines. Le cas échéant, semez les graines avant l'hiver dans des pots de tourbe très humide. Posez les pots dans des assiettes et remplissez-les d'eau à ras bord. On peut les cultiver en bacs à réserve d'eau. Dans ce cas, prévoyez un niveau d'eau très élevé et semez les graines dans la tourbe très humide. On peut les laisser dans ces bacs pendant des années.

CARACTÉRISTIQUES

- *Plante carnivore*
- *Fleurs insignifiantes*
- *Hauteur 7 - 9 cm*
- *Mi-ombre/plein soleil*
- *Modéré/important*

grande libellule

Osmonde royale

Osmunda regalis

L'osmonde royale, ou fougère royale, est l'une des plus grandes et des plus majestueuses fougères d'Europe, très présente en Bretagne. Ces plantes vivent des décennies, et finissent par développer une masse spongieuse de racines serrées. Ces racines ont été jadis récoltées de façon excessive pour servir, entre autres, de compost pour la culture des orchidées ; par conséquent, cette plante est devenue rare à l'état sauvage.

L'osmonde royale est plus impressionnante lorsqu'elle est plantée près d'une pièce d'eau, d'une tourbière ou d'un petit bois. Il faut environ vingt ans pour créer une grosse touffe, mais pendant ce temps, la fougère ne demande aucun soin.

Les spores ne sont pas placées sous les feuilles comme chez la plupart des fougères, mais sur la face supérieure. Lorsqu'elles mûrissent, elles deviennent marron, et la plante donne l'impression de souffrir de sécheresse, mais ce n'est certainement pas le cas.

On trouve régulièrement l'osmonde royale dans les jardineries et les pépinières, mais elle est aussi facile à multiplier. Étalez une couche de tourbe souple dans une zone humide du jardin. Lorsque les spores commencent à brunir, répandez-les sur la tourbe humide. Après quelques jours, une pellicule verte se forme : c'est la naissance de nouvelles fougères.

CARACTÉRISTIQUES

- Vit longtemps ; ne se transplante pas
- Espèce protégée
- Hauteur 30 cm - 1,50 m
- Ombre/mi-ombre
- Modéré

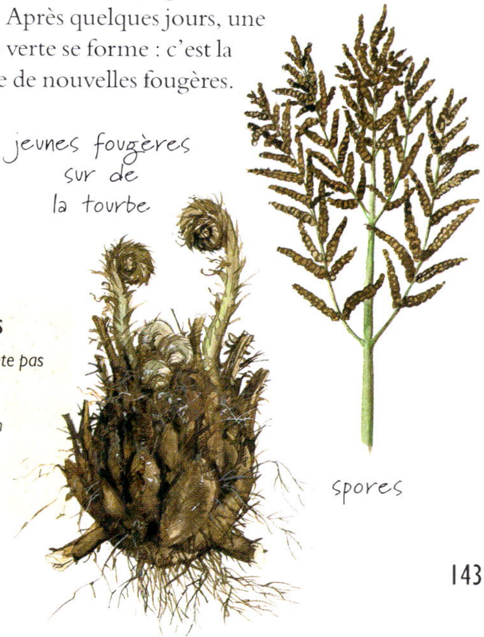

Fabacées : famille des pois — Arbuste

Ajonc commun

Ulex europæus

J F M A M J J A S O N D

L'ajonc est une plante que vous manipulerez toujours avec des gants. De bas en haut, il est recouvert d'aiguilles acérées – même la chèvre la plus gloutonne respecte cette plante.

Dans la nature, l'ajonc préfère les sols sableux. Il est assez sensible au froid et peut être décimé lors d'un hiver rigoureux. La floraison peut commencer dès l'automne et, pendant l'hiver, le printemps et le début de l'été, la plante est couverte de fleurs jaunes à l'odeur douce, ce qui assure une fourniture constante de nectar et de pollen aux abeilles qui la visitent.

L'ajonc constitue une excellente clôture pour le jardin. Diverses espèces d'oiseaux comme la fauvette et le bruant jaune y trouvent un lieu idéal pour nicher, et ces buissons offrent une bonne protection aux petits mammifères comme les hérissons.

On ne le trouve généralement pas dans le commerce, et vous devrez le chercher chez un pépiniériste spécialisé. Les graines germent facilement : semez aussitôt dans un pot de compost que vous garderez humide. Les jeunes plants apparaissent en quelques semaines.

L'ajonc n'est pas exigeant. Il pousse aussi bien en sol sableux qu'en une bonne terre de jardin. Il se porte bien également en terrain sec. Ses graines sont toxiques.

CARACTÉRISTIQUES

- *Persistant*
- *Floraison de longue durée*
- *Hauteur jusqu'à 2,50 m*
- *Plein soleil*
- *Faible*

bruant jaune ♀

Juniperus communis 'Compressa'

Genévrier commun

Juniperus communis

Le genévrier commun est une plante en fuseau, à aiguilles bleu-vert pointues persistantes. La mince tige verticale des jeunes arbustes devient, dans la maturité, un tronc épais qui se courbe avec les années, mais demeure vivant. Ces formes étranges donnent aux groupes de genévriers un charme qui leur est propre. La fleur est insignifiante, mais le fruit qui lui succède est apprécié des oiseaux, des grives en particulier. C'est aussi lui qui donne au gin son parfum. Pour les grives, le genévrier n'est pas qu'une source de nourriture, elles y font aussi leur nid.

Le genévrier est toujours disponible dans le commerce, mais surtout sous forme de cultivars, soit très élancés, soit rampants. L'espèce sauvage est bien préférable car, en vieillissant, elle prend des formes très pittoresques. La multiplication par boutures est assez facile. Au printemps, plantez quelques boutures dans un pot rempli d'un compost de tourbe humide et de sable grossier. Elles doivent s'enraciner en deux mois. Le genévrier commun n'est pas exigeant. Il pousse aussi bien en sol pauvre qu'en sol riche. Il supporte moins bien les sols argileux, mais tolère le terreau.

J F M A M J J A S O N D

CARACTÉRISTIQUES

- Persistant
- Aromatique
- Hauteur 30 cm - 10 m
- Mi-ombre/plein soleil
- Faible

■ « Thé » du Labrador (*Ledum groenlandicum*)

Romarin sauvage

Ledum palustre

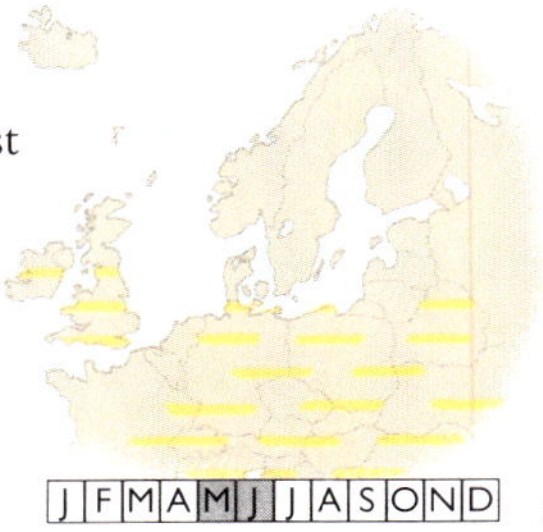

Comme la plupart des autres bruyères, le romarin sauvage est surtout répandu dans les régions septentrionales. Il redoute les sols calcaires, préférant une terre humide, acide et tourbeuse. Il est assez facile à cultiver au jardin, tant que le sol ne sèche pas. Ses fleurs blanc crème qui apparaissent en bouquets à l'extrémité des tiges, au mois de mai, sont très appréciées des abeilles. Ses feuilles ont une typique odeur de thé.

Le romarin sauvage européen apparaît encore sporadiquement comme tel en Grande-Bretagne et en Allemagne. Mais dans certains endroits, le thé du Labrador (*Ledum groenlandicum*), introduit à partir des États-Unis et du Canada, s'est acclimaté et colonise maintenant des zones autrefois occupées par le romarin sauvage.

Les tiges des *Ledum* spp. sont très fragiles, et vous devez être prudent lorsque vous soignez ou taillez la plante. On peut le multiplier par semis, mais il est plus simple de planter des boutures en été. Cette multiplication est souvent spontanée, lorsqu'une branche tombe à terre et s'y enracine. Vous pouvez aussi déposer de la tourbe sur la plante et, au bout d'un an ou deux, séparer de la plante mère les brindilles enracinées.

feuille de romarin sauvage

feuille de thé du labrador

fleurs printanières

CARACTÉRISTIQUES

- Persistant
- Fleurs blanc crème abondantes
- Hauteur jusqu'à 80 cm
- Mi-ombre/plein soleil
- Important

Genêt des teinturiers

Genista tinctoria

J F M A M J J A S O N D

Contrastant avec le genêt à balais (*Cytisus scoparius*), les genêts de terre de bruyère, comme le genêt des teinturiers, sont généralement des buissons bas, pas particulièrement spectaculaires, même lorsqu'ils sont en fleur. Le genêt des teinturiers, plante annuelle, produit une profusion de fleurs jaune vif rappelant celles des pois, entre avril et août, le maximum de la floraison ayant lieu en juin.

On le trouve dans de nombreuses régions d'Europe, parfois en des endroits où il n'était pas indigène. Cette plante fut utilisée à partir de l'époque romaine pour teindre la laine en jaune ou en vert, et il a été largement cultivé pour cette raison. Aujourd'hui, il est devenu rare à cause de la destruction de son habitat naturel.

Comme d'autres espèces de genêts de terre de bruyère, il est particulièrement facile à cultiver au jardin. Peu exigeant, il prospère en sol pauvre sableux. La multiplication se fait par semis des « pois ».

Les fleurs du genêt des teinturiers ne produisent pas de nectar, mais elles sont très appréciées des abeilles pour leur pollen. Il se dépose sur les abeilles lorsqu'elles déclenchent une sorte de mécanisme à ressort qui fait que la fleur explose littéralement.

CARACTÉRISTIQUES

- *Floraison de longue durée*
- *Attire les abeilles*
- *Hauteur 30 - 60 cm*
- *Mi-ombre/plein soleil*
- *Faible*

laine teinte

Camarine noire

Empetrum nigrum

J F M A M J J A S O N D

Bien qu'elle ressemble beaucoup à une bruyère, la camarine noire ne produit pas l'abondante floraison qui fait le charme de la bruyère. En fait, ses fleurs sont assez insignifiantes. Il n'est cependant pas inutile de planter des buissons de camarine dans un grand jardin de terre de bruyère. Avec le temps, elle forme un épais tapis qui non seulement constitue une étendue de verdure agréable à regarder pendant toute l'année, mais en plus, offre abri et nourriture aux petits oiseaux. Soyez néanmoins prudent à la plantation, la camarine peut lentement éliminer des espèces de bruyères moins vigoureuses.

Dans la nature, on trouve la camarine surtout en sols pauvres et acides. Les fleurs mâles et femelles sont portées par des plantes séparées. Les abeilles pollinisent facilement les fleurs, mais il faut au moins un pied mâle dans le jardin pour que les pieds femelles fructifient. Les baies noires et brillantes sont à la fois ornementales, et appréciées des oiseaux frugivores comme le pinson du nord, et de quelques mammifères.

La camarine se multiplie facilement par boutures. En août, prélevez des extrémités de pousses d'environ 7,5 cm ; enlevez les feuilles inférieures de ces boutures et piquez-les dans un mélange de tourbe et de sable. Elles s'enracinent en trois ou quatre semaines et peuvent alors être repiquées en pépinière jusqu'à ce qu'elles atteignent la taille nécessaire pour être plantées au jardin.

CARACTÉRISTIQUES

- *Persistant*
- *Forme des touffes*
- *Hauteur 15 - 45 cm*
- *Mi-ombre/plein soleil*
- *Faible*

Genêt à balais

Cytisus scoparius

Au printemps, les genêts recouvrent la lande et le sol sec et sableux des bas-côtés des routes, d'une masse spectaculaire de fleurs jaunes rappelant celles des pois. C'est une des rares espèces qui tirent profit des bouleversements de l'environnement entraînés par l'activité humaine. On le voit du Danemark aux Alpes, et de l'Irlande à la Pologne en passant, bien sûr, par la Bretagne. Le genêt se ressème facilement, ce qui fait que l'espèce n'est jamais devenue rare dans la nature ; mais une série d'hivers rigoureux peut en réduire la population. Il est toxique pour le bétail.

C'est une plante toujours verte bien qu'elle perde ses feuilles en hiver, car ce sont ses tiges qui restent vertes toute l'année. On utilise ses branches pour fabriquer des balais, ustensile d'où il a tiré son nom. C'est une plante peu exigeante. On la cultive depuis des siècles pour sa floraison abondante qui attire les abeilles. Il en existe de nombreux cultivars de types et de couleurs variés.

Un buisson de genêt âgé n'est pas très décoratif au jardin. Il prend beaucoup de place, et ses vieilles branches épaisses deviennent fragiles. Vous pouvez cependant lui conserver une forme agréable en le taillant. Éliminez les branches âgées, des jeunes pousses les remplaceront.

On multiplie le genêt par semis ; on peut aussi acheter des éclats de touffes.

J F M A M J J A S O N D

pollinisation par des bourdons

CARACTÉRISTIQUES

- *Persistant*
- *Aspect original*
- *Fleurit abondamment*
- *Hauteur jusqu'à 2,50 m*
- *Plein soleil*
- *Faible*

Comaret palustre (*Potentilla palustris*), à gauche ; scabieuse tronquée (*Succisa pratensis*), à droite.

Espèces complémentaires

	Nom	Couleur de la fleur	Hauteur	Floraison / caractéristiques
VIVACES	Airelle canneberge *Oxycoccus palustris*	rose	15 - 30 cm	mai-juin / baies attirant les oiseaux
	Grassette *Pinguicula vulgaris*	bleue	10 - 15 cm	mai / capture les mouches avec ses feuilles collantes
	Chardon *Cirsium dissectum*	violette	30 - 50 cm	juin-juillet / nourriture pour les oiseaux granivores
	Comaret palustre *Potentilla palustris*	rouge violacé	90 cm	juin-juillet / plante de berge ou aquatique
	Molinie bleue *Molinia caerulea*	vert pâle	30 - 90 cm	juillet-septembre / herbe ornementale
	Linaigrette *Eriophorum vaginatum*	blanche	30 - 60 cm	mars-mai / herbe originale pour lieux humides
	Potentille recta *Potentilla recta*	jaune	15 - 30 cm	juin-août / fleurit abondamment
	Serpolet *Thymus serpyllum*	blanc lilas	15 - 30 cm	juin-septembre / forme des touffes / aromatique / attire les papillons
	Scabieuse tronquée *Succisa pratensis*	bleue	30 - 90 cm	juillet-septembre / fleurit abondamment / ornementale / attire les abeilles
	Œillet à delta *Dianthus deltoides*	rouge	20 - 40 cm	juin-août / se ressème facilement
	Oreille de rat *Hieracium pilosella*	jaune	25 - 35 cm	mai-juin / forme des touffes / pour terrain sec
ARBRES	Cerisier à grappes *Prunus padus*	blanche	15 m	avril-mai / nourriture d'hiver pour les oiseaux
	Sorbier des oiseaux *Sorbus aucuparia*	blanche	9 m	mai-juin / fruits ornementaux en automne / attire les oiseaux
	Pin sylvestre *Pinus sylvestris*	jaune et rouge	30 m	mai / abri et nichoir pour les oiseaux et les petits mammifères

Sols secs

PLANTES *pour* SOLS SECS

Survivre en régions arides

Les plantes sauvages ne poussent que dans les endroits où elles peuvent subsister en toutes circonstances. Elles doivent s'adapter à celles-ci. Leur survie dépend de l'eau, et les plantes doivent se plier à ses fantaisies. Celles qui sont originaires de régions sèches, brûlées par le soleil, l'économisent astucieusement, structurées au fil des siècles pour en limiter les pertes. Certaines possèdent des systèmes radiculaires très développés qui vont à la recherche de l'humidité, ce qui leur permet de se rétablir extrêmement rapidement après une longue période sans pluie. D'autres, comme les sédums, possèdent leurs propres réserves – ils stockent l'eau dans des feuilles épaisses et charnues, revêtues d'une pellicule cireuse pour réduire l'évaporation. D'autres encore recouvrent leurs feuilles vulnérables d'un matelas de poils, ou simplement, ne développent que le strict minimum de feuilles en été.

Certaines plantes s'esquivent, plutôt que de résister, et restent en sommeil pendant les longs mois chauds de l'été. Les plantes bulbeuses à floraison printanière des régions sèches des Balkans, d'Asie Mineure et du Proche-Orient se mettent en sommeil en été pour survivre à la chaleur et au manque d'eau.

On peut aussi trouver des zones sèches dans des pays où les pluies sont fréquentes et la végétation presque toujours verte. Sur les pentes orientées au sud des South Downs, en Angleterre, sur les collines du Sauerland, en Allemagne, et sur les sols secs et sableux de la Veluwe, aux Pays-Bas, sur les pentes du mont Ventoux, en France, on cultive des espèces très différentes de celles qu'on peut voir dans les régions argileuses ou tourbeuses de ces différents pays.

Même dans des régions notoirement sèches, il existe fréquemment des zones un peu plus humides. Une couche imperméable de roches ou d'argile peut empêcher l'eau de s'écouler, et c'est ainsi que se créent des lacs, des étangs, ou même des marécages. Le long des ruisseaux et des rivières, il y a généralement une bande de terrain plus ou moins large où le sol est humide et riche en éléments nutritifs. Parfois, grâce à une source, le sol est perpétuellement humide.

Il est donc important d'observer quelles plantes sauvages poussent dans un environnement donné. Elles indiquent la quantité d'humidité disponible, la texture du sol, et sa richesse en éléments nutritifs.

On peut mettre en pratique les leçons de la nature dans nos propres jardins. Il n'est pas raisonnable, par exemple, de planter des espèces exigeantes en eau dans un jardin très sec, alors que dans la nature, on trouve de merveilleuses plantes adaptées à un sol sec.

Essayez, par exemple, l'origan (*Origanum vulgare*) avec ses odorantes fleurs violettes qui attirent les abeilles comme des aimants, ou le grand orpin (*Sedum telephium*), qui exerce le même effet sur les papillons. Le choix est immense, et vous pourrez vous procurer la plupart de ces plantes dans les jardineries ou chez les pépiniéristes.

Campanule persicifolia (*Campanula persicifolia*)

Campanule

Campanula spp.

La plupart des diverses formes de campanules se trouvent à l'état naturel dans les prairies herbeuses, les haies, et en lisière de forêt, mais elles s'adaptent très bien aux expositions extrêmement chaudes et sèches. Parmi les meilleures, on peut citer *C. portensclagiana* et *C. porscharskiana*, deux plantes couvre-sol à la floraison abondante. La campanule gantelée (*C. trachelium*) qui atteint 80 cm a sa place dans une bordure en compagnie d'autres plantes vivaces.

C. persicifolia possède une tige presque nue et de grosses fleurs bleues.

Beaucoup plus petite, la campanule à feuilles rondes (*C. rotundifolia*) pousse dans les zones herbeuses. Toutes ces espèces sont vivement recommandées pour le jardin.

Toutes ces campanules portent des fleurs bleues pendant une longue période – parfois du commencement de l'été jusqu'à l'automne ; *C. portenschlagiana* et *C. porscharskiana* fleurissent au printemps.

On sème les campanules au printemps. La plupart sont faciles à diviser, ce qui peut être fait au printemps, ou en août et septembre.

CARACTÉRISTIQUES

- *Facile à cultiver et à multiplier*
- *On peut utiliser certaines espèces en fleurs coupées*
- *Bonne plante mellifère*
- *Hauteur jusqu'à 80 cm*
- *Mi-ombre/plein soleil*
- *Faible*

Bétoine officinale

Stachys officinalis

La bétoine, ou épiaire, jolie plante des taillis et des landes, fleurit si abondamment qu'on l'a longtemps cultivée au jardin. Au fil du temps, diverses variétés plus trapues ou portant des fleurs de couleurs différentes ont été développées par sélection. Elle fut aussi cultivée pour ses usages médicinaux, et il en pousse encore près des anciens monastères.

La bétoine pousse bien et est d'un entretien facile. On peut la multiplier par division de touffe. Un autre membre de la famille, *Stachys palustris*, aime une terre plus humide et peut devenir envahissant car il est drageonnant.

Dans un sol riche, la bétoine peut devenir assez haute pour que ses tiges se courbent dans toutes les directions. On peut y remédier en coupant les plus hautes tiges en mai. La plante produit rapidement de nouvelles pousses qui restent plus courtes et maintiennent la tige centrale. Un autre avantage est que la période de floraison dure plus longtemps.

Stachys grandiflora, plante ornementale bien connue originaire de Sibérie, possède de grandes fleurs mauves et des tiges plus longues.

CARACTÉRISTIQUES

- *Fleurit abondamment*
- *Usages médicinaux*
- *Bonne plante mellifère*
- *Hauteur 30 - 90 cm*
- *Mi-ombre/plein soleil*
- *Faible/modéré*

Sedum telephium

Grand orpin

Sedum telephium

L'orpin, un sédum à floraison tardive, est un excellent exemple de plante dont la structure et l'aspect sont adaptés à la vie en environnement sec. Les feuilles charnues, gorgées d'humidité, sont recouvertes d'un épais vernis brillant. Même lorsque l'été est sec, et les températures élevées, l'orpin pousse et fleurit vigoureusement. Il existe beaucoup de variétés de cette espèce et de nombreuses sous-espèces. La couleur des fleurs va du jaune au violet, et il existe aussi des différences dans la couleur du feuillage. Les variétés à feuillage foncé contrastent harmonieusement avec les herbes de toutes sortes.

L'orpin est très facile à multiplier par boutures prélevées en été, ou par division de touffe. Au jardin, on trouve fréquemment de jeunes plants issus de graines, poussant loin de la plante mère. Le *Sedum telephium* 'Herbstfreude' est un cultivar à grosses fleurs qui fleurit très tardivement. L'orpin, comme un autre membre de la famille, *S. spectabile*, attire un grand nombre de papillons à la fin de l'été. Chez ces deux espèces, le bouquet de fleurs aplati constitue une excellente aire d'atterrissage pour ces insectes.

petites vanesses

CARACTÉRISTIQUES

- *Floraison abondante qui attire les papillons*
- *Facile à multiplier*
- *Hauteur 25 - 60 cm*
- *Mi-ombre/plein soleil*
- *Faible*

Asteracées : famille des marguerites — Vivace

Tanaisie

Tanacetum vulgare

Dans la nature, on trouve souvent la tanaisie (ou herbe aux vers) là où la végétation naturelle a été perturbée par une activité humaine. La floraison commence généralement après une période de chaleur et de sécheresse, alors que les autres plantes ne sont plus aussi colorées. La tanaisie est une composée, c'est-à-dire que ce qu'on croit être la fleur est en fait une multitude de petites fleurs. La plupart des composées possèdent des fleurs rayonnantes (couronne extérieure), et des fleurons (sur le disque). La tanaisie ne possédant que des fleurons, les fleurs semblent « inachevées ». Elles sont plus décoratives en bouquets séchés.

La tanaisie convient mieux à un grand jardin, où elle peut être plantée parmi des herbes hautes, utilisée comme plante de bordure, ou plantée en lisière d'une prairie fleurie. Elle peut être envahissante et est assez résistante pour supporter la tonte. On peut diviser ses rhizomes, et une bonne touffe peut fournir au moins quinze plantes nouvelles.

Une variété d'abeille (*Colletes daviesanus*), est entièrement dépendante de cette plante. La tanaisie contribuera aussi à attirer dans votre jardin des populations de guêpes utiles, comme celles qui parasitent les chenilles.

CARACTÉRISTIQUES

- *Parfum puissant*
- *Ancienne plante médicinale*
- *Hauteur 60 cm - 1,20 m*
- *Plein soleil*
- *Faible*

escargots au pied d'une tanaisie

Achillea millefolium var. lanulosa

Millefeuille

Achillea millefolium

J F M A M J J A S O N D

Comme la tanaisie, l'achillée millefeuille pousse souvent dans des endroits qui ont été perturbés par une activité humaine. On la trouve un peu partout en Europe, le long des routes et des remblais.

Jolie plante à fleurs, l'achillée a trouvé sa place dans de nombreuses bordures. Dans la plupart des cas, il ne s'agit pas de l'espèce à fleurs blanches, mais de variétés à fleurs roses, rouge brique, orange ou jaunes. On trouve aussi dans la nature quelques spécimens aux fleurs roses, claires ou foncées.

Le nom scientifique *millefolium* fait allusion à la feuille très divisée. Si cette espèce est cultivée en terrain riche – par exemple, dans un grand pot rempli de terreau – les feuilles sont encore plus fines que lorsqu'elle pousse au jardin. C'est pourquoi on l'utilise parfois comme plante à feuillage dans des paniers suspendus. Pendant des siècles, l'achillée a été considérée comme une plante médicinale. On utilise aussi ses feuilles à l'odeur épicée en cuisine ou en infusion. L'achillée est facile à cultiver et pousse très bien en sol sec contenant peu de compost. La multiplication se fait par division de touffe. L'achillée attire les papillons, y compris le machaon aujourd'hui devenu rare. On peut aussi la planter pour attirer les populations de guêpes utiles qui limitent la prolifération de chenilles mangeuses de plantes, et d'autres insectes nuisibles.

CARACTÉRISTIQUES

- *Attire les papillons*
- *Feuilles décoratives et aromatiques*
- *Hauteur jusqu'à 60 cm*
- *Ombre modérée/plein soleil*
- *Faible*

machaon

Germandrée petit chêne

Teucrium chamaedrys

La germandrée petit chêne est une plante sauvage européenne qui a été longtemps cultivée. On peut se la procurer en jardinerie ou chez les pépiniéristes.

Sa partie aérienne ne disparaît pas en hiver comme c'est généralement le cas pour les plantes vivaces, et elle garde souvent une partie de son feuillage. Comme beaucoup de membres de la famille des menthes, la germandrée contient des huiles volatiles qui la protègent contre l'appétit des animaux. Pour cette raison, on l'utilisait autrefois en bordure dans les jardins de simples.

Sa culture est très facile. Elle pousse bien dans des endroits secs et pierreux, où elle peut vivre des années, et s'étend lentement au moyen de stolons. Elle peut constituer une bordure soignée ou passer par-dessus le mur d'une terrasse. On la multiplie par boutures prélevées en été après la floraison, ou par division de touffe. Les fleurs de la germandrée sont très appréciées des abeilles.

Il existe, entre autres, deux autres espèces de germandrée : *Teucrium montanum* et *Teucrium botrys*.

J F M A M J J A S O N D

La première est un couvre-sol plat et dense ; elle porte des fleurs blanches. Les plantes jeunes et vigoureuses peuvent fleurir abondamment. La seconde est une bisannuelle qui se ressème sans devenir gênante. Pour conserver cette bisannuelle au jardin, il est nécessaire de scarifier superficiellement le sol de temps en temps.

CARACTÉRISTIQUES

- *Semi-persistant*
- *Bonne plante mellifère*
- *Hauteur 15 - 25 cm*
- *Plein soleil*
- *Faible*

germandrée botrys

germandrée des montagnes

Brunelle commune

Prunella vulgaris

La brunelle commune pousse souvent sur les accotements et les prairies, et là où l'herbe a été temporairement endommagée. C'est une plante basse, et quand elle n'est pas en fleur, on la distingue difficilement parmi les herbes. Au moment de sa floraison, de petits bourgeons violet foncé apparaissent, et font ensuite place aux fleurs bleu violacé qui attirent tant les abeilles et les papillons.

C'est une plante assez robuste pour pousser dans l'herbe et supporter qu'on lui marche dessus ; cette espèce peut être utilisée entre les pavés d'un dallage ou comme élément d'un chemin herbeux très fréquenté. Elle finira par disparaître du milieu du sentier, mais résistera sur les côtés. La brunelle se ressème facilement, mais peut aussi être multipliée par division de touffe. Une brunelle à grandes fleurs (*Prunella grandiflora*) possède des tiges si longues que la fleur peut être utilisée dans de petits bouquets.

La brunelle commune est un excellent couvre-sol coloré parmi des vivaces de grande taille. Comme elle couvre le terrain sans former un tapis impénétrable, d'autres petites plantes germent parmi ses pousses, surprises renouvelées chaque année.

CARACTÉRISTIQUES

- *Inflorescence évoquant une ruche*
- *Pour zones et chemins enherbés*
- *Couvre-sol jusqu'à 30 cm de hauteur*
- *Plein soleil*
- *Faible/modéré*

brunelle à grandes fleurs

Malva sylvestris

Grande mauve

Malva sylvestris

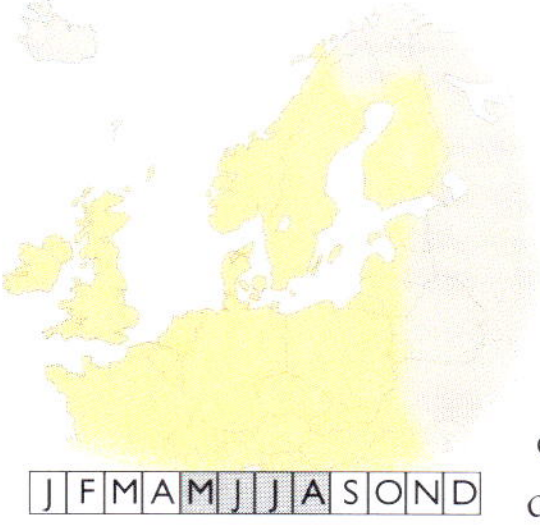

Il peut sembler difficile de croire que la grande mauve à la floraison si abondante est une simple plante sauvage. Originaire d'Europe orientale et d'Asie tempérée, elle s'est acclimatée dans toute l'Europe. On la trouve généralement sur les terres incultes ou au bord des routes, sols sur lesquels la végétation indigène n'arrive pas à pousser.

La grande mauve peut rapidement s'établir en de tels endroits par semis spontané. Elle résiste bien à la sécheresse, mais ne se développe pas pleinement dans les sols très secs et sableux. Dans ce cas, les plantes meurent souvent après la floraison, même si de nouvelles pousses apparaissent l'année suivante.

Au jardin, plantez la grande mauve sur le côté ensoleillé des buissons ou en lisière de bois. Comme elle peut atteindre 1,20 m de hauteur et que ses tiges se courbent fréquemment, elle présente un aspect un peu négligé ; ne la plantez donc pas en bordure de chemin. Les fleurs compensent largement la croissance désordonnée de la plante et elles sont appréciées des abeilles et des papillons.

La grande mauve héberge un certain nombre de « pensionnaires » qui, en retour, attirent les oiseaux insectivores comme, par exemple, le pouillot chantre.

pouillot chantre

CARACTÉRISTIQUES

- Grandes fleurs mauves
- Utilisé autrefois comme légume
- Hauteur jusqu'à 1,20 m
- Ombre modérée/plein soleil
- Modéré

Lamiacées : famille des menthes — Vivace

Marjolaine bâtarde

Origanum vulgare

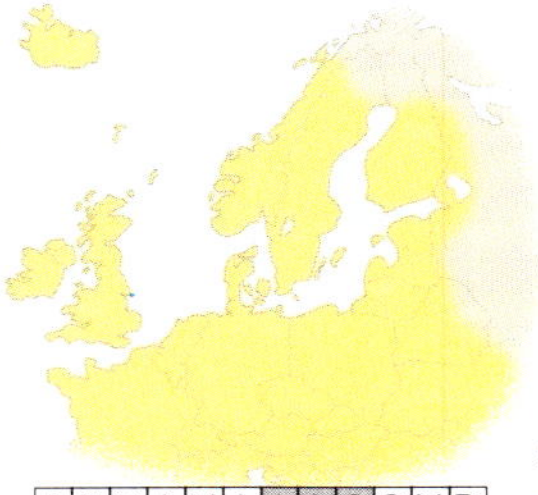

J F M A M J J A S O N D

Se promener dans un champ de marjolaine sauvage (ou origan) est toujours un plaisir. Son feuillage aromatique et ses petites fleurs violettes odorantes exhalent un parfum capiteux.

Dans la nature, la marjolaine pousse sur des pentes sèches (son nom dérive de deux mots grecs qui signifient joie et montagne) garnies de bois ou de prairies. Bien qu'elle soit originaire du pourtour méditerranéen, elle est présente à l'état sauvage dans de nombreuses régions d'Europe, y compris en France, et parfois en grandes quantités. Mais cela ne signifie pas qu'on la trouve partout. Aux Pays-Bas, par exemple, elle est si rare que c'est une espèce protégée. Il y a d'autres régions où elle est pratiquement inexistante. Au jardin, il ne lui faut guère plus qu'un endroit sec et ensoleillé. La marjolaine accepte aussi les sols rocailleux (voir p. 262). Les tiges se penchent souvent vers le sol, ce qui donne à la plante une forme hémisphérique. Les fleurs parfumées sont très visitées par les abeilles, et si vous voulez attirer les papillons dans votre jardin, la marjolaine est une plante indiquée.

CARACTÉRISTIQUES

- *Attire les abeilles et les papillons*
- *Feuilles aromatiques*
- *Hauteur jusqu'à 80 cm*
- *Plein soleil*
- *Faible*

fleurs estivales

Hieracium aurantiacum

Épervière

Hieracium pilosella

J F M A M J J A S O N D

L'épervière, ou oreille de rat, est peu exigeante. Elle pousse dans du sable pur et, compte tenu de ses propriétés d'enracinement, elle permet d'installer des plantes qui préfèrent un sol stable. On appelle les plantes qui possèdent ces caractéristiques les « plantes pionnières ». Si la végétation devient plus haute et n'est pas broutée, l'oreille de rat disparaît

En cas d'extrême sécheresse, les feuilles velues de l'épervière de redressent et s'incurvent vers l'intérieur. Cela a pour effet d'exposer le dessous des feuilles gris argenté qui renvoie la lumière et limite l'évaporation – adaptation évidente à la sécheresse. Les fleurs jaune citron qui ressemblent à celles du pissenlit apparaissent à l'extrémité de tiges nues assez longues. La taille des fleurs et des feuilles, la longueur de la tige et la pilosité de la plante varient parfois avec les espèces. L'épervière est une plante importante pour les abeilles, et elle offre de la nourriture à différentes autres espèces d'insectes. La reproduction a souvent lieu par apogamie – les graines sont produites sans fécondation. La descendance est alors absolument identique à la plante mère

Dans des lieux secs, l'épervière peut être utilisée comme substitut au gazon. Les stolons forment un épais tapis, et si les plantes deviennent trop grosses, on peut facilement les arracher. L'épervière orangée (*Hieracium aurantiacum*), avec ses fleurs orange, est une plante ornementale connue.

CARACTÉRISTIQUES

- *Peut être utilisée comme couvre-sol*
- *Herbe médicinale*
- *Hauteur 2 - 30 cm*
- *Plein soleil*
- *Faible/modéré*

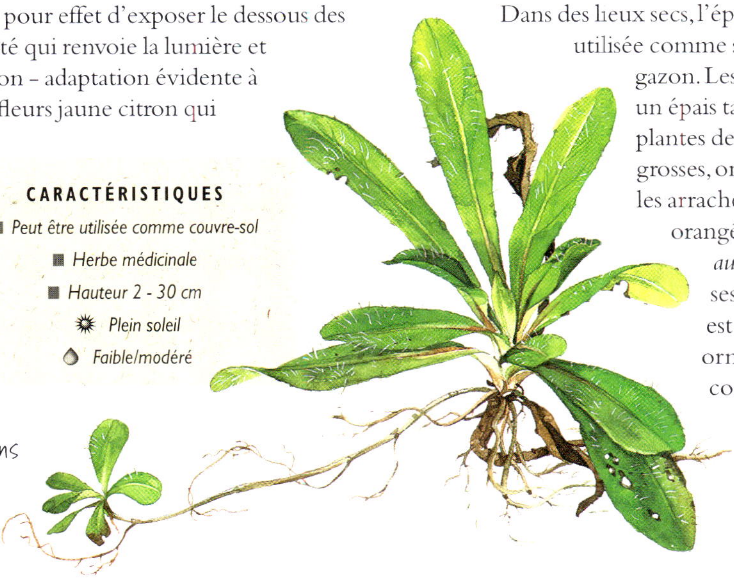

Panais sauvage

Pastinaca sativa

Le panais que l'on trouve fréquemment en bordure de route fut une des plantes potagères les plus importantes de la fin du Moyen Âge jusqu'au XVIIIe siècle. On la cultivait pour l'alimentation depuis l'époque romaine, mais elle tomba en disgrâce il y a environ deux cent ans, lorsque la carotte et la pomme de terre se répandirent. Le panais sauvage possède des racines fines, au goût désagréable ; celles des variétés cultivées sont épaisses, sucrées et comestibles. Aujourd'hui, on redemande ce légume ancien sous sa forme cultivée. La fleur jaune-vert n'est pas très visible sur une plante isolée, mais en grande quantité, les panais produisent un certain effet. Au jardin, dans de meilleures conditions que celles auxquelles il est habitué dans la nature, il réagit en produisant des tiges plus longues et des fleurs plus grosses.

La plante dégage une odeur de noix de coco, et on peut couper les fleurs pour en faire des bouquets, ce qui, dans un cadre rustique, a beaucoup plus de charme qu'un bouquet venu de chez un fleuriste.

On peut acheter le panais sauvage en godet ou le semer en sol léger. Il produit de longues racines qui pénètrent profondément dans le sol, ce qui lui permet de concurrencer les herbes et autres plantes sur les bas-côtés arides.

Comme la plupart des autres membres de la famille des carottes, le panais sauvage attire, par son nectar, de nombreux insectes, mouches, papillons de nuit, abeilles et coléoptères.

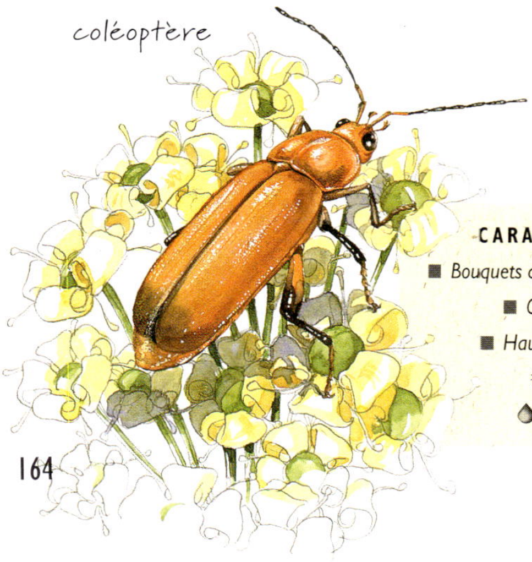

CARACTÉRISTIQUES

- *Bouquets de grandes fleurs vert-jaune*
- *Odeur inhabituelle*
- *Hauteur jusqu'à 1,50 m*
- *Plein soleil*
- *Faible/modéré*

Verbascum hybride

Molène

Verbascum spp.

La plupart des molènes possèdent de longues tiges en forme de torche, couvertes de boutons et de fleurs jaunes. Les feuilles sont souvent velues et si élégantes, dans une espèce comme le bouillon-blanc (*Verbascum thapsus*), que cette plante mérite sa place au jardin.

En général, les molènes sont bisannuelles : elles produisent une rosette de feuilles la première année et fleurissent l'année suivante. Le plus souvent, après la floraison, la plante répand généreusement ses graines et meurt. Sur les milliers de graines produites, il n'en germe qu'un petit nombre, et il en arrive encore moins à l'âge de la floraison.

Au jardin, la molène peut parfois se ressemer excessivement. Si trop de plantes nouvelles apparaissent, vous pouvez les biner ou les déraciner. Les graines de molène conservent leur faculté germinative pendant des décennies, et des jeunes pousses peuvent surgir dans un jardin où l'on n'a pas vu cette plante depuis de nombreuses années.

Une variété, *Verbascum blattaria*, possède une tige fine garnie de peu de boutons et de fleurs. Celles-ci sont généralement jaunes, parfois blanches. Le bouillon-blanc, *Verbascum densiflorum*, et *Verbascum nigrum* possèdent toutes les caractéristiques de la famille, tige en forme de torche et fleurs jaunes. La chenille d'un papillon, *Cucullia verbasci*, vit sur les feuilles et les fleurs des molènes et des scrofulaires (*Scrophularia nodosa*).

CARACTÉRISTIQUES

- *Se ressème abondamment*
- *Feuillage décoratif*
- *Hauteur jusqu'à 1,80 m*
- *Plein soleil*
- *Faible*

chenille de Cucullia verbasci

Absinthe

Artemisia absinthium

L'absinthe n'est pas d'une grande beauté, avec ses feuilles grisâtres et ses inflorescences assez insignifiantes, mais sa réputation de plante médicinale justifie sa sélection.

Originaire des régions chaudes et sèches du sud de l'Europe, elle a été disséminée par l'homme vers le nord et l'ouest. On lui prêtait aussi la vertu d'éloigner les mauvais esprits. Elle jouissait d'une haute considération comme plante médicinale, mais surtout pour la préparation d'une liqueur anisée dont la nocivité a entraîné l'interdiction en France.

Les jeunes plantes sont assez sensibles au froid et ne survivent pas à un hiver rigoureux. Si on la froisse, l'absinthe dégage une forte odeur épicée. Certaines espèces d'armoises (*Artemisia*) comme l'estragon (*A. dracunculus*) ou la citronnelle (*A. abrotanum*) sont très appréciées comme plantes aromatiques.

Au jardin, l'arôme puissant de l'absinthe par une chaude soirée d'été peut être rafraîchissant, et a le mérite d'éloigner les insectes volants. Cependant, c'est une source de nourriture pour certaines espèces de papillons de nuit. Le gris du feuillage constitue un élément de repos visuel au milieu des fleurs colorées des autres plantes.

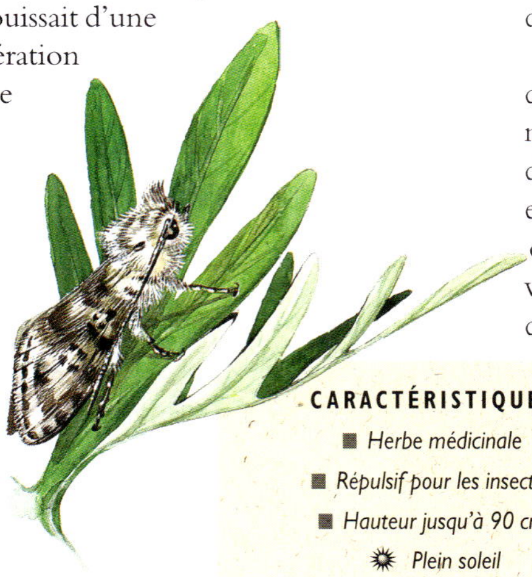

grand paon de nuit

CARACTÉRISTIQUES

- *Herbe médicinale*
- *Répulsif pour les insectes*
- *Hauteur jusqu'à 90 cm*
- *Plein soleil*
- *Faible*

disques à fleurons

Orpin à feuilles épaisses (Sedum dasyphyllum)

Orpin

Sedum spp.

J F M A M J J A S O N D

Ces plantes basses et charnues adoucissent et masquent les murets de jardin, les rocailles et les pierres. Le grand orpin jaune (*Sedum reflexum*) possède des feuilles cylindriques et des fleurs jaunes pendantes. Les plantes ne s'enracinent que superficiellement et les jeunes pousses se brisent facilement. Généralement, elles reprennent racine et donnent naissance à une nouvelle plante. Chaque pied produit une énorme quantité de minuscules graines qui sont emportées par le vent.

On peut citer d'autres espèces comme l'orpin âcre (*S. acre*) ou l'orpin blanc (*S. album*). L'orpin âcre est envahissant et difficile à éliminer d'un jardin de rocaille. L'illustration présente l'orpin à feuilles épaisses (*S. dasyphyllum*).

Les diverses espèces d'orpins conviennent aux zones sèches et pierreuses du jardin. Elles préfèrent un sol sableux, mais acceptent aussi une argile sèche. Elles aiment les espaces dégagés et il est préférable de les planter là où il y a peu de concurrence avec des plantes hautes. L'idéal est de les placer entre les pierres d'un chemin ou d'un dallage. On les multiplie par bouture ou division de touffe, ce qu'il est préférable de faire aussitôt après la floraison, de façon à ce que les jeunes plantes aient le temps de former des pousses et ces racines avant l'hiver.

orpin blanc

orpin acre

CARACTÉRISTIQUES

- Apprécié des papillons
- Peut être envahissant
- Hauteur jusqu'à 90 cm
- Plein soleil
- Faible

Clusiacées : famille des millepertuis — Vivace

Millepertuis

Hypericum perforatum

Le mot « perforatum » du nom scientifique de cette plante fait référence aux points transparents qui ponctuent ses petites feuilles vert clair. Ils sont un bon moyen de distinguer le millepertuis d'autres plantes qui lui ressemblent. Ses fleurs en soucoupe sont d'un jaune brillant.

Autrefois, on attribuait au millepertuis des pouvoirs magiques, car si on presse un bouton de fleur non encore épanoui, il en sort une goutte de « sang ». On pensait qu'il était très puissant contre le diable. Le millepertuis est néanmoins utile pour ses vertus médicinales. Dans la nature, on le trouve dans des endroits secs et ensoleillés. Il apparaît parfois, en longues rangées, le long des routes nouvelles où il peut survivre pendant des années ; ses racines rampantes lui permettent de se nourrir et de s'étendre.

Au jardin, où les conditions sont souvent plus favorables que dans la nature et où la concurrence peut être limitée, le millepertuis devient plus grand et fleurit plus abondamment. Il pousse bien en sol sec, pauvre et pierreux, mais aussi dans un compost de jardin nourrissant. Certaines espèces d'insectes vivent aux dépens du millepertuis. En particulier, il abrite souvent des chrysomèles.

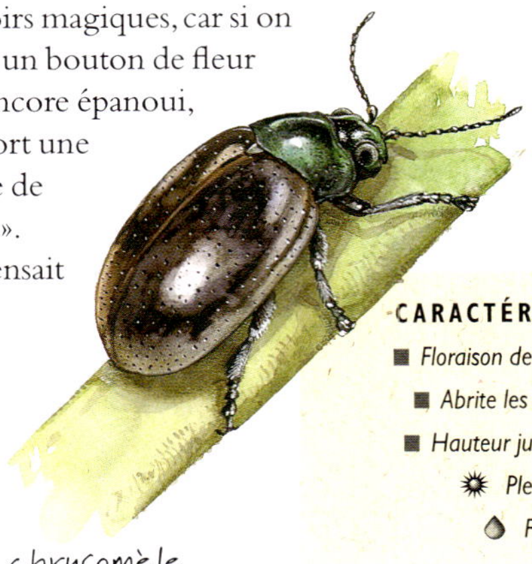

chrysomèle

CARACTÉRISTIQUES

- *Floraison de longue durée*
- *Abrite les coléoptères*
- *Hauteur jusqu'à 80 cm*
- *Plein soleil*
- *Faible*

■ Potentille rampante (*Potentilla fruticosa*)

Potentille

Potentilla spp.

Les potentilles, plantes des bas-côtés secs et des lisières de bois méritent presque toutes d'être cultivées.

Généralement, elles produisent des fleurs jaunes en abondance. Certaines espèces sont à végétation basse comme la potentille ansérine (*Potentilla anserina*), d'autres sont plus hautes (*P. fruticosa*).

De toutes les potentilles, c'est *Potentilla recta* qui possède probablement les plus grosses fleurs.

Une fois établie au jardin, *P. recta* est peu exigeante et elle ne tarde pas à émettre spontanément des jeunes pousses. Celles-ci peuvent se transformer en plantes magnifiques car leurs racines pivotantes pénètrent profondément dans le sol. *P. recta* est une plante polyvalente que l'on peut planter dans un jardin naturel comme dans une bordure très sophistiquée. Les feuilles de la potentille ansérine sont gris argenté et ses fleurs sont jaunes ; c'est un excellent couvre-sol. Comme elle résiste au piétinement, on peut la planter sans problème entre les pierres d'un dallage. Un papillon est dépendant des potentilles. Sa chenille vit sur cette plante, en s'enroulant dans ses feuilles.

CARACTÉRISTIQUES

- *Fleurit abondamment*
- *Peut être envahissante*
- *Hauteur jusqu'à 70 cm*
- *Plein soleil*
- *Faible/modéré*

potentille ansérine, racine et stolon

Anémone pulsatille

Pulsatilla vulgaris

À l'état sauvage, les pulsatilles poussent principalement en Europe centrale. Les pulsatilles printanières (*P. vernalis*) et les pulsatilles alpines (*P. alpina*) sont originaires des régions montagneuses froides d'Europe centrale. Dans les zones moins élevées d'Europe occidentale, on ne trouve, dans la nature, que l'anémone pulsatille, et encore est-elle limitée aux lisières de forêts, aux prairies incultes et à quelques réserves naturelles. Si le terrain est cultivé, l'anémone pulsatille disparaît rapidement. Au printemps, elle porte des fleurs bleu violacé en étoile, d'aspect délicat, d'où émergent de longues étamines jaunes. Elles font place à un pappus laineux (la touffe de poils qui se développe après la chute des pétales), ce qui représente presque une seconde floraison qui persiste plusieurs semaines. Le feuillage léger disparaît en hiver.

pappus laineux

L'anémone pulsatille fleurit tôt - de mars à mai - et est donc une espèce très prisée pour un jardin printanier. La multiplication s'effectue par semis. On cultive l'anémone pulsatille en plein soleil, sur une partie surélevée d'un jardin de rocaille ; elle déteste être transplantée. Si vous ne la perturbez pas, elle vous procurera des années de plaisir.

pulsatille alpine

CARACTÉRISTIQUES

- Floraison hâtive
- Convient au jardin de rocaille
- Hauteur 5 - 30 cm
- Mi-ombre/plein soleil
- Faible/modéré

Saponaria officinalis 'Rosea plena'

Saponaire

Saponaria officinalis

J F M A M J J A S O N D

En été, les tiges de la saponaire se couvrent d'une masse de jolies fleurs roses. Ses racines contiennent des saponines qui font mousser l'eau, d'où le nom de cette plante. Autrefois, on ajoutait de ces racines à l'eau pour laver la laine et d'autres tissus du même genre. Les saponines sont toxiques, mais on les utilise en médecine, à doses infimes.

On trouve fréquemment la saponaire sur les remblais des voies ferrées et les bas-côtés des routes. Les rhizomes rampants à enracinement superficiel lui permettent une prolifération rapide laissant peu de possibilité de survie aux autres plantes.

Au jardin, elle fleurit abondamment, mais sa croissance est désordonnée. Les tiges sont fragiles et ont tendance à pendre dans toutes les directions. On peut l'installer parmi d'autres plantes vivaces, mais elle survit très bien dans une prairie fleurie tondue une ou deux fois par an. On la multiplie par semis, bouture, ou division de touffe.

Les fleurs attirent divers insectes et sont souvent abîmées par des bourdons qui essaient d'atteindre le nectar.

Il existe un cultivar, *Saponaria officinalis* 'Rosea Plena', à fleurs doubles.

bourdon

CARACTÉRISTIQUES

- *Envahissante*
- *Toxique*
- *Hauteur jusqu'à 60 cm*
- *Modéré/plein soleil*
- *Faible/modéré*

Scrophulariacées : famille des scrofulaires Vivace

Véronique maritime

Veronica longifolia

La véronique maritime, dite *longifolia* en raison de ses feuilles lancéolées, est originaire du centre et du nord-est de l'Europe. On la trouve généralement à la limite des sols secs et des sols humides, dans des zones où l'humidité n'est pas suffisante pour que poussent de véritables plantes de berges.

Avec ses longs épis de jolies fleurs bleues, cette plante sauvage est très recherchée pour les bordures, et on peut se la procurer dans les jardineries ou chez les pépiniéristes spécialisés. Le cultivar 'Blauriesin' aux fleurs bleu foncé est souvent cultivé pour la fleur coupée.

Veronica longifolia n'est pas exigeante au jardin. Elle pousse bien dans tout sol normal, et accompagne parfaitement des plantes comme la tanaisie, l'achillée ou le grand orpin. On la multiplie par division de touffe, ce qui permet d'en créer une vaste population en quelques années. Vous pourrez trouver quelques jeunes pousses spontanées ici ou là, mais cette plante ne se ressème pas de façon envahissante.

J F M A M J J A S O N D

CARACTÉRISTIQUES

- *Plante protégée dans certains pays*
- *Ornementale ; se répand souvent dans la nature*
- *Attire les papillons*
- *Hauteur jusqu'à 90 cm*
- *Modéré/plein soleil*
- *Modéré*

Houx commun

Ilex aquifolium

J F M A M J J A S O N D

Autrefois, le houx, arbre à baies et à grandes feuilles persistantes, joua un grand rôle dans la religion. Les druides utilisaient ses branches toujours vertes au moment du solstice d'hiver comme symbole de la vie attendant avec confiance le retour du soleil. C'est de cette coutume païenne que vient son usage comme décoration de Noël.

Les fleurs mâles et femelles naissent sur des pieds séparés. Les abeilles pollinisent volontiers les fleurs, mais, pour obtenir des fruits, la présence d'un pied mâle à proximité des pieds femelles est nécessaire.

Rares sont les espèces d'oiseaux qui apprécient ce fruit.

Les grives les mangent, mais seulement à la fin de l'hiver, lorsque les autres fruits sont devenus rares.

Dans le houx, elles font aussi leur nid. Dans les jardins, on utilise souvent le houx comme arbuste, mais à l'état sauvage, il peut croître jusqu'à la dimension d'un arbre véritable. Il n'est pas très exigeant quant à la nature du sol, mais il n'aime pas l'argile trop dense.

Le houx, qu'il est préférable de planter en septembre ou en avril-mai, s'achète généralement en tontine ou en conteneur.

On trouve des cultivars aux fruits jaunes, d'autres aux feuilles panachées ou garnies de terribles aiguilles, ou même sans aiguilles du tout. Les jeunes plantes constituent un régal pour les lapins et, dans un environnement où ceux-ci sont nombreux, elles doivent être protégées avec du grillage pendant leurs premières années.

grive mauvis

CARACTÉRISTIQUES

- Feuilles persistantes
- Baies décoratives qui attirent les grives
- Hauteur 3 - 10 m
- Ombre partielle
- Modéré

Picea abies 'Acrocona'

Épicéa commun

Picea abies

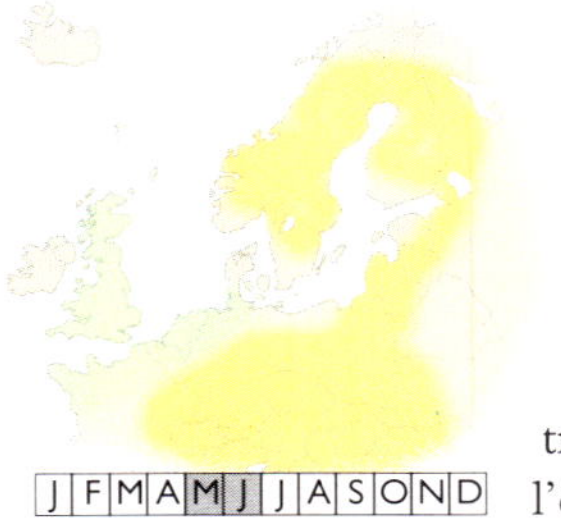

L'épicéa commun, que beaucoup connaissent sous la forme de sapin de Noël, est originaire des régions montagneuses du nord et du centre de l'Europe ; il a été importé dans toute l'Europe occidentale et planté dans de vastes exploitations forestières. Comme son feuillage est persistant, il est souvent utilisé pour constituer un écran.

L'épicéa commun est un arbre vraiment magnifique. Son tronc droit est couvert d'une écorce brun orangé qui vire au rouge en vieillissant, et qui tombe alors en plaques. Les aiguilles sont rectangulaires et vert foncé et les cônes rougeâtres en forme de cigare, d'abord dressés, deviennent pendants et s'allongent jusqu'à 20 cm. On trouve quelques variétés naines de l'épicéa commun, dérivées des « balais de sorcière », des touffes de feuillage serré qui apparaissent parfois sur l'arbre. Ce sont ces touffes qui ont été prélevées et multipliées par bouture.

Au jardin, l'épicéa commun évolue lentement au départ, mais après quelques années, sa croissance s'accélère et il devient assez encombrant. Il constitue un arrière-plan idéal pour un grand jardin, mais sur une surface plus limitée, il doit être élagué sous peine de devenir incontrôlable. Grâce à sa grande taille à l'âge adulte, de nombreux animaux y trouvent refuge. Des oiseaux comme le roitelet, le chardonneret ou la mésange y font leur nid ; les écureuils mangent les graines de ses cônes.

CARACTÉRISTIQUES

- *Conifère toujours vert*
- *Ne convient pas aux sols argileux*
- *Hauteur jusqu'à 55 m*
- *Mi-ombre/plein soleil*
- *Faible*

Pinus mugo var. pumilio

Pin de montagne

Pinus montana mughus

Le pin de montagne est un conifère de petite taille, des montagnes du centre et du sud de l'Europe. On ne le trouve à l'état sauvage dans les Alpes orientales et les Balkans, et il est cultivé dans toute l'Europe comme arbuste d'ornement depuis longtemps.

Le pin de montagne forme un buisson qui semble battu par le vent, avec un tronc couché à l'horizontale dont l'extrémité se redresse. Il est peu exigeant et pousse, par exemple, entre les grosses pierres d'un jardin de rocaille. On peut limiter sa croissance en coupant ses jeunes pousses au printemps. De nouvelles pousses apparaissent, mais plus près du vieux bois, et la plante sera plus petite, plus épaisse, plus solide.

J F M A M J J A S O N D

On peut aussi planter le pin de montagne dans un jardin de terre de bruyère ou dans un jardin urbain. Ses formes tourmentées le rendent mieux adapté à un jardin naturel que les conifères verticaux d'Asie ou d'Amérique du Nord.

Dans la nature, sur des sols stériles et sableux, on trouve des pins sylvestres (*Pinus sylvestris*) aux formes extraordinaires. Au jardin, ils poussent rapidement, mais sans ces formes noueuses et tordues par les intempéries. Les pins abritent toutes sortes d'oiseaux : les roitelets et les accenteurs y nichent ; les grimpereaux sont attirés par les insectes qu'ils y trouvent et les piverts par les cônes.

accenteur

CARACTÉRISTIQUES

- *Conifère toujours vert*
- *Aspect tourmenté*
- *Hauteur jusqu'à 3 m*
- *Mi-ombre/plein soleil*
- *Faible/modéré*

Hippocrépide (*Hippocrepis comosa*), à gauche ; marguerite (*Leucanthemum vulgare*), à droite.

Espèces complémentaires

	Nom	Couleur de la fleur	Hauteur	Floraison / caractéristiques
ANNUELLE	Amourette *Briza maxima*	verdâtre	50 cm	avril-juin / herbe ornementale
BIS-ANNUELLE	Gaude *Reseda luteola*	jaune pâle	50 - 100 cm	mai-octobre / plante tinctoriale
VIVACES	Hippocrépide *Hippocrepis comosa*	jaune	25 cm	mai-juin / rampante, couvre-sol
	Lotier corniculé *Lotus corniculatus*	jaune	25 cm	mai-automne / en sol très sec, les fleurs deviennent souvent rouges
	Centaurée des prés *Centaurea pratensis*	violet clair	20 - 60 cm	juillet-août / floraison vigoureuse et abondante / attire les abeilles
	Linaire *Linaria vulgaris*	jaune et orangée	25 - 60 cm	juin-automne / envahissante / fleurs très séduisantes / attire les abeilles
	Géranium des haies *Geranium pyrenaicum*	lilas	20 - 40 cm	mai-septembre / pour boucher les trous / discret
	Lierre terrestre *Glechoma hederacea*	bleu violacé	20 cm	avril-mai / rampant en terrain découvert / attire les abeilles
	Marguerite *Leucanthemum vulgare*	jaune et blanche	50 cm	mai-juin / peut être envahissante / attire les bourdons
	Marrube *Marrubium vulgare*	blanche	20 - 60 cm	juin-automne / odorant, médicinal
	Plantain lancéolé *Plantago lanceolata*	blanche et marron	50 cm	juin-septembre / se ressème spontanément / plus esthétique en massif
	Panicaut *Eryngium campestre*	vert - jaunâtre	60 cm	juin-septembre / feuille gris-vert épineuse, attire les abeilles
	Séneçon de Jacob *Senecio jacobæa*	jaune	50 - 150 cm	juin-octobre / jolie plante / toxique pour le bétail
ARBUSTE	Fusain d'Europe *Euonymus europaeus*	rose à rouge	6 m	mai-juin / arbuste aux graines ornementales / nourriture pour les oiseaux
ARBRE	Cerisier à grappes *Prunus padus*	blanche	15 m	avril-mai / porte des fleurs blanches, puis des fruits noirs / nourriture pour les oiseaux

Espaces dégagés

PLANTES *pour* LES GRANDS ESPACES

Fleurs des champs.

Des milliers d'années de déboisement et d'agriculture ont changé fondamentalement le visage de l'Europe. Les grandes forêts primitives ont fait place aux prés et aux labours. En éliminant la végétation considérée comme importune, l'activité humaine a créé un environnement favorisant des espèces herbacées ou ligneuses qui, sans elle, auraient été marginalisées ou éliminées.

Ces plantes magnifiques, dont quelques-unes sont les ancêtres de nos plantes cultivées actuelles, étaient incapables de trouver une place dans la végétation épaisse des prairies ou des lisières de bois, mais dans un sol travaillé, nettoyé de toute végétation, elles trouvèrent des conditions idéales pour germer et se développer. Les grands espaces qui se créaient devinrent leur domaine.

Si toute intervention humaine venait à cesser, en cinquante ans, le retour de la forêt serait déjà visible, et il resterait peu de chose de paysages dégagés vieux de plusieurs siècles. Le « retour à la nature » dans ces conditions signifierait la disparition de nombreuses espèces de ces délicieuses fleurs des champs.

Les grands espaces garnis de plantes vivaces de petite taille ont toujours été ceux où vivaient les grands mammifères herbivores. Le bétail primitif, comme les aurochs, a été repoussé vers les forêts de Pologne, où ils sont toujours à la recherche de prairies pour brouter. Certaines espèces de cerfs utilisent la forêt pour s'abriter et se reposer, mais se nourrissent de l'herbe des clairières. Les grands herbivores et les animaux fouisseurs, comme les lapins ou d'autres petits mammifères, préparent le terrain pour que des plantes annuelles, bisannuelles ou vivaces puissent y germer.

Les plantes des grands espaces sont faciles à cultiver au jardin. Les bisannuelles se ressèment tant qu'elles trouvent, chaque année, une parcelle de terre meuble dans laquelle leurs graines puissent germer. Les vivaces survivent sans grand entretien. Quelques tontes dans l'année, suivies de l'enlèvement des déchets, quelques coups de bêche pour aérer le sol, voilà qui est généralement suffisant. Les plantes fauchées repoussent si vite qu'elles refleurissent la même année. Si vous fauchez régulièrement une parcelle, vous obtenez une floraison renouvelée et chaque fois différente, exemple frappant de l'influence positive que l'homme exerce sur certaines plantes.

Cardère commune

Dipsacus silvestris

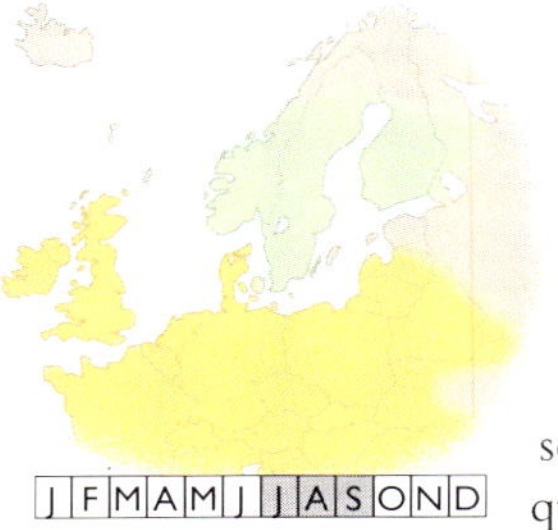

Contrastant avec le chardon à foulons (*Dipsacus fullonum*) qui vient du sud de l'Europe, la cardère commune ainsi que *Dipsacus pilosus* appartiennent à la flore indigène de l'Europe occidentale. C'est une plante commune des bois, des herbages et des zones humides.

La cardère commune est une plante bisannuelle ; la première année, elle forme une rosette de feuilles, l'année suivante, une tige et des fleurs.

La tige anguleuse est épineuse, et le bouquet floral est dense, entouré de bractées piquantes. Une autre caractéristique de la cardère est que ses feuilles forment une sorte de coupe qui recueille et conserve l'eau de pluie.

La floraison de la cardère commence par le centre du bouquet, puis évolue vers le haut et vers le bas. Après la floraison, les plantes restent souvent dressées pendant les mois d'hiver ; les graines sont alors dispersées par le vent. Laissez les plantes passer l'hiver au jardin, elles peuvent être assez jolies, surtout lorsqu'elles sont coiffées de givre ou de neige.

Pour multiplier la cardère, dispersez les graines sur un sol propre. Des jeunes plantes apparaîtront année après année. Si la population commence à décroître, récoltez des graines et semez-les sur un sol bien ratissé.

Les membres de la famille des cardères sont appréciés pour leur nectar, par les abeilles et les papillons. Certains oiseaux insectivores, comme le chardonneret, picorent les graines de cardère.

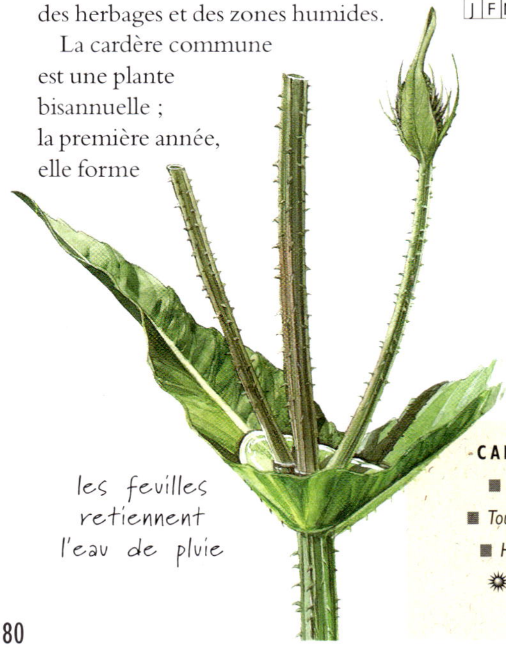

CARACTÉRISTIQUES

- *Ornementale en hiver*
- *Toute la plante est épineuse*
- *Hauteur jusqu'à 1,80 m*
- *Mi-ombre/plein soleil*
- *Modéré*

Marguerite

Leucanthemum vulgare

J F M A M J J A S O N D

La marguerite est une fleur que l'on voit fréquemment dans les champs, au bord des chemins et le long des voies ferrées. Dans les régions où elle est répandue, on ne remarque pas une prairie couverte de ces fleurs si gaies, mais là où elle est rare, elle le devient de plus en plus, car les amateurs ne résistent pas à la tentation de la transplanter dans leur jardin.

La marguerite est une belle fleur sur une longue tige. À la base, les feuilles aux dents arrondies sont en forme de cuiller, portées par un long pétiole. Le long de la tige, les feuilles se modifient au fur et à mesure que l'on s'approche de la fleur, le pétiole diminue, les feuilles s'allongent et sont plus découpées. On peut utiliser ces fleurs dans un bouquet de fleurs des champs, mais leur odeur de moisi déplaît parfois.

Au jardin, on peut planter la marguerite dans une terre labourée, parmi d'autres plantes vivaces, ou dans un gazon ou une prairie fleurie, en terrain pauvre. On la considère souvent trop ordinaire pour une bordure, pour laquelle on préfère généralement la plus spectaculaire grande marguerite (*Leucanthemum maximum*), originaire des Pyrénées. Divers cultivars, dont certains à fleurs doubles, sont disponibles dans les deux espèces.

Si vous plantez des marguerites dans une prairie fleurie, il ne faudra pas faucher avant la floraison. Vous pourrez ensuite le faire à intervalles réguliers, si nécessaire. La marguerite possède des racines superficielles qui émettent de courts stolons. Ils sont plus vigoureux dans une herbe rase que dans une herbe dense et haute.

On multiplie la marguerite par division de touffe au printemps, en août et en septembre, ou par semis.

CARACTÉRISTIQUES

- *Grandes fleurs gaies*
- *Pour prairies et endroits herbeux*
- *Hauteur jusqu'à 60 cm*
- *Mi-ombre/plein soleil*
- *Modéré*

Plantain duveteux

Plantago media

On trouve souvent de grandes quantités de plantain de différentes variétés là où on ne souhaiterait pas les voir. Le plantain commun, en particulier, peut être une mauvaise herbe tenace dans un gazon. Il possède des feuilles larges, souvent cireuses. La plupart des jardiniers ne savent pas qu'il existe de jolis cultivars, comme 'Rosularis' et 'Rubrifolia', disponibles dans le commerce.

Le plantain duveteux possède des feuilles et des tiges couvertes d'un duvet rugueux. Dans la nature, on le trouve surtout dans les prairies et sur les bas-côtés des routes, généralement là où le sol est temporairement nu. Au jardin, il ne pose généralement pas de problème et, comme toutes les espèces de plantain, supporte d'être piétiné : les feuilles sont étalées au raz du sol et échappent presque toutes à la tondeuse. Si vous voulez réduire la population de plantain, laissez d'abord l'herbe devenir très haute. Les feuilles se redressent et sont coupées par la tondeuse. On peut alors éliminer les racines.

CARACTÉRISTIQUES

- *Fleurs en épis cylindriques originales*
- *Peut être piétiné*
- *Hauteur jusqu'à 40 cm*
- *Mi-ombre/plein soleil*
- *Faible/modéré*

plantago media 'Rosularis'

Verbascum hybride

Herbe aux mites

Verbascum blattaria

J F M A M J J A S O N D

Plante des terrains vagues et des terres remuées par l'homme ou les animaux, l'herbe aux mites est une relique parmi les molènes. Cette espèce et ses cousines moins connues, *Verbascum phœniceum,* ou molène de Phénicie, et *Verbascum virgatum,* possèdent des fleurs solitaires et des feuilles lisses et brillantes, alors que les autres espèces sont généralement duveteuses et leurs fleurs sont regroupées en bouquets. L'herbe aux mites est aussi moins spectaculaire ; sa tige est plus fine et les fleurs sont rarement épanouies toutes ensemble.

La première année, l'herbe aux mites produit une rosette de feuilles et, l'année suivante, une tige florale. Les fleurs sont jaunes avec des filaments violets. Dans la nature, on trouve aussi des spécimens à fleurs blanches. Au jardin, cette plante se reproduit par semis spontané. On trouve fréquemment des plantules dans des endroits très inattendus – parmi les pierres, sous des buissons, ou dans des troncs d'arbre à moitié décomposés – là où, avec la meilleure volonté du monde, vous ne feriez jamais pousser une plante. N'éliminez que les spécimens qui poussent parmi les plantes vivaces. Plantez l'herbe aux mites en groupe, dans une bordure, ce qui attirera tous les regards. La chenille du *Cucullia verbasci,* blanc bleuté tacheté de noir et de jaune vit sur les feuilles et les fleurs de l'herbe aux mites.

CARACTÉRISTIQUES

- *Se ressème, mais est facile à maîtriser*
- *Bonne plante mellifère*
- *Hauteur 60 cm - 1,20 m*
- *Plein soleil*
- *Faible*

herbe aux mites à fleurs blanches

Radiaire

Astrantia major

Dans la nature, on trouve des radiaire par milliers et en un grand nombre de variétés, dans les basses prairies alpines et en lisière des bois et forêts.

La radiaire, ou grande astrance, est vraiment adaptée aux endroits un peu humides, mais en pratique, elle supporte un jardin plus sec lorsqu'elle est bien enracinée. En sol sableux, elle reste basse (environ 40 cm), mais en terre argileuse, elle peut atteindre 90 cm.

Le meilleur effet est obtenu en la plantant en groupe, parmi des fleurs dont la couleur contraste fortement. On peut aussi l'utiliser en plante de bordure en lisière de bois, ou devant un buisson de grande taille.

J F M A M J J A S O N D

Les fleurs sont généralement blanchâtres, mais au cours d'années de sélection, on a obtenu des teintes plus soutenues comme le rose, variété 'Rosea' et le rouge, variété 'Rubra'. Ces variétés, qui ont également une plus longue période de floraison, peuvent composer d'élégantes et brillantes bordures. La multiplication se fait par division de touffe, soit au printemps, soit en août et septembre.

radiaire 'Rubra'

CARACTÉRISTIQUES

- *Existe en plusieurs couleurs*
- *Bonne fleur à couper*
- *Hauteur 40 - 90 cm*
- *Plein soleil*
- *Modéré*

Rosacées : famille des roses Vivace

Grande pimprenelle

Sanguisorba officinalis

Dans de vastes parties de l'Europe, l'activité humaine a depuis longtemps éliminé la grande pimprenelle des prairies de plaine humide, son habitat naturel. Aujourd'hui, dans certains pays, on ne la trouve que sur les bas-côtés des routes ou, en compagnie d'une ou deux autres espèces de pimprenelles, dans des prairies de montagne.

Ses petites fleurs rouge vif sont regroupées en bouquets serrés. Elles ne possèdent pas de pétales, ce sont les sépales qui donnent aux fleurs leur couleur.

J F M A M J J A S O N D

L'espèce appelée *officinalis* indique que cette plante possède des vertus médicinales. Au printemps, on peut récolter les jeunes feuilles qui, en salade, ont la réputation de reconstituer les forces après l'hiver. Au jardin, on peut planter la grande pimprenelle en bordure ou devant un buisson. Dans un grand jardin, elle est d'un bel effet en lisière d'une prairie fleurie. Si vous fauchez tardivement, la grande pimprenelle se ressème.

CARACTÉRISTIQUES

- *Inflorescences colorées*
- *Plante comestible*
- *Hauteur jusqu'à 90 cm*
- *Mi-ombre/plein soleil*
- *Modéré*

Lamiacées : famille des menthes · Vivace

Sauge des prés

Salvia pratensis

J F M A M J J A S O N D

Il existe des sauges de toutes formes et de toutes couleurs. Elles possèdent toutes des feuilles odorantes, des épis de fleurs à deux pétales, et des bouquets de graines décoratives qui sèchent sur la plante. La sauge des prés, que l'on trouve dans la nature sur les bas-côtés des routes, sur les remblais et dans les prés, est une des rares plantes sauvages à fleurs bleues. Sa cousine *Salvia nemorosa*, plus connue et plus spectaculaire, est sans doute responsable du fait qu'on ne cultive habituellement pas la sauge des prés.

Intéressante par sa floraison printanière, la sauge des prés mérite de figurer dans une prairie ou un champ. Bien établie, elle refleurira quelques semaines après la tonte de début d'été. On peut aussi la planter en groupe dans une bordure, ou parmi d'autres plantes vivaces.

La multiplication par division est presque impossible car la plante produit généralement des racines pivotantes. On peut prélever des boutures ou récolter des graines pour un semis ultérieur. Comme toutes les sauges, elle préfère une situation ensoleillée, dans une terre bien drainée.

CARACTÉRISTIQUES

- Appréciée des abeilles
- Fleurs en épis bleu violacé
- Hauteur jusqu'à 50 cm
- Mi-ombre/plein soleil
- Modéré

Asteracées : famille des marguerites — Vivace

Doronic-plantain

Doronicum pardalianches

Cette plante est originaire du centre et du sud-est de l'Europe. Elle aime l'ombre, et on la trouve principalement dans les sous-bois lumineux et les berges ombragées. C'est la raison pour laquelle on l'apprécie au jardin : c'est une excellente plante d'ombre.

Dans certains endroits, le doronic-plantain

est devenu si commun qu'on le considère comme une plante sauvage. Dans d'autres lieux, il ne joue que rarement le rôle de plante de jardin. Le doronic-plantain aime une ombre légère et préfère un sol riche en compost et en éléments nutritifs. Les feuilles vert frais apparaissent au printemps et la floraison commence en mai – les fleurs jaunes sont composées de rayons et de disques à fleurons. Contrastant avec beaucoup de plantes de sous-bois qui fleurissent avant que les arbres soient en feuilles, le doronic-plantain produit des fleurs jusqu'à mi-juillet. Il garde ses feuilles jusqu'à l'automne.

La multiplication se fait par division de touffe au début du printemps.

CARACTÉRISTIQUES

- *Floraison précoce*
- *Plante d'ombre*
- *Hauteur jusqu'à 90 cm*
- *Ombre/mi-ombre*
- *Modéré*

Épilobe en épis

Epilobium angustifolium

L'épilobe en épis se plaît plus particulièrement sur un terrain où l'on a fait un feu de bois, ou s'il y a eu un incendie de forêt. Plante assez agressive par nature, elle ne tolère pas la concurrence. Les exubérantes fleurs roses, portées sur des épis longs et minces, sont riches en nectar et en pollen. Elles sont très appréciées des abeilles qui sont attirées d'abord par les fleurs femelles situées à la base de l'épi, car ce sont les plus riches en nectar. Les abeilles montent ensuite le long de la tige vers les fleurs mâles, où elles récoltent le pollen. Ensuite, chargées de nectar et enduites de pollen, elles volent vers une nouvelle plante et fécondent les fleurs femelles.

L'épilobe en épis attire aussi quelques papillons de nuit, très beaux et très rares. Cette plante émet des stolons avec lesquels on peut la multiplier. Au jardin, plantez-la dans un sol fertile, pas trop sec. On peut limiter son expansion en coupant ses stolons. Autrefois, l'épilobe en épis était appelé laurier de Saint-Antoine. On trouve désormais des cultivars à fleurs blanches et roses.

CARACTÉRISTIQUES

- *Fleurs riches en nectar*
- *Envahissante*
- *Hauteur 30 cm - 1,50 m*
- *Mi-ombre/plein soleil*
- *Modéré/important*

Céraiste

Cerastium tomentosum

Cette plante basse est originaire du sud de l'Europe où elle pousse dans des endroits rocheux, mais jamais en haute montagne. Le céraiste est cultivé depuis des siècles, pour son feuillage argenté et ses nombreuses petites fleurs blanches estivales. Il est depuis longtemps retourné à l'état sauvage et on le trouve maintenant dans toute l'Europe.

Le céraiste est une plante couvre-sol qui forme un tapis clairsemé de feuilles et de tiges duveteuses gris blanchâtre qui persistent toute l'année.

Les tiges s'enracinent facilement, mais cette plante n'est pas difficile à maîtriser et demande peu de soins.

J F M A M J J A S O N D

Les fleurs en forme de pâquerettes apparaissent en mai et juin, et une seconde floraison se produit parfois à la fin de l'été. On la multiplie en transplantant des tiges enracinées. Elle préfère une situation ensoleillée en sol bien drainé.

Il existe d'autres céraistes plus connus et plus répandus : *Cerastium fontanum* et *Cerastium arvense*.

CARACTÉRISTIQUES

- *Fleurit abondamment*
- *Plante sans problème, non envahissante*
- *Hauteur 40 cm*
- *Plein soleil*
- *Faible/modéré*

Carlina acaulis caulescens ssp. caulescens

Carline des Alpes

Carlina acaulis

À l'état sauvage, c'est surtout dans les Alpes que l'on rencontre cette plante. Les inflorescences blanches ne sont pas particulièrement frappantes car la plante ne possède pas de tige et la fleur se trouve très près du sol. Elle est néanmoins très utilisée comme plante ornementale, moins au jardin que comme fleur séchée, en guirlande ou en bouquet.

Il existe une sous-espèce à tige, *Carlina acaulis caulescens*, ce qui textuellement signifie : « chardon sans tige avec tige ». Cette sous-espèce est davantage cultivée que la forme commune acaule.

La carline des Alpes forme une racine pivotante et est donc difficile à transplanter ou à multiplier par division de touffe. Le semis en est le meilleur mode de reproduction. Les plantules peuvent être repiquées dans un terreau de feuilles ordinaire au printemps ; vous pourrez observer les fleurs qui s'ouvrent et se ferment selon le temps qu'il fait.

Parmi d'autres espèces de *Carlina*, *C. acanthifolia* ressemble à la carline des Alpes, mais avec des fleurs beaucoup plus grosses, et le chardon doré (*C. vulgaris*), plante bisannuelle, possède généralement trois inflorescences sur une tige.

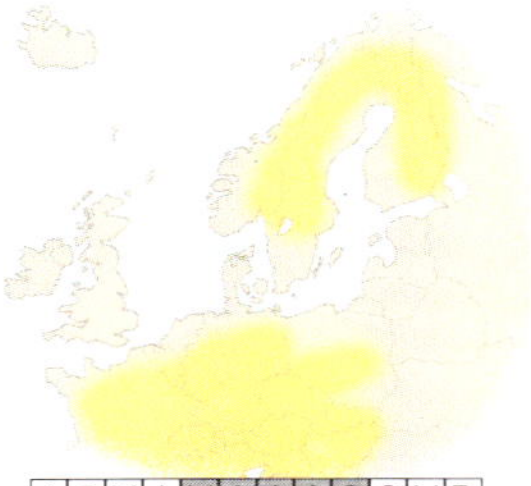

J F M A M J J A S O N D

Carlina acenthifolia

CARACTÉRISTIQUES

- Rosette épineuse supportant la fleur
- La fleur se ferme lorsqu'il pleut
- Hauteur 7,5 - 40 cm
- Mi-ombre/plein soleil
- Faible

Chardon duveté

Cirsium eriophorum

J F M A M J J A S O N D

Voici une des plus belles fleurs sauvages d'Europe, bien qu'elle soit le plus souvent exclue de nos jardins. C'est une injustice, car elle n'est pas envahissante ; elle n'émet pas de stolons et ne se ressème que modérément. Ses piquants ne constituent pas un inconvénient : en fait, ils découragent les animaux qui voudraient la manger.

La première année, la plante forme une rosette de feuilles gris-vert aux bords hérissés d'épines. L'année suivante, la tige apparaît, portant de magnifiques fleurs rouge violacé en capitules de 7,5 cm de diamètre. Cette fleur attire les abeilles et les bourdons. Par temps humide, les bourdons y passent souvent la nuit, car ils y trouvent une source de nourriture énergétique immédiatement disponible, sous forme de pollen.

Cirsium eriophorum doit être semé sur un sol bien ratissé, en terrain dégagé. Les racines pivotantes rendent la transplantation difficile.

Un jardin qui abrite des plantes de cette nature attire des espèces variées d'oiseaux granivores, en particulier des fringillidés.

CARACTÉRISTIQUES

- *Attire les bourdons*
- *Grande et belle inflorescence*
- *Hauteur jusqu'à 1,50 m*
- *Mi-ombre/plein soleil*
- *Modéré*

Benoîte des ruisseaux

Geum rivale

Plusieurs membres de ce genre sont originaires d'Europe, mais aucun n'est aussi attrayant que la benoîte des ruisseaux. La plus répandue est la benoîte commune (*Geum urbanum*) que l'on trouve un peu partout, avec une petite prédilection pour l'ombre. Ses fleurs sont insignifiantes, mais on appréciait autrefois l'odeur de girofle de ses racines.

Dans la nature, on trouve souvent la benoîte des ruisseaux dans des endroits humides – sous-bois, berges de rivières, talus humides – mais au jardin, elle tolère un peu de sécheresse. Comme c'est une plante basse qui forme des touffes, il est préférable de la planter en assez grandes quantités. Au printemps et au début de l'été, vous serez récompensé par le brillant spectacle de ses fleurs orangées, en forme de cloches inclinées.

Geum bulgaricum, une espèce originaire des Balkans, possède des fleurs jaune verdâtre plus dressées. Si vous plantez ces trois espèces, il y a de fortes chances pour que des hybrides apparaissent. Ceux-ci sont généralement plus vigoureux, et on les multiplie par division de touffe. Avec le temps, le cœur de la plante devient ligneux et celle-ci perd de ses qualités. Il est donc conseillé de la déraciner et de diviser la touffe tous les trois ans.

CARACTÉRISTIQUES

- Fleurs pendantes rouge orangé
- Couvre-sol
- Hauteur 20 - 60 cm
- Mi-ombre/plein soleil
- Modéré/important

Eryngium planum

Chardon bleu maritime

Eryngium maritimum

J F M A M J J A S O N D

Le chardon bleu maritime et ses proches parents, le chardon bleu des Alpes (*Eryngium alpinum*), le chardon roulant (*E. campestre*) et *E. planum* sont toutes des plantes de type chardon, qui supportent un sol pauvre et sont adaptées à un climat sec. Leurs feuilles piquantes sont enduites d'une couche de cire qui limite l'évaporation.

Le chardon bleu maritime supporte le sel et pousse naturellement sur les plages de sable et de galets. On le trouve aussi abondamment sur les digues côtières. À l'état sauvage, le chardon bleu des Alpes pousse dans les prairies de basse montagne.

Ses grands capitules sont décoratifs. En de nombreuses régions d'Europe, on trouve de grandes quantités de chardons des champs sur les berges des rivières asséchées ou autres endroits pierreux. Formez de petits groupes de ces diverses espèces dans votre jardin. Elles préfèrent une terre assez sèche, rocailleuse. Entourez-les de gravillons et remplissez l'espace avec des plantes basses adaptées à un sol sec.

Ces plantes n'aiment pas être transplantées, et il est préférable de les laisser en place définitivement. Si vous voulez absolument les déplacer, coupez les jeunes racines qui poussent le long de la racine pivotante et cultivez-les comme de jeunes plantes.

Les capitules arrondis attirent les abeilles et d'autres insectes qui les visitent en grand nombre.

CARACTÉRISTIQUES

- *Feuilles gris bleuté épineuses*
- *Attire les insectes*
- *Hauteur jusqu'à 60 cm*
- ☀ *Plein soleil*
- 💧 *Faible/modéré*

chardon bleu des champs

Verge d'or du Canada (*Solidago canadensis*)

Verge d'or

Solidago virga-aurea

J F M A M J J A S O N D

De nombreuses espèces de verges d'or poussent à l'état sauvage en Europe, en Asie et en Amérique du Nord. Elles sont adaptées à toutes sortes de terrains, et poussent dans des endroits chauds ou froids, secs ou humides. En Europe, l'espèce que l'on voit le plus fréquemment recouvrir les jachères et les terrains vagues comme des forêts en miniature est la verge d'or du Canada (*Solidago canadensis*). Ses fleurs sont très appréciées des papillons.

La verge d'or d'Europe (*S. virga-aurea*) est l'espèce indigène. Elle devient plus grande dans un sol riche en éléments nutritifs.

Au jardin, on peut utiliser la verge d'or de diverses façons. C'est une plante robuste, qui pousse aussi bien dans un sol très sec que dans une terre plus riche, relativement humide. Elle forme un système radiculaire qui reste proche de la surface, mais on peut éliminer facilement les racines indésirables. L'espèce commune convient à un jardin de fleurs sauvages, mais vous pouvez faire une sélection parmi une grande variété de cultivars comme 'Cloth of Gold' qui ne mesure que 40 cm, ou 'Golden Dwarf', encore plus petite. 'Goldenmosa' est plus grande (70 cm), et 'Strahlenkrone' (60 cm) possède des fleurs jaune brillant. Dans une prairie, vous pouvez faucher la gerbe d'or au mois de mai, elle fleurira quelques semaines plus tard. Ses fleurs en forme de marguerite sont appréciées des abeilles.

verge d'or d'Europe

CARACTÉRISTIQUES

- *Bonne plante mellifère*
- *Un peu envahissante*
- *Hauteur jusqu'à 90 cm*
- *Mi-ombre/plein soleil*
- *Faible/modéré*

Fusain d'Europe

Euonymus europaeus

Le fusain d'Europe mérite une place dans tout jardin pour sa fructification extraordinaire et son feuillage rouge feu en automne. Les graines sont contenues dans une capsule rose foncé qui s'ouvre en quatre parties, révélant son contenu orangé. Les grives et les mésanges s'en nourrissent.

On peut planter cet arbuste en n'importe quel endroit du jardin. Argile compacte, sol sableux pauvre, terre tourbeuse pas trop humide, terrain rocailleux, le fusain pousse partout.

J	F	M	A	M	J	J	A	S	O	N	D

Mais cette plante présente un inconvénient : c'est un régal pour la chenille d'un petit papillon de nuit, l'yponomeute (*Yponomeuta cagnagellus*), qui peut, au printemps, dénuder un arbuste totalement. Les oiseaux ne peuvent pas les atteindre car elles se cachent sous un cocon plat. Avec un jet d'eau puissant, vous pouvez mettre un terme à cette nuisance, et les oiseaux savent ensuite ce qu'ils doivent faire de ces chenilles sans protection.

On voit parfois, dans certains jardins, le fusain japonais (*Euonymus hamiltonianus*).

CARACTÉRISTIQUES

- Couleur feu en automne
- Baies appréciées des oiseaux
- Fruits toxiques pour l'homme
- Hauteur jusqu'à 6 m
- Mi-ombre/plein soleil
- Faible/modéré

Églantier odorant

Rosa rubiginosa

J F M A M J J A S O N D

La rose est estimée depuis longtemps pour la beauté et le parfum de ses fleurs. Il en existe, en Europe, de nombreuses espèces sauvages. Deux des plus répandues sont l'églantier odorant, ou églantine, qui pousse dans des endroits rocheux et secs, ainsi que dans les haies, et l'églantier commun ou églantier vrai (*Rosa canina*) aux teintes délicates.

Au jardin, l'églantier peut atteindre 3 m de hauteur. Il est garni d'épines acérées. Ses fleurs rose pâle parfumées sont suivies de cynorhodons rouge vif. Ces derniers sont très appréciés des oiseaux, surtout lorsqu'ils ont subi une période de gel. En hiver, on peut voir des oiseaux avec des restes de cynorhodons autour du bec.

L'églantier tolère la plupart des types de sol ; les branches âgées peuvent être sévèrement rabattus pendant les mois d'hiver, lorsque l'arbuste est au repos. On le multiplie par semis ou par boutures.

CARACTÉRISTIQUES

- *Fruits appréciés des oiseaux*
- *Les feuilles dégagent une odeur de pomme lorsqu'on les froisse*
- *Hauteur 45 cm - 3 m*
- *Mi-ombre/plein soleil*
- *Modéré*

Bouleau blanc d'Europe

Betula pendula

Le bouleau blanc et le bouleau des marais (*Betula pubescens*) sont présents dans de nombreuses régions d'Europe. Ils préfèrent un sol sableux et tourbeux, et sont beaucoup plus rares en sol argileux.

Le bouleau se sème très facilement. Dans la nature, lorsqu'un arbre est tombé, ou après un incendie de forêt, des milliers de plantules peuvent surgir. Les plus souples formeront un petit fourré.

Au jardin, on peut utiliser le bouleau en solitaire, ou dans une plantation d'arbustes variés. Un groupe de trois bouleaux rapprochés et formant un seul « bouquet » est très spectaculaire dans un jardin de terre de bruyère.

L'écorce du bouleau blanc est assez rugueuse, alors que celle du bouleau des marais est plus lisse. Le bouleau nain (*Betula nana*) est une plante idéale pour un petit jardin. Les bouleaux ont un enracinement superficiel et accaparent toute l'humidité et tous les éléments nutritifs ; il peut donc être difficile de créer un tapis de plantes vivaces sous leur ombrage. On voit souvent près de leurs racines, un champignon très beau, mais très vénéneux, l'amanite tue-mouche (*Amanita muscaria*).

Les chatons du bouleau sont très appréciés des oiseaux, comme le tarin et le sizerin.

CARACTÉRISTIQUES

- *Écorce décorative*
- *Héberge de nombreux insectes et champignons*
- *Hauteur jusqu'à 25 m*
- *Mi-ombre/plein soleil*
- *Faible/modéré*

Bryonia cretica ssp. dioica

Bryone de Crète

Bryonia cretica

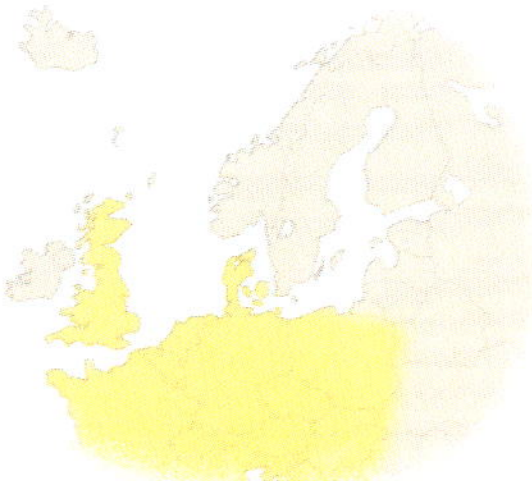

J F M A M J J A S O N D

Habitante des haies et des terres incultes, la bryone de Crète s'élève le long des arbres et des arbustes en s'enroulant et en s'accrochant au moyen de ses vrilles. Ses feuilles sont très découpées et symétriques. Les fleurs mâles et femelles, petites et de couleur jaune-vert, naissent en groupe, sur des plantes différentes. À la fin de l'été, les fleurs femelles produisent une masse de baies rouges qui, bien que décoratives, sont très toxiques. Ce qui n'empêche pas les oiseaux comme les grives ou les mésanges de les manger : la graine toxique est éliminée sans être digérée.

Les tiges herbacées meurent en hiver. Au jardin, plantez de préférence la bryone de Crète sur un bâtiment ou une clôture en grillage. N'oubliez pas que si le luxuriant feuillage d'été est un beau spectacle, et qu'il offre un abri aux petits animaux, il présente en hiver un tout autre aspect.

La multiplication se fait par semis.

Des jeunes plantes peuvent apparaître spontanément et, en automne, alors que leur partie aérienne est morte, on peut les transplanter pour les placer où l'on veut.

Une autre forme de bryone, le taminier ou sceau de la Vierge, diffère de la bryone de Crète par son absence de vrilles et ses feuilles brillantes en forme de cœur.

CARACTÉRISTIQUES

- *Petites fleurs jaune verdâtre*
- *Baies toxiques*
- *Bonne plante mellifère*
- *Plante grimpante jusqu'à 3 m*
- *Mi-ombre/mi-soleil*
- *Modéré*

Humulus lupulus 'Aureus'

Houblon commun

Humulus lupulus

Le houblon commun, plante vivace grimpante, est l'objet d'une culture intensive en Angleterre, en Allemagne et en République tchèque, pour les fruits colorés en forme de cônes que produit la plante femelle. Ce sont eux qui donnent à la bière ce goût amer caractéristique.

Les plantes mâles ne portent pas de fruits et sont donc de peu de valeur ornementale. Plantez le houblon avec modération : il forme des rhizomes rampants qui, à leur tour, émettent des tiges grimpantes. Ces tiges rugueuses s'entortillent ensemble jusqu'à ce qu'elles rencontrent quelque chose à quoi elles puissent s'accrocher. Si vous n'y prenez garde, elles s'enroulent autour de tout ce qui est à leur portée. Pour empêcher cet envahissement, les rhizomes doivent être régulièrement coupés près de la plante mère. Ne le faites pas au moment de la nidification si la plante peut héberger des oiseaux.

La partie aérienne disparaît en automne. La multiplication se fait par division de rhizome en novembre et en replantant les morceaux aussitôt. Le cultivar *Humulus lupulus* 'Aureus' possède des feuilles jaune doré et est particulièrement adapté à un environnement urbain.

J F M A M J J A S O N D

fauvette à tête noire ♀

CARACTÉRISTIQUES

- Envahissant
- Abrite la faune en été
- Plante grimpante jusqu'à 6 m
- Mi-ombre/mi-soleil
- Modéré

Centaurée *(Centaurea nervosa)*, à gauche ; ciboulette *(Allium schœnoprasum)*, à droite.

Espèces complémentaires

	Nom	Couleur de la fleur	Hauteur	Floraison / caractéristiques
BISANNUELLES	Vipérine commune *Echium vulgare*	bleue	15 - 50 cm	mai-septembre / supporte un sol très sec lorsqu'on la sème / très élégante
	Buglosse *Anchusa officinalis*	bleue	30 - 90 cm	mai-automne / bisannuelle à vivace
	Acanthe sauvage *Onopordum acanthium*	violette	60 cm - 2,50 m	juillet-septembre / feuilles grises / attire les bourdons
	Alysse *Alyssum alyssoides*	jaune	5 - 30 cm	avril-juin / annuelle à bisannuelle / floraison précoce / convient aux rebords de terrasses
VIVACES	Pied de chèvre *Pimpinella saxifraga*	blanche	30 - 60 cm	juillet-septembre / petites fleurs rose pâle
	Centaurée *Centaurea* spp.	violette	30 - 80 cm	juin-août / aime le soleil / jardin de rocaille ou talus sec / attire les abeilles
	Chicorée sauvage *Cichorium intybus*	bleue	50 - 90 cm	juillet-automne / feuilles et fleurs bleues comestibles
	Ciboulette *Allium schœnoprasum*	rose violette	15 - 50 cm	mai-juillet / plante d'ornement connue / attire les abeilles
	Euphorbe cyparissas *Euphorbia cyparissias*	jaune	15 - 30 cm	avril-mai / émet de nombreux stolons
	Filipendule *Filipendula vulgaris*	blanche	30 - 60 cm	juin-juillet / jolies feuilles finement découpées / attire les mouches et les coléoptères
	Scabieuse *Scabiosa columbaria*	lilas	30 - 90 cm	juillet-octobre / belle fleur à couper / attire les abeilles
	Pimprenelle commune *Sanguisorba minor*	verdâtre	30 - 60 cm	mai-juillet / se ressème bien / odeur épicée
ARBUSTE	Amélanchier *Amelanchier intermedia*	blanche	90 cm - 2,50 m	avril-mai / essayer aussi *A. lævis* / les bourgeons attirent les bouvreuils

Sous-bois

Les plantes *de* sous-bois

Elles aiment l'ombre et l'humus.

Une forêt n'est pas seulement un ensemble d'arbres ; c'est un mélange de haute futaie et de plantes herbacées de petite taille, et le lieu où vivent une multitude de petits animaux qui y trouvent un refuge, de la nourriture et des lieux de nidification. Des plantes herbacées se sont adaptées à la vie dans un tel environnement. Certaines espèces fleurissent avant que les arbres aient reconstitué leur frondaison, puis meurent dès le mois de mai, pour se reposer sous terre où elles demeurent jusqu'au printemps suivant.

Les plantes de sous-bois possèdent généralement de grandes feuilles, ce qui leur permet de capter toute la lumière disponible. Ces feuilles sont souvent très fines et par conséquent délicates. Si un arbre est abattu – par exemple, par la foudre – ces plantes sont brutalement exposées aux rayons directs du soleil, ce qu'elles supportent mal.

Les espèces qui poussent à la lisière des bois et des forêts sont souvent des plantes des prairies et des champs qui apprécient la protection qu'elles trouvent dans ce type d'habitat. Elles ne craignent pas le plein soleil et poussent plutôt du côté ensoleillé des massifs boisés.

Sur la lisière nord des forêts, on trouve des espèces qui, bien qu'elles aient besoin de beaucoup de lumière, sont incapables de supporter le plein soleil. Ce sont souvent des plantes de sous-bois qui ont migré vers l'extérieur parce que la forêt devenait trop dense.

En automne, les arbres perdent leurs feuilles et celles-ci se décomposent pour former du terreau. Cette couche à demi décomposée, humide et aérée, contient des éléments nutritifs. Elle abrite en outre de nombreux habitants des bois.

Chaque espèce d'arbre crée un type d'ombrage et engendre une couche de terreau qui lui est propre, ce qui signifie que la végétation est en harmonie complète avec les arbres qui la surplombent. On peut voir de grandes différences entre les plantes qui poussent dans une forêt d'arbres à feuilles caduques et celles d'une forêt de conifères. La décomposition des aiguilles de conifères est extrêmement lente et elles sont très acides. Comme peu de plantes acceptent ces conditions, le sol de ces forêts est généralement assez nu. Les sous-bois des forêts d'arbres caducs sont beaucoup plus riches et variés.

Les fougères sont des plantes de sous-bois typiques. Ce sont des plantes à feuilles qui ne fleurissent pas, mais forment de minuscules spores sur la face inférieure de leurs feuilles. Ces spores sont dispersées par le vent et deviennent de nouvelles fougères. La plupart des fougères produisent un excellent pollen.

Un jardin ne sera jamais une forêt véritable. Il y a toujours des allées, et la surface est généralement si petite que le soleil peut atteindre le sol. Dans un jardin boisé, on peut par conséquent élargir l'éventail botanique à des espèces qui apprécient l'ombre sans être pour autant de vraies plantes de sous-bois. Certaines plantes évoquées dans ce chapitre entrent dans cette catégorie.

Un jardin situé au voisinage d'une forêt attire souvent des animaux des bois, écureuils, oiseaux chanteurs, piverts, ou cervidés.

Rosacées : famille des roses · Vivace

Barbe-de-bouc

Aruncus dioicus

La barbe de bouc est une plante de sous-bois très spectaculaire, native d'Europe centrale. On la trouve à l'état sauvage dans l'est de la France et dans les Alpes. Plante à grandes feuilles, elle produit en été des milliers de minuscules fleurs blanc jaunâtre regroupées en épis. Les fleurs mâles et femelles se trouvent sur des pieds différents. Elle ne se ressème pratiquement pas et n'émet pas de pousses.

La barbe de bouc préfère une ombre légère, mais peut pousser en dehors d'un sous-bois. On peut la planter dans la partie ombrée d'un grand jardin – à l'ombre d'un mur, par exemple – et là où des plantes basses protègent sa racine des rayons du soleil. Elle n'apprécie pas trop les sols argileux, ni les sols sableux pauvres en nutriments.

À l'état sauvage, on la trouve sur des sols pierreux, dans les forêts de montagne. De beaux spécimens poussent le long des routes des Vosges et en Bohème orientale, et on en rencontre des colonies en Autriche et en Suisse.

On la multiplie par semis ou division de touffe, mais il est préférable, dans la mesure du possible, de laisser la plante en place, car il lui faut un an ou deux pour s'adapter et refleurir.

CARACTÉRISTIQUES

- *Feuillage décoratif*
- *Fruit toxique*
- *Hauteur jusqu'à 1,80 m*
- *Ombre/mi-ombre*
- *Modéré*

Dompte-venin

Vincetoxicum hirundinaria

J F M A M J J A S O N D

Le dompte-venin est une plante qui vit en sous-bois ou en lisière de forêt. C'est une plante vivace qui produit beaucoup de pollen. Bien qu'il s'agisse plus ou moins d'une plante de sous-bois, elle fleurit mieux en plein soleil et en sol pas trop humide. Il en existe différentes formes. Les variétés basses n'ayant aucune tendance à devenir grimpantes sont de loin les plus belles. Elles forment des touffes compactes d'une hauteur maximale de 60 cm, qui fleurissent longtemps et abondamment.

Seules, quelques fleurs produisent des graines. Celles-ci, enfermées dans un fruit mesurant jusqu'à 6 cm de longueur, sont enrobées d'un duvet soyeux. Pour multiplier cette plante, il est préférable de repérer un spécimen qui fleurit abondamment et de prélever des pousses enracinées. Le dompte-venin n'est pas très spectaculaire, et on ne le trouve généralement pas en pépinière de plantes vivaces. À long terme, le risque est grand que cette espèce ne soit plus cultivée et qu'on ne la trouve plus que dans la nature. Ce serait dommage, car elle possède une réelle valeur. Cette plante est très toxique dans toutes ses parties, pour l'homme et les animaux.

fruit et graines

CARACTÉRISTIQUES

- *Floraison de longue durée*
- *Toxique dans toutes ses parties*
- *Hauteur jusqu'à 60 cm*
- *Mi-ombre/plein soleil*
- *Faible/modéré*

Digitalis hybrides

Digitale pourpre

Digitalis purpurea

Lorsque des digitales sont installées dans un jardin, elles s'y incrustent et deviennent parfois si nombreuses qu'il devient nécessaire d'éliminer les jeunes pousses. Pour vous prémunir contre une telle invasion, coupez les tiges florales dès la fin de la floraison pour empêcher la production de graines.

La digitale est une plante bisannuelle : la première année, elle forme une rosette de feuilles, et elle fleurit l'année suivante. Les fleurs de l'espèce sauvage sont violettes avec des taches plus sombres sur fond blanc. Ces marques servent de guide aux bourdons, en indiquant le chemin qui mène au centre de la fleur. Dans les jardins, on trouve des spécimens à fleurs roses, blanches, et violettes, mais il existe aussi des cultivars aux fleurs abricot et d'autres aux couleurs pastel. La digitale est une plante toxique. C'est de cette plante qu'on extrait la digitaline, un médicament qui ralentit les battements du cœur et facilite la circulation sanguine.

À côté de la digitale pourpre, ou gant de Notre-Dame (*Digitalis purpurea*), il existe quelques autres espèces dignes de figurer au jardin naturel. La digitale jaune (*Digitalis lutea*) possède des petites fleurs crème, alors que celle de *D. grandiflora* sont jaune pâle et beaucoup plus grandes. *D. ferruginia* fleurit en longs épis couverts de fleurs brun-rouille. Ces espèces sont plus ou moins vivaces.

bourdon dans une fleur

CARACTÉRISTIQUES

- *Se ressème abondamment*
- *Attire les bourdons*
- *Hauteur jusqu'à 1,50 m*
- *Mi-ombre/mi-soleil*
- *Modéré*

Fraisier des bois

Fragaria vesca

Le fraisier des bois ressemble au fraisier de nos jardins bien qu'il n'en soit pas l'ancêtre. Son fruit comestible est plus petit et rempli de graines, et il est souvent moins sucré que la variété cultivée.

Le fraisier des bois est répandu dans toute l'Europe – dans les haies, les sous-bois et sous les buissons et les arbustes. À l'aide de ses nombreux stolons, il forme presque un couvre-sol. Au jardin, c'est une plante idéale pour les endroits où rien d'autre ne pousse. Il prospère dans un sol riche en compost et à ombre modérée, mais supporte aussi une argile assez dense. C'est une excellente plante pour les pentes à l'ombre ; en quelques années, il forme un entrelacs qui maintient le sol et sert d'abri aux petits animaux.

J F M A M J J A S O N D

Le fraisier des bois n'élimine pas les mauvaises herbes. Il lui faut trop de temps pour recouvrir le sol, et de toute façon, sa végétation n'est pas assez dense.

La multiplication en est facile. Il suffit de transplanter des stolons enracinés. Installez les plants en rangs assez serrés dans un sol exempt de mauvaises herbes.

CARACTÉRISTIQUES

- *Fruit comestible qui attire la faune*
- *Couvre-sol*
- *Hauteur 5 - 30 cm*
- *Ombre*
- *Modéré*

Géraniacées : famille des géraniums · Vivace

Geranium sylvaticum 'Album'

Géranium des bois

Geranium sylvaticum

J F M A M J J A S O N D

Cette plante à fleurs violettes est répandue dans toutes les forêts et prairies d'Europe. L'intérêt suscité par la culture de cette famille de plantes a donné naissance, ces dernières années, à de nombreux cultivars. En général, la recherche vise à obtenir des fleurs de couleurs différentes, plus spectaculaires, ou des fleurs doubles.

Parmi les cultivars issus de *Geranium sylvaticum*, on peut citer 'Album' aux fleurs blanches alors que les boutons sont roses, 'Birch lilac' aux fleurs lilas, et 'Mayflower' aux fleurs d'un bleu violacé intense.

La multiplication se fait par division de touffe.

Une autre espèce, *Geranium macrorrhizum*, est une plante vivace des Balkans. Elle atteint 30 cm de hauteur et constitue un excellent couvre-sol. Au bout d'un an ou deux, quelques touffes peuvent être divisées en plusieurs douzaines de pieds et replantées légèrement à l'ombre, sous des arbustes. En juin et juillet apparaît une profusion de fleurs rose-rouge, mais l'odeur que dégage cette plante lorsqu'on la froisse est moins agréable.

CARACTÉRISTIQUES

- *Bel effet en grand nombre*
- *Facile à multiplier*
- *Hauteur jusqu'à 80 cm*
- *Mi-ombre/plein soleil*
- *Modéré*

Herbe de Saint-Christophe

Actaea spicata

On trouve l'herbe de Saint-Christophe dans plusieurs régions d'Europe. Elle préfère un sol crayeux, riche en terreau de feuilles, et prolifère particulièrement bien dans les clairières. Elle est moins abondante lorsque la forêt devient plus dense.

Cette plante est toxique dans toutes ses parties, mais les oiseaux n'en sont pas affectés. Ils en mangent les baies et répandent ainsi les graines. C'est une espèce que l'on plante rarement, sans doute à cause de sa toxicité. L'honnêteté oblige aussi à dire que ce n'est pas la plante de sous-bois la plus spectaculaire. Cependant, les petites fleurs en grappes et les baies noires qui leur succèdent ne sont pas sans intérêt ornemental.

On peut planter l'herbe de Saint-Christophe en de multiples endroits du jardin. Elle préfère une ombre légère, mais pousse aussi en plein soleil. Plantez-la avec modération, c'est une plante qui gagne à être isolée.

La multiplication se fait par semis, dès que les graines sont mûres. On peut aussi diviser et replanter des pieds plus âgés.

baies en automne

CARACTÉRISTIQUES

- *Baies dont se nourrissent les oiseaux*
- *Décorative*
- *Hauteur jusqu'à 50 cm*
- *Mi-ombre/plein soleil*
- *Faible/modéré*

Lysimachie

Lysimachia nemorum

Cette plante est du même genre que *Lysimachia vulgaris*, dont on a traité page 113. Cette dernière affectionne les sols humides et dépasse 90 cm de hauteur, alors que *Lysimachia nemorum* est une plante couvre-sol qui ne dépasse guère 25 cm ; toutes deux sont à fleurs jaunes.

Dans la nature, on la trouve généralement dans des sous-bois humides, des haies ombragées, et près des sources où elle est capable de soutenir la concurrence avec d'autres plantes et où elle devient rapidement dominante. Au jardin, où la compétition peut être contrôlée, la lysimachie peut trouver sa place dans des situations variées. On peut la planter dans un taillis aéré, ou comme couvre-sol entre des arbustes. C'est aussi une excellente couverture pour les plantes bulbeuses qui fleurissent au printemps et restent dormantes en été ; le désherbage n'étant pas nécessaire, il n'y a aucun risque d'abîmer les bulbes. Comme beaucoup de couvre-sol, cette plante se multiplie facilement en transplantant des pousses enracinées. Mais, comme l'herbe-aux-écus, elle peut être victime de pucerons qui attaquent dangereusement ses racines, surtout si les conditions de sa culture ne sont pas excellentes.

CARACTÉRISTIQUES

- Bon couvre-sol
- Nombreuses petites fleurs jaunes
- Hauteur jusqu'à 25 cm
- Ombre/mi-ombre
- Modéré

Ail des ours

Allium ursinum

Au printemps, cette plante dégage une puissante odeur d'oignon, et c'est pour cette raison qu'on la trouve rarement dans les jardins. Elle le mériterait néanmoins pour sa floraison spectaculaire.

J F M A M J J A S O N D

L'ail des ours est une vraie plante de sous-bois, qui fleurit au printemps et disparaît totalement au cours de l'été.

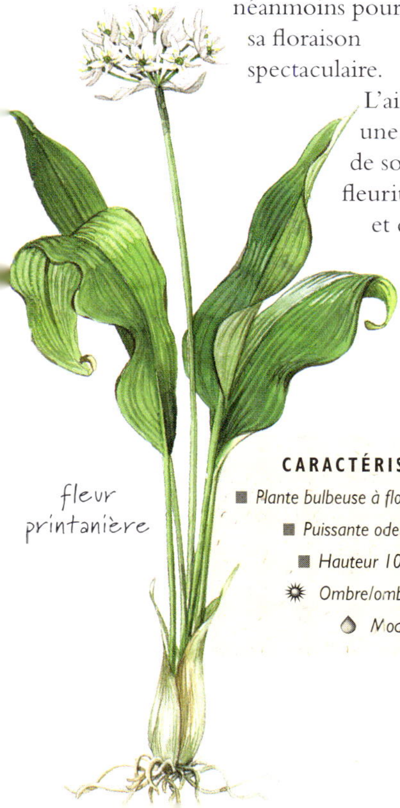

CARACTÉRISTIQUES

- *Plante bulbeuse à floraison printanière*
- *Puissante odeur d'oignon*
- *Hauteur 10 - 45 cm*
- *Ombre/ombre partielle*
- *Modéré*

Ses feuilles brillantes, vert foncé, apparaissent au début du printemps et ses fleurs blanches s'épanouissent du mois d'avril au début du mois de juin. Pendant la floraison, cette plante atteint une hauteur maximale de 45 cm, mais reste généralement plus petite. Dans la nature, on la trouve dans les sous-bois humides ainsi que dans d'autres lieux ombragés. Au jardin, il faut la placer sous un bosquet, dans une bonne couche de terreau de feuilles. Dans de telles conditions, elle se ressème et s'étend très rapidement. Ce n'est pas un problème car l'ail des ours est très tolérant vis-à-vis des autres plantes. De plus, en juin, elle devient dormante et laisse le champ libre à d'autres espèces.

Les feuilles de ce membre de la famille des oignons sont comestibles et possèdent les mêmes propriétés stimulantes et curatives que l'ail. Ses fleurs attirent les papillons, et le bombyle utilise cette plante pour nourrir ses larves.

Sceau de Salomon odorant (*Polygonatum odoratum*)

Sceau de Salomon

Polygonatum spp.

J F M A M J J A S O N D

Le sceau de Salomon tire son nom vernaculaire de la cicatrice qui reste sur le rhizome lorsqu'une feuille s'est décomposée. Dans la nature, on le trouve en petits groupes disséminés dans les sous-bois. Perdu dans la végétation environnante, il n'est jamais spectaculaire, même en grande quantité. Mais au jardin, il en va tout autrement. Une quantité suffisante de sceaux de Salomon plantés dans un sol fertile, à l'ombre d'arbres de taille modérée, produit un effet certain.

Le sceau de Salomon peut dépasser 60 cm de hauteur. Ses fleurs délicates pendent depuis des tiges feuillues inclinées. Trois espèces sont adaptées à la culture au jardin : le sceau de Salomon odorant (*Polygonatum odoratum*) aux fleurs parfumées, solitaires ou groupées par paires ; le sceau de Salomon commun (*P. multiflorum*) dont les inflorescences peuvent regrouper jusqu'à cinq fleurs inodores ; et le sceau de Salomon verticillé (*P. verticillatum*) aux tiges dressées enrobées dans des feuilles étroites portant les fleurs minuscules à leur aisselle.

Le sceau de Salomon fleurit d'avril à juin. Les baies bleues qu'il produit à la fin de l'été sont toxiques ; celles du sceau de Salomon verticillé sont rouges. La multiplication se fait par transplantation de boutures de racines.

CARACTÉRISTIQUES

- *Plante d'ombre élégante*
- *Baies toxiques*
- *Hauteur jusqu'à 60 cm*
- *Ombre/soleil partiel*
- *Modéré*

Renonculacées : famille des boutons d'or — Vivace

Anémone fausse renoncule

Aremone ranunculoides

J F M A M J J A S O N D

L'anémone des bois jaune ressemble de très près à sa cousine l'anémone des bois européenne (*Anemone nemorosa*), mais est moins répandue. Dans la nature, elle pousse dans les sous-bois et les haies ombragées.

Ses feuilles et ses fleurs sortent de terre en mars et avril. Vues de dessus, les fleurs ressemblent à celles du bouton d'or, sans l'aspect brillant. Elle fleurit abondamment pendant quelques semaines, puis disparaît et entre en sommeil pour le reste de l'année. C'est en cela une véritable plante de sous-bois caduc, qui termine son cycle végétatif au moment où les arbres vont développer la totalité de leur feuillage. On peut se procurer des rhizomes chez les producteurs de bulbes. Comme ils sont bon marché, on peut en acheter de grandes quantités. Plantez-les sous des arbres clairsemés ou dans de vastes buissons ; ils pousseront aussi très bien en terrain sec à exposition ensoleillée. Il n'y a rien d'étonnant à cela car, lorsque le temps devient réellement chaud et sec, les plantes sont déjà en sommeil.

Lorsqu'il pleut, la plante se penche en avant et la fleur referme légèrement ses pétales pour garder le pollen au sec. Les insectes en profitent sous s'y mettre à l'abri.

La multiplication se fait par division de rhizome, en automne.

anémone des bois

bouton d'or

CARACTÉRISTIQUES

- Forme un tapis au printemps
- Fleurs délicates
- Hauteur jusqu'à 30 cm
- ombre/soleil partiel
- Faible/modéré

Pied de veau

Arum maculatum

Dans la nature, le pied de veau, ou gouet, vit dans les sous-bois et les haies ombragées. Il est présent dans presque toute l'Europe. Les feuilles n'apparaissent qu'au printemps, en même temps que la fleur et sa bractée caractéristique, de couleur vert jaunâtre. Une grappe serrée de baies vertes et brillantes, assez décoratives, se développe au sommet de la tige, après la floraison. Elles deviennent rouges en automne et sont toxiques. Cette plante fait l'objet d'une utilisation médicinale depuis l'Antiquité romaine.

Au jardin, vous pouvez placer le gouet parmi des arbustes à feuilles caduques, sous des arbres, ou dans une bordure. Il fleurit à une époque où peu d'autres plantes sont en fleurs. Les jeunes bulbes se forment à côté du pied mère. Il est facile de les détacher pour les replanter lorsque la plante est en sommeil. Cette espèce se ressème aussi spontanément.

Les feuilles d'une espèce voisine, *Arum italicum*, n'apparaissent qu'en automne. De plus, ses feuilles possèdent des veinures blanches, ce qui leur donne un aspect marbré, alors que celles du gouet sont décorées de marques vert foncé. Les fleurs sont semblables et les baies orangées apparaissent en juillet et mûrissent à la fin de l'été.

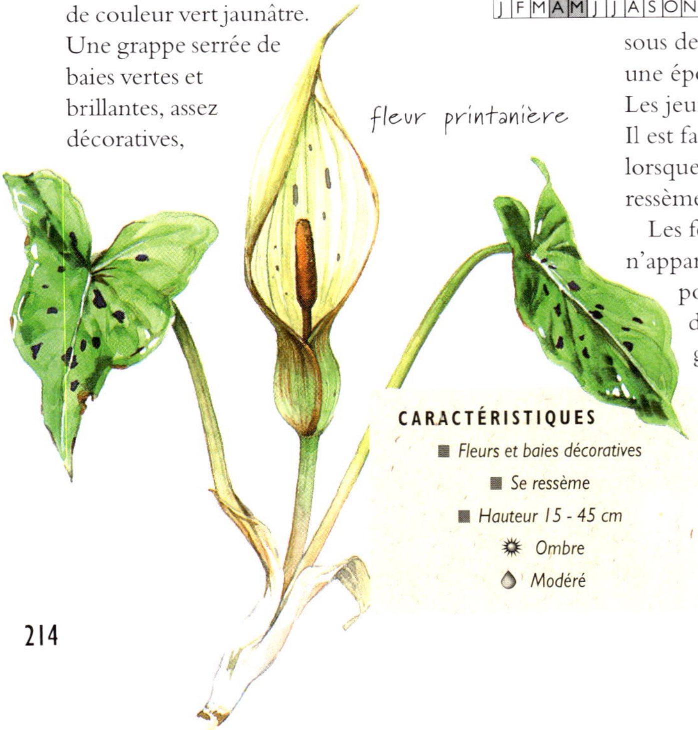

CARACTÉRISTIQUES

- *Fleurs et baies décoratives*
- *Se ressème*
- *Hauteur 15 - 45 cm*
- *Ombre*
- *Modéré*

Violacées : famille des violettes · Vivace

Violette odorante

Viola odorata

Dans toute l'Europe, la violette odorante pousse dans les haies, les sous-bois, à l'ombre des arbustes et des buissons. C'est une plante vivace qui pousse au ras du sol et commence à fleurir en mars – dans certains pays, on l'appelle la violette de mars. Elle garde souvent quelques feuilles en hiver, s'il n'est pas trop rigoureux.

Ses fleurs sont bleues et parfumées – on en tire une huile essentielle utilisée en parfumerie – et elles servent à fabriquer des bonbons ou à décorer des pâtisseries.

Comme beaucoup d'autres espèces de violettes, la violette odorante produit aussi des fleurs inhabituelles, fermées, auto-fertiles, remplies de graines à la fin de la floraison. Celles-ci risquent fort d'être mangées par des lézards, s'il s'en trouve dans les environs. Cette plante s'étend rapidement, par auto-semis et par ses stolons, et elle peut être envahissante.

La multiplication se fait simplement par division de touffe après la floraison printanière. Le semis doit être effectué immédiatement après la récolte des graines.

Deux autres espèces européennes, *V. riviniana*, et *V. reichenbachiana*, ont une préférence pour les sous-bois naturels.

J F M A M J J A S O N D

fleurs auto-fertiles fermées

CARACTÉRISTIQUES

- Fleurs bleues odorantes
- Peut être envahissante
- Hauteur 5 - 15 cm
- Ombre/soleil partiel
- Modéré

Hellébore fétide

Helleborus fœtidus

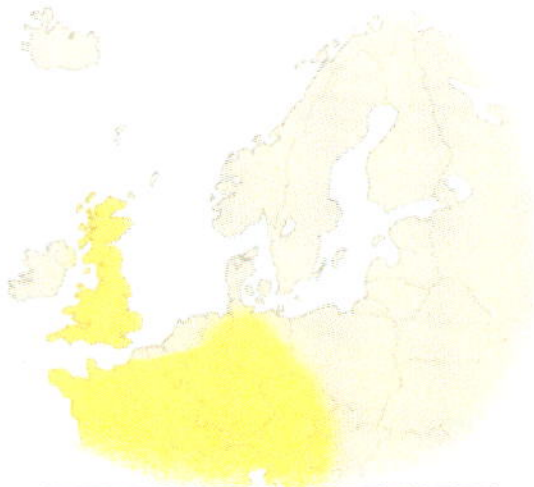

J F M A M J J A S O N D

L'hellébore fétide pousse dans les sous-bois et les terrains accidentés. Ses fleurs jaune-vert portées sur des tiges qui se dressent au milieu d'une rosette de feuilles finement découpées peuvent apparaître dès le mois de janvier. La plante semble cependant fleurir au mois de mars, mais une observation plus minutieuse révèle que les sépales ont alors disparu et que les fruits sont déjà presque mûrs. Cette espèce garde ses feuilles et ses tiges en hiver, alors que *Helleborus orientalis* et ses nombreux cultivars gardent leurs feuilles, mais la tige florale n'apparaît qu'au printemps.

L'hellébore fétide prospère dans presque toutes les situations. La multiplication se fait par semis, dès que les graines sont arrivées à maturité. Si on les sème après l'hiver, la germination n'a souvent lieu que l'année suivante.

Les jeunes pousses qui apparaissent souvent autour de la plante mère peuvent être transplantées facilement. L'hellébore fétide est une plante toxique (*Helleborus* signifie plante empoisonnée) et elle le reste même lorsqu'elle est desséchée.

CARACTÉRISTIQUES

- *Floraison hivernale*
- *Toxique*
- *Hauteur 40 - 50 cm*
- *Mi-ombre/plein soleil*
- *Faible/modéré*

fleurs avec ses graines

Rosacées : famille des roses Vivace

Aigremoine eupatoire

Agrimonia eupatoria

On trouve l'aigremoine en lisière de bois, en sous-bois et sur les bas-côtés des routes, s'ils sont à l'ombre. À l'état sauvage, c'est généralement une plante chétive qui ne porte que quelques tiges florales. Mais il n'en est pas de même au jardin. On peut la planter en terre travaillée, éventuellement enrichie. Le résultat est une floraison abondante sur plusieurs tiges florales. Les fleurs jaunes en forme d'étoile qui s'ouvrent progressivement de bas en haut donnent naissance à des capsules épineuses collantes.

Cette espèce est spectaculaire lorsqu'elle est plantée en grandes quantités, et plus particulièrement adossée à un arrière-plan d'arbres ou d'arbustes. On peut aussi l'installer en bordure d'une prairie fleurie.

Il ne faut la faucher qu'après maturation des graines. On la multiplie par semis ; son rhizome ligneux ne se divise pas facilement.

CARACTÉRISTIQUES

- Longs épis de fleurs jaunes
- Plante médicinale
- Hauteur jusqu'à 60 cm
- Ombre/mi-ombre/plein soleil
- Modéré

Scolopendre

Asplenium (syn. Phyllitis) scolopendrium

Le feuillage des fougères procure une sensation de repos dans la fraîcheur de l'ombre. Celles-ci poussent dans des sous-bois au sol riche en terreau de feuilles, à l'abri d'arbres et d'arbustes à feuilles caduques, bien établis.

Les frondes de la scolopendre sont exceptionnelles puisqu'elles se présentent sous la forme de bandes sans aucune découpure. Elle est capable de survivre sous une ombre dense, mais supporte aussi le soleil.

Elle se reproduit au moyen de spores. Disposez, autour de la plante et un peu à l'ombre, quelques blocs de tourbe souple que vous maintiendrez humides. Au bout de quelques mois, de jeunes fougères apparaîtront spontanément.

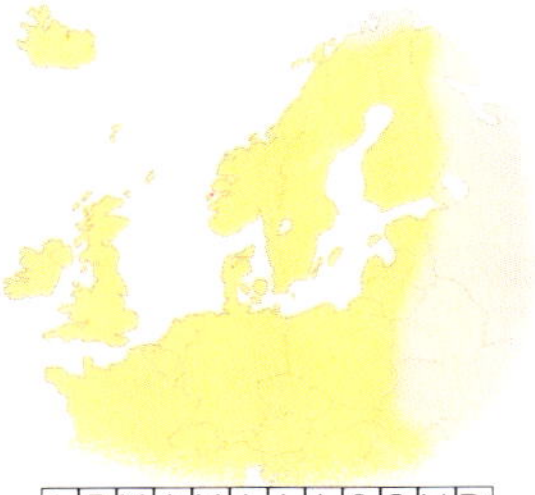

Parmi d'autres variétés de scolopendres, on peut citer 'Crispum' dont les bords sont ondulés, et 'Golden Queen' aux frondes jaunâtres. Au jardin, on peut aussi planter d'autres fougères, telles que *Gymnocarpium* qui apprécie un peu plus de luminosité, l'adiante (*Adiantum pedatum*) pour une rocaille à l'ombre, et *Blechnum spicant*.

CARACTÉRISTIQUES

- Persistante
- Frondes en forme de bandes unies
- Hauteur 15 - 60 cm
- Ombre/soleil
- Modéré

Ronce

Rubus fruticosus

J F M A M J J A S O N D

La ronce produit un fruit noir et brillant – la mûre, bien connue. Au jardin, on la cultive pour ce fruit, et parce qu'elle attire la faune sauvage.

La ronce apparaît généralement lorsqu'un oiseau a déposé une fiente contenant des graines de mûre. Celles-ci, qui ont supporté la digestion sans dommage, germent spontanément. Les branches de la ronce sont retombantes, et leur extrémité s'enracine au contact du sol, créant de nouvelles plantes. En quelques années se forme un vaste buisson de ronces. Si vous souhaitez avoir des ronces dans votre jardin, vous pouvez acheter des espèces cultivées, peut-être sans épines, ou prélever des boutures enracinées sur une plante qui produit de beaux fruits.

La ronce se satisfait de presque tous les sols, et peut être plantée aussi bien à l'ombre qu'au soleil.

Les buissons de ronces sont pratiquement impénétrables et constituent par conséquent une bonne barrière. Il faut les tailler vers la fin de l'hiver : de nouvelles pousses vigoureuses apparaissent en une saison ou deux et le fourré se reconstitue.

Plusieurs espèces d'oiseaux font leur nid dans l'enchevêtrement protecteur des branches de ronces ; les hérissons et les crapauds hibernent sous ces buissons. Ses fruits font le régal de divers oiseaux, mais aussi des écureuils et des renards.

♂ rouge-queue

CARACTÉRISTIQUES

- *Nourrit et abrite de nombreux animaux*
- *Feuilles caduques*
- *Hauteur jusqu'à 90 cm*
- *Ombre/mi-ombre*
- *Faible/modéré*

Clématite des bois

Clematis vitalba

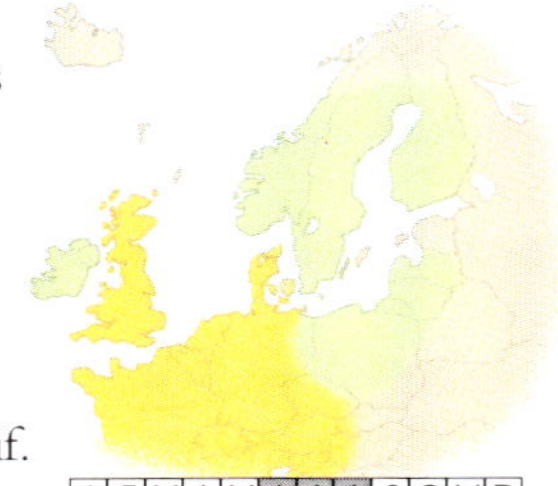

J F M A M J J A S O N D

Au début de l'été, la clématite des bois se couvre de petites fleurs blanches. En automne et en hiver, le petit plumet qui couronne le fruit (le pappus) crée une parure transparente qui dure plusieurs mois, donnant à cette plante un aspect décoratif.

La clématite des bois est une plante grimpante ligneuse dont les tiges peuvent atteindre jusqu'à 30 m de longueur. Ces tiges grimpent aux arbres et aux arbustes, allant parfois jusqu'à les recouvrir totalement, ce qui fait le bonheur des oiseaux qui construisent leur nid dans l'enchevêtrement des tiges et des feuilles. Cette plante pousse particulièrement bien en lisière de bois et dans les fourrés, où ses tiges peuvent rapidement atteindre la lumière. Elle s'étale comme une couverture sur les autres plantes. Au jardin, la clématite des bois peut être plantée près d'un arbre, d'une cabane ou d'une pergola, ou contre une clôture en grillage. Ses fleurs blanches sont beaucoup plus petites que celles des clématites cultivées. Mais en revanche, la clématite des bois pousse beaucoup plus vite, ne se fane pas et est décorative en hiver.

Plantez la clématite des bois à l'ombre, le pied de la plante devant rester au frais. On la multiplie par boutures prélevées en été, ou par semis effectué dès la maturation des graines.

CARACTÉRISTIQUES

- *Refuge pour les oiseaux*
- *Décoratif en été et en hiver*
- *Hauteur jusqu'à 30 m*
- *Ombre/soleil partiel*
- *Faible/modéré*

Lierre

Hedera helix

Dans la nature, le lierre est surtout présent en sous-bois dans les forêts caduques, où il grimpe le long des arbres. Ses feuilles étant persistantes, on l'utilise le plus fréquemment dans le jardin pour masquer un mur ou une clôture. Ses tiges ont des racines crampons qui lui permettent de s'accrocher à son support. Ces racines ne lui servant pas à s'alimenter, il n'affaiblit pas la plante hôte. Plusieurs espèces d'oiseaux font leur nid dans l'enchevêtrement de ses tiges. À côté de cette épaisse couverture, le lierre produit des fruits et héberge des insectes.

Le lierre possède deux types de feuilles. Les feuilles ordinaires sont lobées, alors que celles qui poussent sur les tiges florales sont entières et n'émettent pas de racines. Si on prélève une bouture d'une tige florale pour la faire s'enraciner, la plante qui en résulte continuera à former des feuilles entières et fleurira l'année suivante. Elle ne formera plus de racines crampons et perdra sa tendance à grimper.

Le lierre ne fleurit que lorsque les arbres ont perdu leurs feuilles. Il lui arrive souvent d'être encore en fleur au milieu de l'hiver. Les abeilles, les mouches et les coléoptères visitent avec assiduité cette source de nectar tardive.

Vous pouvez essayer de cultiver l'orobanche (*Orobanche hederea*). Ce rare parasite qui vit sur le lierre produit de jolies fleurs.

CARACTÉRISTIQUES

- *Feuilles persistantes, plante ligneuse grimpante et rampante*
- *Floraison très tardive*
- *Hauteur jusqu'à 30 m*
- *Ombre/soleil partiel*
- *Faible/modéré*

roitelet

Épiaire (*Stachys sylvatica*), à gauche ; helléborine (*Epipactis helleborine*), à droite.

Espèces complémentaires

	Nom	Couleur de la fleur	Hauteur	Floraison / caractéristiques
BISANNUELLES	Alliaire *Alliaria petiolata*	blanche	15 - 90 cm	avril-juin / odeur d'oignon / attire les papillons
BISANNUELLES	Corydalis grimpante *Corydalis claviculata*	blanc jaunâtre	20 - 80 cm	juin-octobre / plante grimpante délicate / annuelle d'hiver / germe parfois au printemps, parfois en automne
VIVACES	Luzule *Luzula sylvatica*	jaune verdâtre	30 - 90 cm	avril-juin / fleurs insignifiantes / couvre-sol à l'ombre
	Langue d'oiseau *Stellaria holostea*	blanche	15 - 40 cm	avril-juin / tiges fragiles / bonne plante d'ombre, ses fleurs resplendissent à l'ombre
	Circée *Circæa lutetiana*	blanche	30 - 60 cm	juin-septembre / parfois envahissante
	Helléborine *Epipactis helleborine*	variée	40 - 80 cm	juin-juillet / orchidée facile à cultiver / attire les guêpes
	Renoncule tête d'or *Ranunculus auricomus*	jaune	30 - 50 cm	avril-mai / espèces variées
	Ficaire *Ranunculus ficaria*	jaune	10 - 30 cm	mars-avril / début de l'été seulement / divers cultivars exotiques
	Ortie jaune *Lamiastrum galeobdolon*	jaune	15 - 40 cm	avril-juin / couvre-sol /feuilles marbrées
	Chélidoine *Chelidonium majus*	jaune	30 - 90 cm	mai-automne / sève laiteuse jaune orangé repousse les rats
	Millet *Milium effusum*	verdâtre	60 - 120 cm	mai-juin / herbe décorative
	Épiaire *Stachys sylvatica*	violet foncé	60 - 90 cm	juin-août / odeur désagréable lorsqu'on le froisse / particulièrement adapté aux sols riches en humus en bordure de fourré
	Mouron des oiseaux *Trientalis europæa*	blanche	10 - 25 cm	mai-août / pour forêt de conifères, jardin de terre de bruyère

Parcs paysager

PLANTES *pour* PARCS PAYSAGER

Fugitives et clandestines.

On peut classer ces plantes en deux groupes : les belles plantes que l'homme a délibérément mises en culture dans les jardins et les parcs boisés, souvent loin de leur habitat naturel, et qui sont retournées à l'état sauvage ; et les mauvaises herbes des champs, introductions accidentelles, qui se sont répandues dans toute l'Europe en se mêlant à des mélanges de graines ou à des déjections animales. Ces deux groupes se sont acclimatés, et sont devenus des éléments permanents de nos flores régionales.

Ces espèces que nous avions choisi de mettre dans nos jardins étaient capables de vivre hors de leur région d'origine parce que nous en prenions un soin particulier. D'autres surent trouver par elles-mêmes une place dans la nature où elles furent les bienvenues.

De l'autre côté, on chercha à traquer et éliminer les clandestines. Au départ, elles avaient trouvé refuge dans les bandes de terre inculte qui séparaient les champs. Mais avec l'apparition des clôtures, les efforts des agriculteurs pour éliminer ces importunes s'intensifièrent. Mais comme ces plantes indésirables devaient être éliminées à la main ou mécaniquement, quelques spécimens furent oubliés et purent survivre. Le coquelicot, le bleuet, le chardon font partie de ces prétendues mauvaises herbes qui mettaient des taches de couleur dans nos champs. Bien que les puissants herbicides chimiques semblent sonner le glas de nombreuses mauvaises herbes agricoles, ces espèces ont été sauvées de justesse pour leur qualité de charmantes fleurs des champs que personne ne voulait voir disparaître. Aujourd'hui, un peu partout, on laisse des champs en jachère à la disposition de ces clandestines.

Maintenant, les deux groupes d'étrangères se rejoignent, à la fois aimées et entretenues. Les puristes peuvent considérer qu'il s'agit là d'une falsification de la flore indigène ; les amis de la nature préfèrent y voir un enrichissement.

Les parcs paysager ont attiré des espèces animales spécifiques – des animaux semi-domestiques en quelque sorte. C'est le cas en premier lieu de certaines espèces d'oiseaux : merles, étourneaux, moineaux par exemple, qui coexistent avec l'homme lorsque ce dernier leur offre l'hospitalité dans ses jardins et ses parcs.

Perce-neige

Galanthus nivalis

J F M A M J J A S O N D

Bien que n'étant pas vraiment originaire d'Europe occidentale, cette petite plante délicate aux fleurs blanches pendantes est très bien acclimatée à nos forêts et aux bords de nos chemins. On la cultive depuis des siècles, et celles que l'on voit souvent pousser en larges taches dans la nature se sont le plus souvent échappé des jardins.

Le perce-neige évite la chaleur en se mettant en sommeil en été plutôt qu'en hiver. Le bulbe forme de nouvelles racines en automne, les feuilles et les délicates fleurs blanches apparaissent au début du printemps, et la plante meurt en été.

Il en existe de nombreux cultivars et espèces, dont, par exemple, *Galanthus elswesii*, dont les fleurs sont plus grandes. On peut planter les perce-neiges dans de nombreux endroits du jardin – dans un gazon, dans une bordure de plantes vivaces, dans un sous-bois et au pieds des arbustes. En automne, on trouve des bulbes dans le commerce sans aucune difficulté. S'il y a déjà des perce-neiges dans votre jardin, vous pouvez les multiplier en les déracinant pendant ou après la floraison, et en les replantant aussitôt, après avoir séparé les caïeux.

CARACTÉRISTIQUES

- *Une des premières fleurs de printemps*
- *Peut être plantée n'importe où ; facile à multiplier*
- *Hauteur jusqu'à 25 cm*
- *Ombre/mi-ombre*
- *Modéré*

Crocus tomasinianus

Crocus

Crocus spp.

Les fleurs brillamment colorées du crocus apparaissent avant même celles des perce-neiges, annonçant la fin de l'hiver. On peut parfois voir leurs éclatantes fleurs en coupelle se hisser sur une tige courte et mince, au-dessus des dernières neiges.

J F M A M J J A S O N D

Les bulbes de crocus sont résistants, et lorsqu'on installe un gazon, on peut les planter près de la surface du sol avant de semer les graines. De nombreuses espèces de crocus se ressèment facilement, mais il faut que les feüilles restent assez longtemps sur la plante pour lui permettre d'emmagasiner les d'éléments nutritifs nécessaires à la production des graines. Cela signifie que vous ne devez pas tondre le gazon avant que les feuilles aient disparu. Au printemps suivant, des plantules à feuille unique apparaîtront ; la deuxième année, elles auront quelques feuilles, et, avec un peu de chance, elles fleuriront la troisième année. Malheureusement, les bulbes sont un régal pour les souris.

Le crocus commun (*Crocus vernus*) est l'espèce la plus connue et l'ancêtre des hybrides à grandes fleurs. Il en existe à fleurs blanches, violettes, jaunes et rayées.

On trouve aussi des cultivars de *Crocus flavus*, à fleurs jaunes. *Crocus tomasinianus* se ressème abondamment et est donc conseillé si vous souhaitez une espèce qui reste à l'état sauvage.

CARACTÉRISTIQUES

- *Certaines espèces se ressèment*
- *Fleurs jaunes détruites par les oiseaux*
- *Hauteur 15 - 25 cm*
- *Mi-ombre/plein soleil*

Corydalis rose (*Corydalis solida*)

Corydale

Corydalis spp.

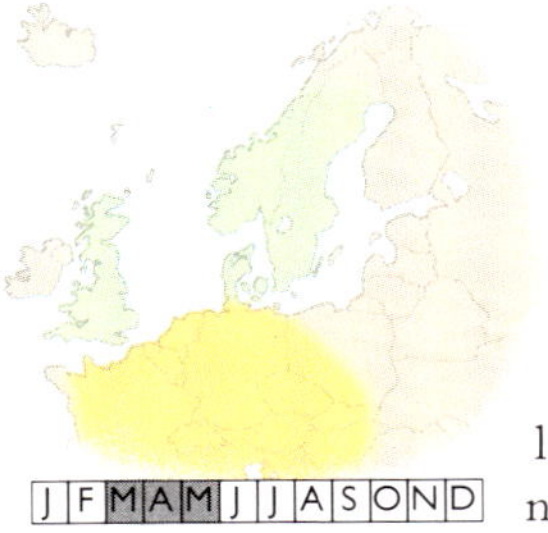

On confond souvent *Corydalis solida* et *Corydalis cava*. Ces deux plantes sont très répandues en Europe, bien que la dernière soit absente de Scandinavie. *Corydalis solida* est l'espèce la plus commune ; son bulbe n'est pas concave et ses fleurs et ses feuilles évoquent la forme d'une main. Le bulbe de *Corydalis cava* est concave et de la taille d'un petit oignon ; ses tiges sont plus massives, ses fleurs un peu plus grosses, et les bractées situées sous la fleur ne sont pas divisées.

À l'état sauvage, les deux espèces poussent dans les forêts, les haies, les vergers et les vignobles.

La corydale préfère un endroit légèrement ombragé et fleurit avant que les arbres aient retrouvé leur feuillage (*C. solida* fleurit un peu avant *C. cava*). Étant déjà en fleur au mois de mars, c'est une source de nourriture importante pour les abeilles, en début de printemps. On peut aussi l'incorporer au gazon, mais il ne faut pas tondre avant que les feuilles aient absorbé suffisamment d'éléments nutritifs et que la plante soit fanée.

On trouve des bulbes en automne, dans les jardineries et chez les spécialistes en plantes bulbeuses. Plantez immédiatement en sol bien travaillé. La corydale n'apprécie pas l'argile épaisse ni les gazons dont la terre n'a pas été aérée depuis longtemps.

Les fourmis transportent souvent ses graines, ce qui fait que ces dernières germent parfois fort loin de la plante mère.

CARACTÉRISTIQUES

- *Fleur printanière ; se ressème*
- *Pour sol assez léger*
- *Hauteur 20 - 30 cm*
- *Ombre/mi-ombre*
- *Modéré*

Anémone des bois

Anemone nemorosa

J F M A M J J A S O N D

L'anémone des bois n'est pas indigène dans toutes les régions d'Europe où elle est présente. Son rhizome court immédiatement sous la surface du sol et est facile à déraciner et à transplanter. C'est pourquoi on peut acclimater cette plante dans des régions où on ne la trouve pas naturellement.

L'anémone des bois est une plante de sous-bois qui se plaît sous les arbres et les buissons à feuilles caduques, où le sol est riche en terreau de feuilles. Elle peut aussi survivre assez bien en exposition plus ensoleillée, tant que le sol est suffisamment souple. Les fleurs blanches ou bleu clair apparaissent au printemps en même temps que les feuilles. La partie aérienne de la plante meurt en été, alors que les rhizomes souterrains entrent en sommeil. On trouve l'anémone des bois en pot pendant la saison de floraison, et on peut se procurer des bulbes en automne, chez les spécialistes. Il faut la planter en groupe, dans un coin du jardin. Au bout d'un an ou deux, déterrez les rhizomes en automne, et divisez-les pour en créer un grand nombre. Pour obtenir un carré spectaculaire, plantez-en une bonne quantité – il ne poussera presque rien d'autre sous les arbres en été.

CARACTÉRISTIQUES

- *Fleurit au printemps*
- *Aime l'ombre*
- *Hauteur jusqu'à 15 cm*
- *Ombre/soleil partiel*
- *Modéré*

Vinca minor 'Flore Pleno'

Petite pervenche

Vinca minor

La petite pervenche, plante basse et rampante, pousse habituellement dans les forêts lumineuses et au pied des haies. Ses pousses retombent en arc vers le sol et s'y enracinent, formant un tapis très dense à travers lequel les autres plantes ont beaucoup de mal à se frayer un chemin.

J F M A M J J A S O N D

La petite pervenche garde ses feuilles en hiver, ce qui donne un peu de couleur au jardin en cette saison, et elle fleurit au printemps. Ses fleurs en entonnoir sont bleues, mais il existe des cultivars à fleurs blanches ou violettes. Les fleurs sont quelque peu cachées par le feuillage, mais vous pouvez les rendre plus visibles en coupant les feuilles gênantes au début du printemps, juste avant la floraison. Dans la nature, où elle est éparpillée et reste basse, elle n'offre pas grande protection aux petits animaux. Au jardin, un hérisson peut faire son nid et hiverner sous son feuillage.

On cultive la pervenche en sous-bois clairsemé, en sol sain. Elle supporte aussi le plein soleil et gagne à être plantée en vastes groupes. On la multiplie très simplement – par division de touffe, ou en repiquant des stolons enracinés.

CARACTÉRISTIQUES

- *Couvre-sol toujours vert*
- *Toxique*
- *Hauteur 5 cm*
- *Ombre/soleil partiel*
- *Modéré*

Muguet

Convallaria majalis

À l'état sauvage, le muguet est disséminé dans de nombreuses forêts d'Europe, mais on le cultive aussi au jardin depuis des siècles, pour ses petites fleurs en clochettes au parfum délicat. On en extrait une substance aromatique très utilisée dans l'industrie du parfum.

Le muguet est une plante de sous-bois peu exigeante. Il pousse aussi bien dans les forêts caduques que dans des terrains plus dégagés, et est assez tolérant envers le type de sol. Il peut cependant devenir envahissant et coloniser des parcelles occupées par d'autres plantes. En automne, le muguet forme deux types de bourgeons à l'extrémité de ses pousses : les gros bourgeons deviendront des fleurs, les bourgeons plus minces donneront naissance à des feuilles. Si, à la fin de l'hiver, vous plantez quelques pousses à gros bourgeons dans un pot rempli de compost de rempotage, et que vous placez ce pot dans un endroit frais, vous obtiendrez des fleurs en quatorze jours environ.

On multiplie le muguet en prélevant quelques pousses sur des plantes mères. Le muguet est toxique dans toutes ses parties, ainsi que les baies qui apparaissent en automne et tombent au printemps.

J F M A M J J A S O N D

CARACTÉRISTIQUES

- *Fleurs très parfumées*
- *Envahissant*
- *Baies toxiques*
- *Hauteur 15 - 30 cm*
- *Ombre/soleil partiel*
- *Faible/modéré*

Helléborine

Eranthis hyemalis

J F M A M J J A S O N D

L'helléborine est originaire des Balkans, mais est cultivée depuis des siècles dans les grands jardins. Elle retourne facilement à l'état sauvage, mais sans être envahissante.

Lorsque l'hiver est doux, ses brillantes fleurs jaune d'or apparaissent dès le mois de janvier. C'est une authentique plante des sous-bois caducs, qui profite au mieux du soleil d'hiver en fleurissant sous les arbres nus. Sa végétation cesse lorsque ceux-ci reconstituent leur feuillage. À la fin du mois de mai, elle meurt et d'autres espèces peuvent prendre sa place.

L'helléborine est une plante excellente que l'on peut installer dans un gazon ou autour de grands arbres ; elle préfère un terrain argileux. Pour des raisons encore inconnues, l'helléborine peut pousser très bien dans un jardin, et plutôt mal dans un autre.

La graine contient du « pain de fourmi » un plat de choix que ces insectes recherchent avidement. Elles emportent les graines et mangent le « pain ». Les restes des graines donnent naissance à de nouvelles plantes.

On peut acheter les tubercules en automne. Pour éviter qu'ils sèchent, il faut les planter le plus rapidement possible.

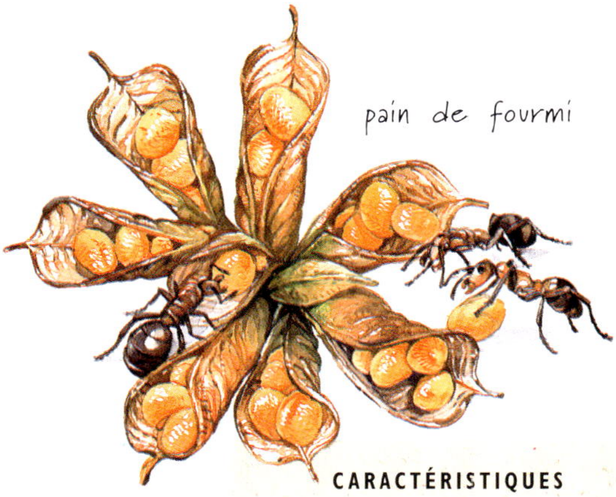

CARACTÉRISTIQUES

- *Fleurit en fin d'hiver*
- *Se ressème ; graines dispersées par les fourmis*
- *Hauteur 5 - 15 cm*
- *Mi-ombre/plein soleil*
- *Modéré*

Pulmonaire commune

Pulmonaria officinalis

La pulmonaire commune se trouve à l'état sauvage dans de nombreuses régions d'Europe, mais une bonne partie de ces plantes semble descendre de spécimens cultivés retournés à la nature.

En dépit de son nom, la pulmonaire n'est plus utilisée comme plante médicinale, mais est maintenant considérée comme plante d'ornement. Sa saison de prédilection est un printemps frais et humide, avant le mois de juin, lorsqu'elle arbore encore ses jolies feuilles tachetées et son abondante floraison. Mais pendant les mois d'été, elle n'est pas particulièrement décorative : on pourra la planter à l'ombre, sous des arbres et des arbustes où d'autres plantes lui succéderont pour le plaisir des yeux.

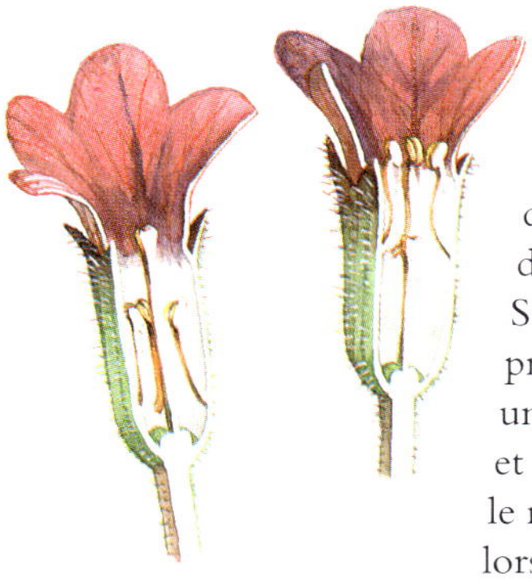

fleurs en forme de clochettes

Les fleurs de la pulmonaire sont rose-rouge, virant au bleu en vieillissant. Les sélections et des fertilisations croisées ont donné des cultivars d'autres couleurs.

La pulmonaire commune demande un bon terreau de feuilles retenant l'humidité mais, comme beaucoup d'autres plantes herbacées, elle ne pousse pas bien sous les hêtres.

On la multiplie par division de touffe au printemps ou en automne, opération qui demande à être effectuée tous les trois ans.

feuille tachetée de blanc

CARACTÉRISTIQUES

- *Attire les bourdons*
- *Pousse à l'ombre*
- *Hauteur jusqu'à 25 cm*
- *Mi-ombre/mi-soleil*
- *Modéré*

Nivéole de printemps (*Leucojum vernum*)

Nivéole d'été

Leucojum æstivum

J F M A M J J A S O N D

Originaires d'Europe centrale et méridionale, les membres de ce genre sont cultivés depuis longtemps dans toute l'Europe. La nivéole de printemps (*Leucojum vernum*), en particulier, a été plantée sous les grands arbustes, dans les parcs boisés et les pelouses, d'où elle est retournée à la nature. Au printemps, ses fleurs odorantes en clochettes apparaissent par milliers sur de vastes étendues.

La nivéole d'été (*Leucojum æstivum*) fleurit à la fin du printemps, avant que les herbes soient trop hautes pour la concurrencer. Contrastant avec la nivéole de printemps qui disparaît au début de l'été, la nivéole d'été reste en vie jusqu'au milieu de cette saison. Cette plante a été décimée par la disparition de son habitat et l'arrachage des bulbes à des fins commerciales. Dans de nombreux pays, elle est maintenant protégée.

Ces deux plantes sont des espèces bulbeuses que l'on peut se procurer, en automne, dans les jardineries et chez les spécialistes. Dans un jardin naturel, la nivéole d'été aura une place de choix auprès d'une pièce d'eau, d'un fossé ou d'un cours d'eau.

Plantez les bulbes et abandonnez-les à leur sort. La nivéole d'été préfère un sol humide situé à mi-ombre. La nivéole de printemps se plaît généralement là où fleurissent les crocus et les perce-neiges.

CARACTÉRISTIQUES

- *Plante bulbeuse pour terrain humide*
- *Fleurs blanches, pendantes, en clochettes*
- *Hauteur 50 cm*
- *Mi-ombre/plein soleil*
- *Modéré/important*

Géranium phæum

Geranium phæum

Le géranium phæum est une plante connue, que l'on trouve dans des endroits écartés, isolés, et dans des bordures semi-sauvages. Il peut pousser aussi bien en plein soleil qu'à mi-ombre, sous des arbres fruitiers, par exemple. Il fleurit de mai à août, avec un plein épanouissement en mai-juin.

Ses feuilles gracieusement tachetées le rendent décoratif même en dehors de la période de floraison. On trouve maintenant de nombreux cultivars à fleurs blanches, violet clair et lilas. Pour un jardin naturel, on préférera l'espèce sauvage à fleurs rouge sombre. On trouve aussi, dans la nature, des espèces voisines aux fleurs plus claires, comme *G. endressii*, *G. renardii*, et *G. psilostemon*.

J F M A M J J A S O N D

bouton

CARACTÉRISTIQUES

- Longue saison de floraison
- Belle forme de fleur
- Hauteur 40 - 60 cm
- Mi-ombre/plein soleil
- Modéré

Le géranium phæum aime les sols riches en terreau de feuilles. Il peut vivre des années et se ressème spontanément. C'est une merveilleuse plante pour les lisières de bois et les sous-bois clairs, mais elle a aussi sa place dans une bordure traditionnelle où elle peut combler des espaces difficiles.

On la multiplie en divisant des plantes adultes, ou en semant des graines fraîches.

G. endressii

G. renardii

G. psilostemon

Rubiacées : famille des gaillets — Vivace

Aspérule odorante

Galium odoratum (Asperula odorata)

Bien que ses fleurs blanches étoilées soient très séduisantes, l'aspérule odorante, ou petit muguet, a d'abord été cultivée pour ses pousses. Lorsqu'elles sont sèches, elles dégagent un doux parfum de foin fraîchement fauché. On les utilisait autrefois pour parfumer les armoires à linge, dans la fabrication des parfums, et comme aromates pour les vins et les liqueurs.

Maintenant à l'état sauvage dans toute l'Europe, y compris les îles britanniques, cette espèce pousse généralement dans des bois clairsemés, mais supporte aussi le plein soleil, tant que la chaleur n'est pas excessive.

Cette plante à enracinement superficiel pousse dans le terreau de feuilles des sols forestiers. Elle émet des stolons et, au bout de quelques années, couvre une vaste surface. On peut l'utiliser comme plante d'ornement dans un jardin naturel, ou comme herbe aromatique. Après la floraison, on peut récolter quelques tiges et quelques feuilles pour les mettre à sécher. La plante n'en souffre pas.

L'aspérule odorante peut fleurir pendant des années au même endroit, mais on peut aussi la multiplier par division de touffe.

Ses nombreuses fleurs blanches attirent les papillons et d'autres insectes.

CARACTÉRISTIQUES

- *Fleurit abondamment au printemps*
- *Couvre-sol*
- *Plante mellifère*
- *Hauteur 15 - 30 cm*
- *Ombre/mi-ombre*
- *Faible/modéré*

■ *Hyacinthoides hispanica*

Jacinthe des bois

Hyacinthoides non scripta

Dans certaines régions, au mois de mai, cette plante transforme le sol des sous-bois en océan de bleu. La variété *Hyacinthoides hispanica* est plus grande et plus spectaculaire. Les deux espèces sont appréciées depuis longtemps pour leur floraison printanière, et sont cultivées depuis des siècles dans les parcs et jardins. De là, elles s'échappent fréquemment pour coloniser des parcelles sauvages.

La jacinthe des bois est une plante bulbeuse qui peut atteindre 40 cm de hauteur. Elle préfère une ombre légère et un sol riche en terreau de feuilles. Elle se développe mieux si le sol n'est pas trop sec, et, dans ces conditions, produit une grande quantité de graines. Celles-ci germent par centaines et, au bout de quelques années, un champ complet de jacinthes des bois s'est installé.

Les bulbes ne souffrent pas si le sol est remué – ils semblent au contraire s'en fortifier. La jacinthe des bois, en particulier, peut devenir si vigoureuse qu'il est parfois impossible de s'en débarrasser. Mais le spectacle de ces magnifiques fleurs bleues, au printemps, suffit à faire fondre le cœur de tout jardinier.

Cette plante est parfois victime d'une variété de rouille, maladie cryptogamique, mais ces attaques ne sont jamais catastrophiques.

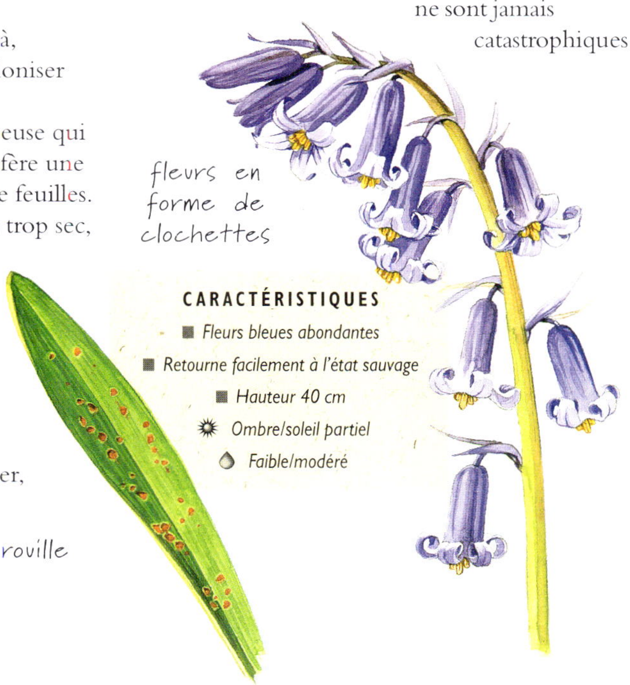

CARACTÉRISTIQUES

- Fleurs bleues abondantes
- Retourne facilement à l'état sauvage
- Hauteur 40 cm
- Ombre/soleil partiel
- Faible/modéré

Nielle des blés

Agrostemma githago

J F M A M J J A S O N D

Comme beaucoup d'autres mauvaises herbes des champs, la nielle des blés est arrivée en Europe du Nord clandestinement, dans son cas, mélangée à des semences venues de la région méditerranéenne. Elle poussait dans les champs de blé où elle était indésirable – ses graines sont toxiques et, en trop grande quantité, elles pouvaient avoir un effet désastreux sur la moisson. Aujourd'hui, on ne la trouve presque plus dans les cultures, et elle est même relativement rare dans la nature. Cependant, elle est de plus en plus estimée comme plante de jardin et dans des mélanges de fleurs sauvages. Et c'est justice. Elle fleurit longtemps et abondamment, et sa culture est très facile. Semez les graines au printemps dans une terre légèrement travaillée ou ratissée. Si elles sont semées en automne, les graines germent à la fin de l'hiver, et les plantes peuvent fleurir dès la fin du mois d'avril.

Les boutons s'ouvrent en fleurs aplaties, dans des teintes de violet, rose, lilas et blanc, et la floraison continue pendant tout l'été. Les tiges et les feuilles étroites sont gris-vert.

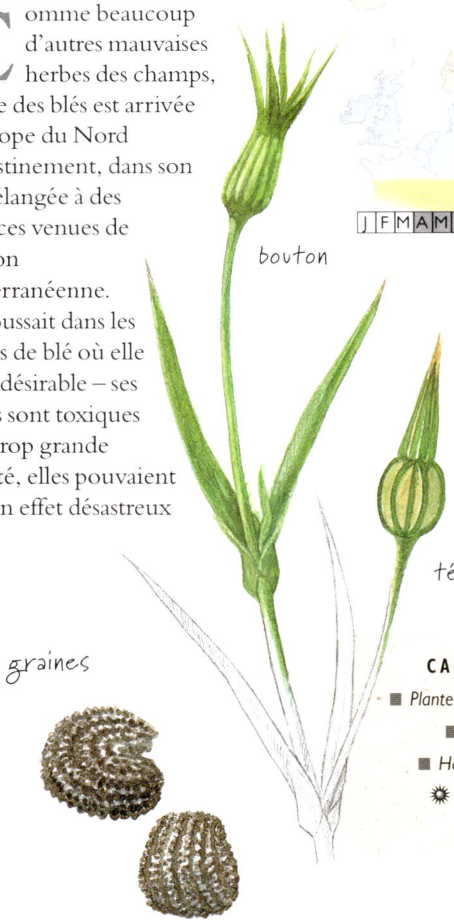

CARACTÉRISTIQUES

- *Plante annuelle robuste et colorée*
- *Graines toxiques*
- *Hauteur jusqu'à 90 cm*
- *mi-ombre/mi-soleil*
- *Modéré*

Coquelicot

Papaver rhoeas

Le coquelicot a été pratiquement éliminé de nos champs grâce aux méthodes modernes de tri des semences et de traitement des mauvaises herbes. Aujourd'hui, il orne de ses couleurs les bas-côtés des routes et les talus. La graine de coquelicot peut rester en sommeil dans le sol pendant des années, et ne germer que lorsque les conditions sont favorables. C'est ce qui se produit généralement lorsqu'on laboure un accotement, un talus, ou un champ en jachère abandonné.

J F M A M J J A S O N D

Peu de temps après, c'est un déferlement de fleurs rouges. Au jardin, l'idéal est de mélanger les coquelicots avec d'autres plantes annuelles, ou herbacées. On peut acheter des mélanges de graines contenant des coquelicots, mais il est aussi possible de les confectionner soi-même. Mélangez, par exemple, des graines de bleuet, de camomille et un peu d'ivraie. Ce mélange, que vous pouvez semer à la fin de l'hiver ou au début du printemps, supporte le gel. La jolie fleur du coquelicot ne peut pas être utilisée en fleur coupée car elle perd ses pétales très rapidement. Le coquelicot est toxique pour le bétail, mais ses graines font le régal des oiseaux. On trouve aujourd'hui des cultivars dans d'autres couleurs.

moineaux

CARACTÉRISTIQUES

- *Fleurs magnifiques*
- *Graines fertiles pendant des années*
- *Hauteur 25 - 90 cm*
- *Mi-ombre/plein soleil*
- *Faible*

Lilium bulbiferum ssp. *bulbiferum*

Lis

Lilium bulbiferum

Les lis que des spécialistes cultivent par dizaines de milliers sont des cultivars, très différents de leurs ancêtres sauvages. Parmi ces lis autrefois communs en Europe, et aujourd'hui devenus rares, on peut mentionner le lis martagon (*Lilium martagon*), que l'on arrive parfois à se procurer dans le commerce, et *Lilium bulbiferum* qui était, jusqu'à une époque récente, en danger d'extinction.

À l'inverse de la plupart des plantes herbacées qui se reproduisent par graines, *Lilum bulbiferum* est une plante bulbeuse. Il se reproduit généralement grâce à de petits bulbes fertiles qui se forment au-dessus des vieux bulbes. Ces bulbes sont presque indifférents à un labour traditionnel. En fait, lorsque le sol est remué, ils sont éparpillés et ne se font donc plus de concurrence. Mais les méthodes de culture mécanisées sont souvent catastrophiques pour ces espèces, car les bulbes sont enfouis trop profondément dans le sol.

Pour ses grandes fleurs orange, ce lis mérite d'être planté dans tous les jardins. Il s'adapte à tous les types de sol et d'exposition. On peut l'incorporer dans une bordure ou le mélanger avec d'autres espèces de lis ou des plantes de même caractère, comme *Legousia speculum-veneris*, la camomille, le coquelicot ou le bleuet, pour créer des champs de fleurs spectaculaires. Un coléoptère, *Lilioceris lilii* et sa larve peuvent en dénuder totalement la tige.

CARACTÉRISTIQUES

- *Lis rare*
- *Bulbes fertiles sur la partie souterraine de la tige*
- *Hauteur jusqu'à 90 cm*
- *Mi-ombre/plein soleil*
- *Modéré*

bulbe fertile

Campanule miroir de Vénus

Legousia specularia speculum veneris

Les désherbants chimiques, les engrais et le labour profond ont conduit beaucoup de mauvaises herbes agricoles au bord de l'extinction. *Specularia speculum veneris* en est un exemple ; de plus, elle n'était pas recherchée. Elle avait disparu de chez presque tous les marchands de graines et n'était connue que de quelques amateurs passionnés de plantes sauvages. Aujourd'hui, plusieurs grainetiers l'ont remise à leur catalogue.

Ses fleurs violacées ouvertes en forme d'étoile possèdent de curieuses étamines. Au jardin, on peut la mêler à des mauvaises herbes champêtres ou à des ensembles de fleurs sauvages. Lorsqu'elles sont parmi d'autres plantes, ces annuelles atteignent 30 cm de hauteur. Isolées, elles restent plus basses et, bien qu'il s'agisse de plantes caractéristiques des champs de céréales, les spécimens solitaires fleurissent beaucoup plus abondamment. Le nom d'espèce *speculum veneris* signifie 'miroir de Vénus', mais on n'est pas capable de dire clairement d'où la plante tire ce nom.

On peut la semer au printemps, sur un sol bien ratissé. Il est aussi possible d'élever les plantes en pépinière et de les transplanter ensuite au jardin. Si le terrain est labouré en hiver, les graines tombées au sol germeront au printemps. Il est conseillé de récolter quelques graines pour la saison suivante.

fleur printanière

CARACTÉRISTIQUES

- *Fragile*
- *Fleurs violettes abondantes*
- *Hauteur 30 cm*
- *Mi-ombre/plein soleil*
- *Faible/modéré*

Asteracées : famille des marguerites — Annuelle

Bleuet

Centaurea cyanus

Il y a bien longtemps que le bleuet a quitté les champs de céréales pour s'installer dans les jardins. Aujourd'hui, on le voit rarement dans les champs de blé en Europe occidentale, mais en Europe centrale, cette charmante plante colore parfois encore les champs en bleu.

Le bleuet est une plante annuelle ou bisannuelle, que l'on peut utiliser dans les bordures en compagnie de plantes annuelles, dans des mélanges et en fleur des champs. Dans un champ de blé, il produit relativement peu de tiges florales, mais en exemplaire isolé dans une bordure d'annuelles, il peut fleurir abondamment.

J F M A M J J A S O N D

Sa belle inflorescence est en fait constituée de nombreuses fleurs. Ces fleurs bleues disposées en cercle donnent au bleuet sa forme et sa couleur. Le bleuet est facile à cultiver, par semis au début du printemps. La floraison sera plus hâtive si le semis est d'abord effectué en terrine et les plantules ensuite repiquées. En vase, les fleurs coupées sont d'assez longue durée. On utilisait autrefois la sève bleue des fleurs pour fabriquer de l'encre et une teinture. Par sélection, on a obtenu des bleuets de différentes couleurs – blancs, roses et rouges – ce que les admirateurs des plantes sauvages ne considèrent pas comme une amélioration. Mélangé à d'autres plantes à fleurs bleues, le bleuet constitue un agréable « jardin pour les abeilles ».

CARACTÉRISTIQUES

- *Fleurit abondamment*
- *Bonne fleur à couper*
- *Hauteur 30 - 60 cm*
- *Mi-ombre/plein soleil*
- *Faible/modéré*

Fausse camomille (*Matricaria maritima*)

Petite camomille

Matricaria recutita

J F M A M J J A S O N D

Cette plante annuelle pousse dans les champs de blé et sur les bas-côtés des routes. Dans certains pays, la petite camomille est cultivée pour l'industrie pharmaceutique. Ainsi, malgré les méthodes agricoles modernes, elle ne s'est pas raréfiée. On l'utilise aussi en infusion parfumée, tonique et purifiante.

La petite camomille pousse dans tous les types de sol et à toutes expositions, en terrain découvert, le long des routes et des haies, et dans les jardins et parcs publics mal entretenus. Au jardin, vous pouvez l'utiliser isolément ou en mélange et, évidemment, dans une prairie. On la multiplie en semant quelques graines au printemps. C'est une excellente fleur à bouquet.

Les fleurs de la camomille ressemblent à celles de la marguerite : un disque de fleurons jaunes entouré de fleurons rayonnants blancs. La fausse camomille, ou matricaire inodore (*Matricaria maritima*), ressemble beaucoup à la petite camomille, mais la base de son inflorescence est plate alors que celle de la petite camomille est conique.

Il existe une autre espèce de camomille parfumée (*Matricaria matricarioides*) aux fleurs vert-jaune, hémisphériques, et constituées presque exclusivement du disque de fleurons.

CARACTÉRISTIQUES

- *Plante médicinale*
- *Culture facile*
- *Hauteur 10 - 60 cm*
- *Plein soleil*
- *Faible/modéré*

Groseillier et cassissier

Ribes spp.

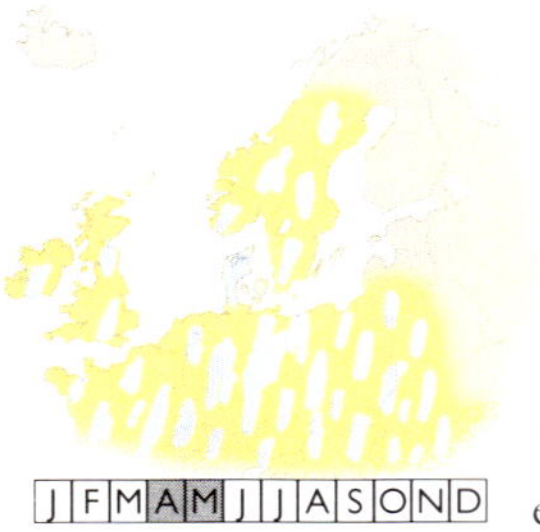

On cultive diverses variétés de *Ribes* pour leurs fruits délicieux utilisés en gelées, sirops et confitures. Ces plantes sont originaires d'Europe, mais les sélections ont éloigné les variétés cultivées de leurs lointains ancêtres.

C'est dans les grands jardins campagnards ou les jardins naturels, que l'on trouve encore des buissons de groseilliers sauvages, ou qui sont retournés à l'état sauvage. Leurs fruits font le régal des oiseaux, et leurs graines qui sont disséminés par leurs fientes, donnent naissance à de nouvelles plantes. On les multiplie par des boutures de 30 cm prélevées en hiver, enfoncées de 10 cm dans le sol. On peut parfois diviser les buissons âgés. Ils poussent aussi bien en plein soleil qu'à l'ombre des arbres ou des bâtiments, et ils peuvent constituer une haie légère ou un arrière-plan pour des plantes annuelles ou vivaces.

La floraison des groseilliers passe inaperçue, mais elle attire les abeilles et autres pollinisateurs. L'intérêt de la plante réside dans ses baies comestibles, recherchées par les oiseaux et d'autres petits animaux. La ramure assez dense peut fournir des lieux de nidification aux oiseaux chanteurs et des abris aux petits animaux craintifs.

♂ fauvette à tête noire

CARACTÉRISTIQUES

- *Caduques*
- *Lieu de nidification pour oiseaux*
- *Hauteur jusqu'à 1,80 m*
- *Ombre/mi-ombre*
- *Modéré*

Viburnum opulus 'Compactum'

Boule de neige

Viburnum opulus

J F M A M J J A S O N D

La boule de neige pousse à l'état sauvage dans toute l'Europe, dans les sous-bois et près des cours d'eau, mais est aussi cultivée à une grande échelle. On la trouve le plus souvent dans des endroits dégagés et ingrats, comme le long des autoroutes. Ses grandes feuilles vert foncé sont rugueuses. Les fleurs blanches apparaissent au printemps et sont suivies de fruits en automne. Ces baies rouges semblent savoureuses, mais sont en réalité toxiques lorsqu'elles sont fraîches. La plupart des oiseaux ne les aiment pas, mais la grive les mange lorsqu'elles ont subi les premières gelées. Seul, le jaseur apprécie vraiment ces fruits.

Il faut être vigilant lorsqu'on plante une boule de neige dans un petit jardin. Elle peut devenir trop dominante car c'est une plante vigoureuse. On peut la tailler facilement, mais elle réagit en produisant un grand nombre de nouvelles pousses l'année suivante. Dans un jardin, c'est un bon écran ou brise-vent. On peut la multiplier par boutures, mais c'est un processus très lent. La boule de neige préfère un terrain pas trop sec, mais ne craint pas une ombre légère.

♂ jaseur

CARACTÉRISTIQUES

- *Baies appréciées des oiseaux*
- *Végétation épaisse, peut servir d'écran*
- *Hauteur jusqu'à 3,50 m*
- *Mi-ombre/mi-soleil*
- *Modéré/important*

If

Taxus baccata

L'if tient une place à part parmi les conifères car il ne produit pas de cônes, mais plutôt une sorte de baie. Sur le plan botanique, c'est une graine enfermée dans un arille.

J F M A M J J A S O N D

L'if poussait jadis à l'état sauvage dans toute l'Europe, mais au cours des derniers siècles il a été pratiquement éliminé. Il refait lentement surface. C'est une plante qui aime les sols sableux, riches en humus. En montagne, il pousse aussi sur les pentes semi-rocheuses.

L'if est très toxique pour le bétail, mais les oiseaux et les petits mammifères se régalent de ses baies. Les graines toxiques traversent leur système digestif sans être digérées et sont dispersées avec les déjections.

Les fleurs mâles et femelles apparaissant sur des plantes différentes, il faut une plante mâle à proximité d'une plante femelle pour que cette dernière produise des fruits. Pendant la floraison, les pieds mâles répandent des quantités de pollen jaune. On peut aussi noter que son bois extrêmement dur possède de superbes veinures.

Dans un jardin naturel, on le multiplie par semis ou par boutures. L'if croît très lentement, supporte parfaitement la taille, ne souffre qu'exceptionnellement de maladie et peut survivre des siècles.

CARACTÉRISTIQUES

- *Conifère toujours vert*
- *Très toxique, ne pas planter près d'une pâture*
- *Hauteur jusqu'à 1,80 m*
- *Ombre/mi-ombre*
- *Faible/modéré*

sittelle ♀

Corylus maxima 'Purpurea'

Coudrier

Corylus avellana

Cet arbuste aux branches minces pousse dans les forêts caduques, dans un sol riche en éléments nutritifs. En montagne, il pousse aussi dans les ravins, sur les couches d'humus accumulé. Ses longues branches sont issues directement des racines, ce qui fait qu'il ressemble plus à une plante vivace qu'à un arbuste. Sa forme convient bien à un grand jardin.

On plante souvent le coudrier pour sa floraison hâtive. En hiver les chatons apparaissent, et des nuages de pollen sont disséminés par le vent. Les fleurs femelles, qui donneront naissance aux noisettes, sont rouges et à peine visibles. Les geais, les écureuils et les souris font provision de noisettes pour l'hiver. Quelques oiseaux, tel le gros-bec, les cassent immédiatement.

J F M A M J J A S O N D

Cet arbuste supporte bien l'ombre, et on peut planter des bulbes à floraison printanière à ses pieds. Le noisetier de Lombardie (*Corylus maxima* 'Purpurea') est particulièrement décoratif par son beau feuillage sombre. Pour conserver au coudrier sa forme gracieuse, il faut le tailler d'une manière particulière. Il ne faut pas couper les branches âgées devenues trop longues à mi-hauteur, mais au ras du sol. De nouvelles pousses naissent alors du cœur de la plante. Ne taillez pas quelques branches chaque année, mais régénérez l'arbuste tous les trois ou quatre ans en éliminant les vieilles branches.

♂ gros-bec

CARACTÉRISTIQUES

- *Caduc, fleurit en hiver*
- *Noisettes comestibles*
- *Hauteur jusqu'à 6 m*
- *Ombre/mi-ombre*
- *Modéré*

Fritillaire (*Fritillaria meleagris*), à gauche ; dame d'onze heures (*Ornithogalum umbellatum*), à droite.

Espèces complémentaires

	Nom	Couleur de la fleur	Hauteur	Floraison / caractéristiques
ANNUELLES	Chrysanthème des moissons *Chrysanthemum segetum*	jaune	30 - 75 cm	juin-septembre / plante des champs / bonne fleur coupée / attire les bourdons
	Fumeterre officinale *Fumaria officinalis*	rose	20 - 70 cm	avril-septembre / plante des champs / attire les tourterelles
VIVACES	Ancolie *Aquilegia vulgaris*	bleu violacé	50 - 60 cm	mai-juin / toxique / fleurs bleues originales / nombreux cultivars de toutes les couleurs
	Primevère *Primula vulgaris*	jaune	10 cm	mars-mai / besoin d'ombre et d'un sol pas trop sec / sa fleur est universellement appréciée au printemps
PLANTES BULBEUSES	Tulipe sauvage *Tulipa sylvestris*	jaune	40 cm	avril / quelques spécimens fleurissent moins / très parfumée
	Dame d'onze heures *Ornithogalum umbellatum*	blanche	20 - 30 cm	avril-mai / plante vivace glabre / les fleurs ne s'ouvrent totalement que quand le soleil brille
	Fritillaire *Fritillaria meleagris*	violette à taches blanches	20 - 40 cm	fin avril / pour terrain humide
	Colchique *Colchicum autumnale*	lilas	30 cm	août-septembre / beaucoup de feuilles au printemps / très toxique
	Étoile de Bethlhéem *Ornithogalum arabicum*	jaune	20 cm	avril-juin / décoratif en grande quantité

Terrains secs et rocailleux

PLANTES *pour* TERRAINS SECS *et* ROCAILLEUX

Nécessité fait loi.

On pourrait penser que les plantes qui poussent en terrain rocailleux et bien drainé souffrent de ces situations extrêmes et ne survivent qu'avec difficulté. En réalité, ce sont des conditions qui leur conviennent et dans lesquelles elles peuvent croître et fleurir librement. Ces plantes sont totalement adaptées à la vie sur une fine couche de terre contenant peu d'humus. Elles aiment un temps sec, et il leur est important de bien mûrir avant l'automne pour survivre pendant les mois d'hiver, froids et humides.

Un sol riche en compost nutritif ne convient pas du tout à ces plantes de rocaille – c'est l'assurance qu'elles mourront en cas d'hiver froid et humide. Dans toute l'Europe, on trouve des régions rocailleuses, où il ne pleut presque pas, ou bien où l'eau de pluie s'écoule très rapidement. Il existe aussi des plantes de rocaille qui poussent sur des terres où il y a peu de rochers. Dans ces régions, elles tirent avantage de cette nécessité en poussant sur des « rochers artificiels » créés par l'homme – bâtiments, murs et remblais.

En général, les plantes de rocaille restent de petite taille et fleurissent abondamment. Leur taille réduite est une adaptation à leur lieu de vie, où les vents sont violents, et où les plantes hautes souffrent davantage que celles qui restent « collées » contre le rocher. La forme en coussin de certaines espèces résulte de l'adaptation aux grands écarts de température qui se produisent dans ces régions. Dans la journée, la partie d'un rocher exposée au sud peut devenir si chaude qu'il devient impossible d'y poser la main ; la nuit, même en été, on peut frôler le gel. Le coussin de certaines plantes maintient une couche d'air entre les feuilles et les tiges qui procure une certaine isolation.

Une floraison abondante signifie une grande quantité de graines, ce qui est nécessaire, car très peu d'entre elles trouveront un endroit où elles pourront germer.

Pour cultiver ces plantes, il n'est pas absolument nécessaire de construire un jardin de rocaille. Les plantes de rocaille les plus résistantes pousseront entre les briques d'un mur de soutènement ou entre les dalles d'une terrasse. Si vous souhaitez attribuer une zone spécifique à des espèces plus rares, vous pouvez construire un monticule avec des matériaux de rebut, vieilles tuiles, briques brisées, etc., et installer les plantes dans les interstices.

Pour une telle construction comme pour un jardin de rocaille, vous devez utiliser des matériaux poreux et les empiler avec soin. La meilleure terre est une argile sableuse, ou un mélange artificiel d'argile, de sable, et de gravillons. Il doit être très pauvre en terreau de feuilles.

Lorsque vous repiquez des plantes dans les interstices de votre construction, n'utilisez que des exemplaires jeunes et robustes, dans une petite motte de terre. Elles bénéficieront ainsi de tous les atouts pour survivre à la transition entre le conteneur de la pépinière et cette situation moins confortable.

■ Œillet des Alpes (*Dianthus arenarius*)

Œillet

Dianthus spp.

L'œillet mignardise (*Dianthus plumarius*) espèce d'Europe centrale bien connue, possède des fleurs blanches ou roses très parfumées, et des feuilles vert-bleu. On en trouve divers cultivars en jardinerie.

Dianthus superbus, *D. arenarius* et *D. monspessula* sont présents dans de nombreux jardins, et l'on peut également acheter certains de leurs cultivars. Les tiges de ces espèces sont plutôt fragiles ; les fleurs apparaissent au-dessus des feuilles, presque comme dans un bouquet.

J F M A M J J A S O N D

À l'opposé, *D. armeria*, *D. barbatus* (œillet barbu) et *D. carthusianorum* possèdent des tiges robustes qui portent des groupes de fleurs compacts. Ces espèces conviennent mieux à des espaces enherbés et à des prairies sèches.

Les œillets sont parmi les plantes de rocaille les plus faciles à cultiver. Ils peuvent se ressemer et, dans certains cas, peuvent s'hybrider. Ils poussent généralement très bien dans un jardin ordinaire. On les multiplie par semis ou par boutures.

œillet sauvage

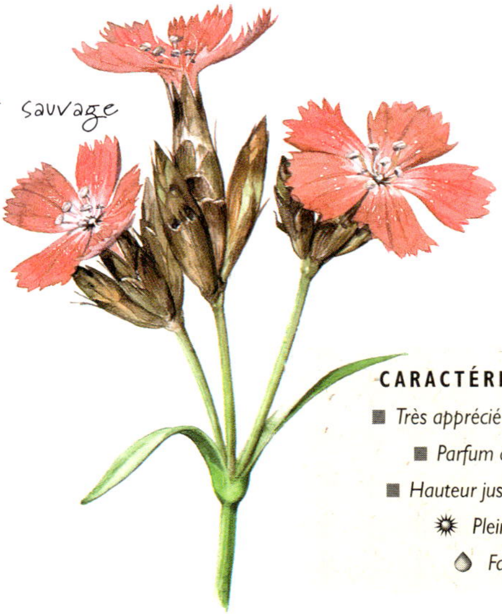

CARACTÉRISTIQUES

■ *Très apprécié des papillons*

■ *Parfum délicieux*

■ *Hauteur jusqu'à 45 cm*

Plein soleil

Faible

Corydale

Corydalis lutea

Corydalis lutea est une plante de rocaille qui s'est adaptée aux « rochers artificiels » des bâtiments urbains. Dans la nature, on la trouve dans le sud de l'Europe, où elle pousse sur des rochers pas trop secs, à l'ombre. Il suffit à une graine de tomber dans une petite crevasse pour donner naissance à une plante magnifique. Ces graines possèdent un petit appendice dont les fourmis raffolent. Elles emportent la graine, mangent le « pain » et abandonnent la graine, ce qui répand l'espèce dans tout le voisinage.

Corydalis lutea peut pousser à profusion dans un jardin de rocaille ou dans un vieux mur à l'ombre.

Elle a tendance à dominer les autres plantes et il faut intervenir en permanence pour éliminer les plus vieilles plantes afin qu'elles ne deviennent pas envahissantes. Il est pratiquement impossible de faire disparaître les plantes âgées qui poussent dans les interstices d'un mur ou les crevasses d'un rocher : elles se cassent au niveau du collet et quelques semaines plus tard, la plante renaît des restes de racine.

C'est une plante que vous devez bannir d'un petit jardin de rocaille si vous voulez éviter que vos plantes rares ou délicates soient étouffées.

J	F	M	A	M	J	J	A	S	O	N	D

CARACTÉRISTIQUES

- Longue saison de floraison
- Envahissante
- Hauteur jusqu'à 40 cm
- Ombre/mi-ombre
- Faible/modéré

Serpolet

Thymus serpyllum

J F M A M J J A S O N D

Le serpolet est une plante tapissante qui forme des touffes. Bien qu'il soit odorant lorsqu'on le froisse, il n'est pas aussi parfumé que son cousin, le thym commun (*Thymus vulgaris*). Il pousse dans des endroits rocailleux, mais aussi en plein soleil, étalé sur les talus et n'hésitant pas à prendre pied sur les dunes de sable. Sa première exigence est un sol bien drainé. Par exemple, après un hiver froid et humide, les plantes qui poussent sur les rochers et les pierres survivent à coup sûr, celles qui poussent dans de la terre risquent fort de périr.

Vous pouvez planter le serpolet entre les dalles d'une terrasse, entre des vieilles briques, ou dans les fissures d'un mur de soutènement. Si quelques plantes survivent la première année, de jeunes plants sortiront un peu partout l'année suivante.

Le thym commun devient ligneux et forme des minuscules buissons d'environ 30 cm de hauteur. Cette plante, bien connue pour son utilisation en cuisine, aime un terrain sec, sableux et ensoleillé. Le thym attire les papillons.

CARACTÉRISTIQUES

- *Couvre-sol*
- *Aromatique*
- *Hauteur 5 cm*
- *Plein soleil*
- *Modéré*

Hélianthème commun

Hélianthème commun

Helianthemum nummularium

La longue saison de floraison de l'hélianthème s'étend du printemps au début de l'automne. Pendant cette période, il est couvert de fleurs jaunes gaies et brillantes. Ce sous-arbuste à végétation basse est de culture facile. Il aime un sol très sec et les versants secs et sableux.

On peut le multiplier par semis, mais la méthode la plus simple est de prélever des boutures en juillet et août. Les boutures enracinées peuvent être plantées au jardin au printemps suivant. Une grande surface plantée d'hélianthèmes produit un effet saisissant. Il existe des cultivars à fleurs roses, rouges, saumon, et tachetées, ainsi qu'à fleurs doubles.

J F M A M J J A S O N D

La sous-espèce *H. nummularium œlandicum*, de l'île d'Öland en Suède, reste plus nain et ses fleurs sont couleur beurre.

Dans la nature, l'hélianthème commun est très fréquenté par les abeilles. Elles ne s'intéressent pas aux formes cultivées, ce qui est une raison supplémentaire de choisir la variété sauvage.

CARACTÉRISTIQUES

- Pour situations très sèches
- Attire les abeilles
- Hauteur 10 - 40 cm
- Plein soleil
- Faible

Campanula portenschlagiana

Campanule

Campanula spp.

La famille des campanules est nombreuse et variée. Elle comprend des espèces extrêmement petites et d'autres qui mesurent plus de 90 cm de hauteur. Les Alpes, les Balkans et la Turquie fournissent différentes plantes de rocailles intéressantes, quoique parfois très exigeantes. D'autres espèces, comme la raiponce (*Campanula rapunculoides*), qui peut devenir une redoutable mauvaise herbe impossible à éradiquer, sont des indésirables.

Campanula rotundifolia est facile à cultiver. Même si elle n'est pas vraiment envahissante, elle peut s'immiscer entre d'autres plantes et devenir difficile à contrôler. En terrain découvert et dans les crevasses des rochers, elle mesure 25 à 30 cm, mais dans une herbe drue, ou mélangée à d'autres plantes vivaces, quand elle doit monter pour chercher la lumière, elle peut atteindre 60 cm.

J F M A M J J A S O N D

On peut placer *C. rotundifolia* en divers endroits du jardin, tant que le sol est bien drainé. On peut la planter dans les joints d'un dallage grossier, dans les fissures d'un mur de soutènement, ou dans un grand jardin de rocaille. *Campanula cochleariifolia*, une campanule d'Europe centrale, est indiquée pour un petit jardin de rocaille. Elle forme un tapis, et porte des fleurs d'un centimètre de diamètre sur des tiges noueuses.

Une des meilleures campanules pour un endroit rocheux est la campanule des murailles (*C. portenschlagiana*) qui fleurit abondamment et pousse parfois spontanément sur les murs.

CARACTÉRISTIQUES

- *Fleurs presque toujours bleues*
- *Quelques espèces envahissantes*
- *Hauteur jusqu'à 90 cm*
- *Plein soleil*
- *Faible/modéré*

Campanula cochleariifolia

Euphorbe des bois

Euphorbia amygdaloides

Euphorbia amygdaloides pousse généralement en lisière de forêt et dans les fourrés pas trop denses ; mais au jardin, on peut la planter en terrain plus dégagé. On la cultive souvent comme une espèce domestique. C'est d'abord parce qu'elle fleurit en avril, quand peu d'autres plantes de bordure sont en fleurs. Elle présente en outre l'avantage de conserver toute l'année son joli feuillage allant du vert foncé au marron rouge.

Euphorbia amygdaloides tolère une ombre légère, mais ses couleurs sont plus intenses et la plante est plus compacte dans un sol bien drainé, en plein soleil.

Les plantes élevées en conteneur ne vivent généralement pas longtemps. Les plantules qui apparaissent spontanément sont beaucoup plus vigoureuses. Deux espèces peuvent être installées dans un jardin de rocaille : *Euphorbia cyparissias*, une plante rampante à feuilles étroites qui peut rapidement couvrir plusieurs mètres carrés, et l'euphorbe de Corse (*E. myrsinites*) aux épaisses feuilles bleu-vert, dont les tiges traînent mollement sur le sol. Ces deux espèces préfèrent un sol sec, en plein soleil.

Dans les régions montagneuses d'Europe centrale, ces plantes servent de nourriture au sphinx de l'euphorbe.

J F M A M J J A S O N D

CARACTÉRISTIQUES

- *Toujours vert ; floraison précoce*
- *Sève et graines toxiques*
- *Hauteur 40 - 90 cm*
- *Plein soleil*
- *Faible/modéré*

Ancolie

Aquilegia vulgaris

Dans les jardins mal entretenus des fermes anciennes, on voit souvent des ancolies. Ces espèces aux formes gracieuses s'hybrident facilement entre elles. Les fleurs sont généralement violettes, mais peuvent être parfois blanches ou roses. Le plus étonnant dans ces fleurs, ce sont leurs cinq longs éperons. C'est dans ces éperons que les papillons vont chercher le nectar. Les abeilles qui ne peuvent atteindre le nectar directement, leur trompe étant trop courte, font un trou au fond de l'éperon.

L'ancolie est d'une culture facile. Elle supporte aussi bien un terrain sec et le plein soleil que la mi-ombre sous des arbres ou des arbustes. Au jardin, les plus belles plantes sont celles qui apparaissent là où elles ont pu se semer spontanément. L'ancolie est donc tout indiquée dans un jardin naturel puisque les plantes y sont plus ou moins libres de leur destin. Comme beaucoup d'autres membres de la famille des boutons d'or, l'ancolie est toxique.

papillon butineur

CARACTÉRISTIQUES

- Fleurit abondamment ; facile à cultiver
- Bonne fleur à bouquet
- Hauteur jusqu'à 80 cm
- Ombre/mi-ombre
- Modéré

Caryophyllacées : famille des œillets — Vivace

Sabline

Arenaria montana

La sabline des Alpes, un des membres de la famille des sablines, est facile à cultiver. Elle porte de nombreuses fleurs blanches en été et forme, au bout d'un certain temps, un épais tapis de verdure à travers lequel les mauvaises herbes pénètrent difficilement.

Dans la nature, la sabline pousse en lisière de forêt. Elle ne fleurit qu'avec parcimonie et son port est relâché et sans intérêt. Mais au jardin, parmi les rochers en plein soleil, il en va tout autrement. Les fleurs sont abondantes et la végétation compacte et vigoureuse. Cette différence entre les plantes qui poussent dans la nature et celles qui poussent au jardin tient à ce que, dans la nature, elles sont au milieu d'herbes qui accaparent une partie des éléments nutritifs et de la lumière. Au jardin, une grande partie de cette concurrence peut être supprimée, ce qui permet aux plantes de fleurir abondamment.

Arenaria montana n'est pas exigeante. Elle est particulièrement à sa place dans un grand jardin de rocaille ou au sommet d'un muret. Les tiges rampent sur les pierres et produisent de nouvelles racines, ce qui contribue à former un tapis. *A. serpyllifolia*, dont les feuilles rappellent celles du thym, est une plante annuelle à la végétation plus lâche. On multiplie les sablines par division de touffe, par semis, ou par bouturage.

J F M A M J J A S O N D

CARACTÉRISTIQUES

- *Floraison très abondante*
- *S'étend par enracinement des tiges*
- *Hauteur environ 30 cm*
- *Plein soleil*
- *Faible/modéré*

Asteracées : famille des marguerites · Vivace

Achillée tomenteuse

Achillea tomentosa

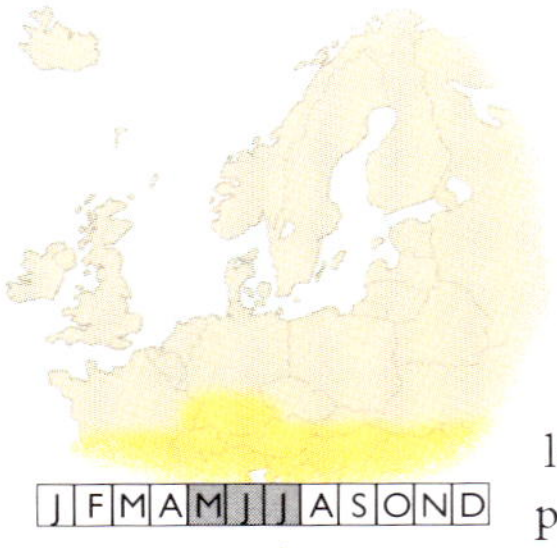

La forme de cette plante est révélatrice de l'endroit où elle pousse à l'état sauvage. Ses feuilles et ses tiges sont recouvertes d'un épais duvet blanc (au point que les feuilles semblent se coller entre elles). Cette caractéristique, et ses feuilles grises ou bleutées, coriaces, sont une marque de l'adaptation à des régions chaudes et sèches.

Il n'est dons pas étonnant que son climat de prédilection soit celui des pentes rocheuses de l'Europe du Sud, un habitat difficile où, pour survivre, une plante doit retenir la moindre molécule d'eau le plus longtemps possible. Les feuilles duveteuses garantissent que l'évaporation sera réduite au minimum.

Au jardin, c'est une bonne plante pour garnir des gradins ou les parties les plus drainées d'un jardin de rocaille. On peut aussi la planter entre les dalles d'une terrasse, ou sur une pente sableuse. Les fleurs jaune d'or apparaissent en bouquets aplatis au sommet de tiges de 15 à 20 cm.

On la multiplie facilement par division de touffe, de préférence au début du printemps, ou au mois d'août. Il faut replanter les éclats immédiatement.

Ne mettez en aucun cas ces plantes en terrain riche ; les feuilles perdraient leur belle couleur gris-vert, et, pire, la plupart d'entre elles mourraient de pourriture si elles entraient dans l'hiver sans être bien aoûtées.

CARACTÉRISTIQUES

- *Feuilles duveteuses très coriaces*
- *Convient aux sols sableux*
- *Hauteur jusqu'à 20 cm*
- *Plein soleil*
- *Faible*

Érine des Alpes

Erinus alpinus

Cette plante vivace pousse sur les rochers et les décombres, mais ne vit pas longtemps. En plaine, elle pousse sur les murs et autres situations similaires. Dans les Alpes, il n'est pas rare de voir d'énormes rochers couverts d'*Erinus* en fleurs. Dans un jardin, son inconvénient est de mourir aussitôt après la floraison, ou au mieux, après le premier hiver.

C'est généralement parce que le sol est beaucoup trop riche ; l'*Erinus* ne peut pas survivre dans ces conditions. Après la floraison, les nombreuses graines se logent dans des fissures ou des crevasses et y germent. Ces jeunes plantes forment la nouvelle génération qui va rapidement recouvrir les pierres et les affleurements rocheux.

En sol fertile, cette plante peut atteindre 15 cm, mais ne fleurit que modérément. En sol pauvre, elle ne dépasse pas 5 à 10 cm, mais fleurit très abondamment.

spécimen à fleurs blanches

CARACTÉRISTIQUES

- *Fleurit abondamment en sol pauvre*
- *Se ressème bien*
- *Hauteur 5 - 15 cm*
- *Mi-ombre/plein soleil*
- *Faible*

Origanum vulgare 'Compactum'

Origan

Origanum vulgare

J F M A M J J A S O N D

L'origan est connu depuis longtemps pour son parfum puissant, et on l'utilise depuis des siècles comme herbe aromatique, en infusion, et même en teinture. Il préfère une exposition ensoleillée et un sol assez sec, mais il n'en demande guère davantage (voir aussi p. 162)

À l'état sauvage, c'est une espèce variée, à la fois par ses dimensions et par les couleurs de ses fleurs. Les pépiniéristes ont sélectionné des graines de ce qu'ils considéraient comme les plus beaux spécimens et ont développé des cultivars comme 'Compactum' aux fleurs rose lilas et au port très compact, ou encore 'Thumble's Variety' au feuillage jaune, ce qui rend la plante également décorative en dehors de la saison de floraison.

Il existe aussi d'autres espèces qui peuvent être utilisées comme herbes aromatiques ou plantes ornementales, par exemple, la marjolaine (*Origanum marjorana*), une herbe plus délicate, ou *O. pulchellum*, une jolie plante buissonnante qui se couvre de bouquets de fleurs minuscules en été.

Généralement, on multiplie l'origan par semis, mais les cultivars ne peuvent être reproduits que par bouture ou division de touffe. Il se plaît dans un grand jardin de rocaille, sur les pentes rocheuses ou accroché à un mur.

tissu teint à l'origan

herbe aromatique

CARACTÉRISTIQUES

- *Très odorant*
- *Fleurit abondamment ; apprécié des abeilles et des papillons*
- *Hauteur jusqu'à 80 cm*
- *Plein soleil*
- *Faible*

Compagnon rouge (*Silene diurna*)

Silène

Silene spp.

La silène est présente dans toute l'Europe, même le long des côtes rocheuses de l'Atlantique où elle reçoit régulièrement de l'eau salée. Les deux plus fréquentes de ses nombreuses formes sont Compagnon rouge, et Compagnon blanc. Les formes les plus éloignées sont classées dans des sous-espèces, par exemple, *S. vulgaris*, subsp. *maritima*.

Cette plante pousse souvent assez mal dans un jardin. Les tiges sont fragiles et s'étalent sur le sol. Mais les fleurs sont curieuses : le calice de la fleur femelle, qui se gonfle comme un ballon, reste longtemps sur la plante car la capsule de graines se développe à l'intérieur. Les plus grandes espèces de silène poussent habituellement dans un sol plus riche et plus humide, mais les plantules s'adaptent généralement bien à un environnement plus rocailleux et plus sec.

On peut répandre les graines sur des rochers érodés présentant des trous et des crevasses. Les plantes qui en sortiront seront compactes et fleuriront abondamment. La mousse que l'on voit souvent à l'aisselle des feuilles du Compagnon rouge, est émis par la larve d'un insecte, *Philænus spumarius*.

J F M A M J J A S O N D

♂ ♀

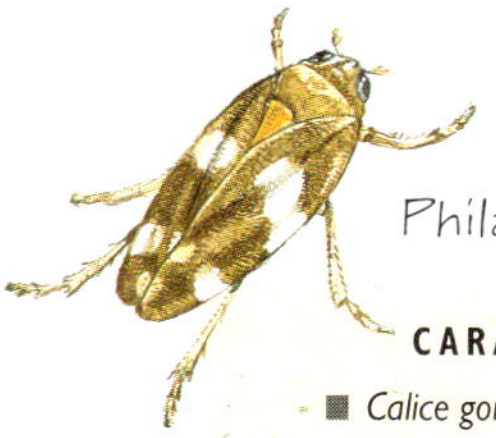

Philænus spumarius

CARACTÉRISTIQUES

- *Calice gonflé caractéristique*
- *Végétation assez lâche*
- *Hauteur jusqu'à 60 cm*
- *Plein soleil*
- *Faible*

silène à fleurs blanches

Primevère (*Primula vulgaris*)

Primevères

Primula spp.

J F M A M J J A S O N D

La plupart des primevères européennes sont des plantes de montagne qui poussent dans les crevasses des rochers ombragés. Les espèces asiatiques poussent plutôt dans des prairies humides ou sur les berges des cours d'eau.

L'oreille d'ours (*Primula auricula*) aime le soleil, et pousse sur les rochers calcaires d'Europe centrale. La plante forme une rosette de feuilles épaisses et coriaces qui, dans un premier temps, sont recouvertes d'une poudre farineuse. Les tiges d'environ 25 cm sont couronnées de fleurs jaunes au cœur blanc.

Il n'est pas facile de se procurer d'authentiques oreilles d'ours. On trouve en jardinerie des cultivars à fleurs rouges, jaune-vert ou marron qui ne sont pas particulièrement séduisants. On associe souvent les primevères à un sol humide et à l'ombre. C'est justifié pour la primevère commune (*P. vulgaris*), une espèce à fleurs jaunes cultivée depuis des décennies. Elle n'est pas adaptée à une situation ensoleillée ou au sol sec d'un jardin de rocaille, mais on peut l'installer dans une bordure à l'ombre, une prairie fleurie ou un jardin printanier. Il existe de nombreuses formes cultivées, dont certaines à fleurs blanches ou d'autres à fleurs doubles. On la multiplie par semis ou par division de touffe. Pour beaucoup d'espèces, le plus simple est de les diviser au printemps et de les replanter immédiatement.

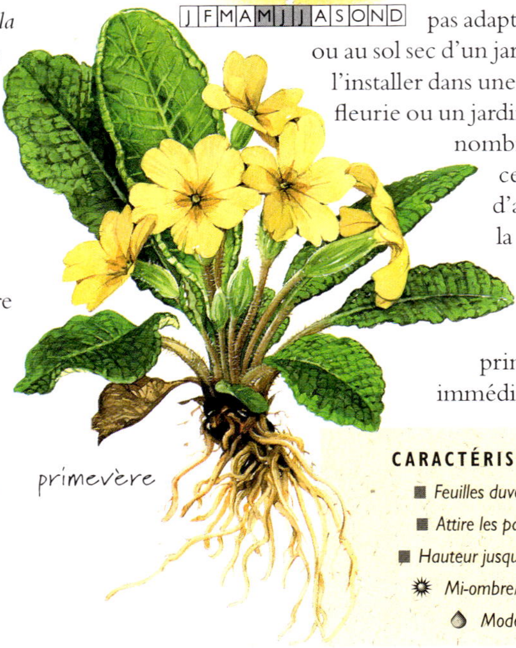

primevère

CARACTÉRISTIQUES

- *Feuilles duveteuses*
- *Attire les papillons*
- *Hauteur jusqu'à 25 cm*
- *Mi-ombre/mi-soleil*
- *Modéré*

Saxifrage paniculé

Saxifraga paniculata

Les amateurs de plantes de rocaille manifestent un grand intérêt pour la famille des saxifrages, en particulier pour les espèces originaires des Balkans ou de l'Himalaya, et les hybrides qui en sont issus. La floraison de ces espèces est précoce, et dans des couleurs originales. Elles sont malheureusement difficiles à cultiver dans un jardin ordinaire.

Mais il existe des espèces européennes plus accommodantes. Parmi celles-ci, on trouve le saxifrage paniculé (*Saxifraga paniculata*), une espèce d'Europe centrale qui pousse sur les rochers et les éboulis. Cette plante forme des petites rosettes de feuilles grisâtres rugueuses, aux bords recouverts d'écailles. La tige florale et ses petites fleurs blanches apparaissent pendant les mois d'été. Comme les autres membres de la famille des saxifrages, cette espèce reste décorative en dehors de la saison de floraison.

Comme elle est peu exigeante, il est toujours possible de lui trouver une place dans un jardin de rocaille. Vous pouvez aussi l'installer sur un mur en gradins ou aux pierres disjointes, dans une vasque ou une auge, et même dans un arbre creux.

On la multiplie par division de touffe ou par bouturage. On peut aussi la semer, mais il faut une certaine expérience et de la patience.

CARACTÉRISTIQUES

- *Bouquets de fleurs blanches*
- *Rosettes de feuilles formant des coussins*
- *Hauteur jusqu'à 25 cm*
- *Ombre/plein soleil*
- *Faible/modéré*

Orpin anglais (*Sedum anglicum*)

Orpin

Sedum spp.

J F M A M J J A S O N D

Il existe, dans la famille des orpins, de nombreuses plantes magnifiques et faciles à cultiver, ayant leur place dans un jardin de rocaille, par exemple, l'orpin anglais (*Sedum anglicum*), qui, dans la nature, pousse essentiellement sur les côtes rocheuses d'Europe occidentale. Certaines espèces, comme l'orpin âcre, ou poivre de muraille (*Sedum acre*) et *S. sexangulare*, sont néanmoins trop envahissantes pour être cultivées.

L'orpin blanc (*Sedum album*) que l'on trouve un peu partout, peut être facilement acclimaté au jardin. Étant tapissant par nature, il peut être utilisé comme couvre – sol dans une bordure, et il peut même pousser sur un toit en tôle ondulée – preuve s'il en est de son adaptabilité.

L'orpin blanc préfère une situation ensoleillée et sèche. Si le sol est riche en éléments nutritifs, il forme de nombreuses tiges garnies de feuilles charnues, presque cylindriques. Si l'exposition n'est pas favorable, ou le sol trop pauvre, ses tiges sont flasques et ses feuilles restent minces. Les fleurs sont parfois si abondantes qu'elles peuvent cacher le feuillage. Les tiges brisées s'enracinent dans presque toutes les circonstances et donnent naissance à de nouvelles plantes, ce qui signifie que l'orpin blanc peut s'étendre rapidement. C'est une espèce au feuillage vert et aux fleurs blanches, mais il existe, dans la nature, des espèces à feuilles rouges avec des fleurs blanc rosé, comme par exemple le cultivar bien connu 'Murale'.

Une espèce de papillon, l'apollon, entretient une relation privilégiée avec l'orpin blanc, puisque ses larves s'en nourrissent.

apollon

Sedum album 'Murale'

CARACTÉRISTIQUES

- Forme un tapis toujours vert
- Floraison abondante
- Hauteur 10 - 15 cm
- Plein soleil
- Faible/modéré

Joubarbe toile d'araignée (*Sempervivum arachnoideum*)

Joubarbe

Sempervivum spp.

J F M A M J J A S O N D

Les feuilles charnues des membres de la famille des joubarbes sont resserrées en rosettes, ce qui donne à ces plantes succulentes un aspect très décoratif. Trois espèces sont particulièrement connues : la joubarbe toile d'araignée (*Sempervivum arachnoideum*), dont la rosette de feuilles est recouverte d'un réseau de fils blancs ; la joubarbe des montagnes (*S. montanum*) dont les rosettes mesurent de 1 à 5 cm de diamètre ; et la joubarbe des toits (*S. tectorum*), qui peut atteindre 8 cm de diamètre.

Ces espèces sont très variables, et il faut parfois être expert pour ne pas les confondre. Il existe beaucoup d'autres espèces, ainsi que des dizaines d'hybrides, et d'hybrides d'hybrides. Les couleurs des joubarbes vont du blanc au rouge en passant par le jaune. Les fleurs s'épanouissent en bouquets arrondis sur des tiges charnues. Autrefois, on plantait la joubarbe des toits (*S. tectorum*) sur les faîtages, car on croyait qu'elle écartait les éclairs et protégeait la maison contre le feu. On la multiplie en plantant des rosettes prélevées sur une touffe.

Toutes ces espèces sont très peu exigeantes. Elles poussent sur un toit de tuiles, sur un mur, ou entre les pierres d'un mur de soutènement. Elles peuvent aussi vivre contre des rochers.

Elles préfèrent un endroit ensoleillé, leurs feuilles épaisses se gorgeant d'eau en prévision des périodes de sécheresse.

joubarbe toile d'araignée sur un toit

CARACTÉRISTIQUES

- *Rosettes décoratives*
- *Idéale pour un endroit sec*
- *Hauteur jusqu'à 60 cm*
- *Plein soleil*
- *Faible*

■ *Rhamnus alaternus* 'Argenteo-variegata'

Nerprun cathartique

Rhamnus cathartica

Le nerprun cathartique est un gros buisson épineux, répandu dans toute l'Europe. Dans les régions montagneuses, il préfère un terrain sec et rocailleux ; en plaine, on le trouve souvent à l'ombre légère des arbres et des arbustes, là où le sol est riche en terreau de feuilles, et pas trop sec.

Les fleurs jaune-vert insignifiantes sont suivies, à la fin de l'été, de baies noires luisantes assez toxiques, bien que certains oiseaux s'en délectent, comme le gobe-mouches gris. Les feuilles sont vert foncé et l'extrémité de chaque branche est garnie d'une épine pointue.

Le nerprun n'est pas exigeant. Il s'accommode de toute terre de jardin normalement équilibrée, en formant un buisson qui conserve sa forme sans être taillé. Il produit néanmoins un grand nombre de fines racines noires qui dissuadent d'autres plantes de pousser à proximité.

On peut le multiplier en semant les baies, mais il est préférable de ne pas s'attarder sur cette méthode et d'acheter quelques plantes de plus grande taille dans une jardinerie. Le cultivar *Rhamnus alaternus* 'Argenteo-variegata' est très semblable au nerprun cathartique, mais ses feuilles sont partiellement colorées et il est plus sensible aux grands froids.

CARACTÉRISTIQUES

- *Buisson épineux*
- *Baies toxiques*
- *Hauteur jusqu'à 6 m*
- *Mi-ombre/plein soleil*
- *Modéré*

Fabacées : famille des pois — Vivace ligneuse

Bugrane épineuse

Ononis spinosa

J F M A M J J A S O N D

La bugrane épineuse possède des tiges ligneuses couvertes de petites épines pointues. Les fleurs roses en forme de papillon apparaissent au printemps et en été. Elle pousse le plus souvent dans des endroits herbeux secs, et aime particulièrement les bas-côtés des routes.

Peu connue et rarement plantée, cette espèce est néanmoins jolie, facile à cultiver, et elle fleurit longtemps et abondamment. C'est une plante idéale pour une pente ensoleillée.

Comme beaucoup d'autres plantes qui produisent ce type de fleurs, la bugrane épineuse possède des racines particulièrement difficiles à couper, même avec une bêche tranchante. La division de touffe est presque impossible et, même si vous y parvenez, la plante souffre gravement de cette opération. Il est préférable d'acheter des jeunes plantes dans une jardinerie ; elles sont généralement disponibles au printemps et en automne. On peut aussi semer les graines au printemps et repiquer les plantules au jardin l'année suivante. La bugrane épineuse pousse dans presque tous les sols, mais préfère les endroits chauds et secs. Elle peut rester en place pendant des années.

CARACTÉRISTIQUES

- *Fleurs roses abondantes*
- *Tiges très épineuses*
- *Hauteur 40 - 60 cm*
- *Plein soleil*
- *Faible*

Argousier

Hippophae rhamnoides

À l'état sauvage, l'argousier pousse le plus souvent dans les dunes de sable des côtes occidentales d'Europe. On le trouve aussi dans les régions montagneuses, sur les rives rocailleuses des torrents. Ce buisson est armé d'épines. Les fleurs mâles et femelles, qui apparaissent avant les feuilles et sur des plants séparés, sont insignifiantes et à peine visibles. Les feuilles sont gris-vert et étroites. C'est vers la fin de l'été que l'argousier révèle sa plus grande qualité, lorsque ses baies, parfois par milliers, prennent une couleur orangée. Non seulement ces fruits sont très décoratifs, mais ils sont très appréciés des oiseaux, principalement des grives, qui les mangent et dispersent leurs graines dans leurs fientes.

L'argousier supporte très bien la sécheresse car il vit en symbiose avec une bactérie qui fixe l'azote de l'air. La plante peut assimiler cet azote, ce qui fait qu'elle ne dépend pas de celui qui est contenu dans le sol. Au jardin, il faut le planter en terrain sec, à exposition ensoleillée. Grâce à ses nombreuses épines et à sa végétation dense, il peut constituer des haies particulièrement efficaces et des lieux de nidification pour les oiseaux.

CARACTÉRISTIQUES

- *Fructification attirant les oiseaux*
- *Très épineux*
- *Hauteur jusqu'à 6 m*
- *Mi-ombre/plein soleil*
- *Faible*

Cornouiller mâle

Cornus mas

Le cornouiller mâle, que l'on trouve à l'état sauvage en Europe centrale et méridionale ainsi qu'en Asie occidentale, est très cultivé en France pour ses fruits. Avec ceux-ci, qui sont rouges comme des cerises, on fabrique des confitures, des compotes et un vin spécial, le vin de cornouille. C'est un des arbustes à la floraison la plus précoce. Les feuilles sortent en avril, et les fruits brillants et allongés, qui font le régal des oiseaux, apparaissent pendant l'été.

J F M A M J J A S O N D

On peut multiplier le cornouiller mâle par boutures d'hiver, ou par semis, mais ce n'est pas simple. Vous avez intérêt à acheter des plantes dans votre jardinerie habituelle – les cornouillers mâles sont toujours vendus en motte.

Cet arbuste est pollinisé par les abeilles et d'autres insectes. Si le mauvais temps vient contrarier ce processus, la production de fruits en est très affectée.

Au jardin, on peut utiliser le cornouiller mâle en plante solitaire, en haie, ou en brise-vent. L'écorce du bois des plants les plus âgés forme de jolies écailles.

CARACTÉRISTIQUES

- *Fruit comestible*
- *Attire les oiseaux*
- *Hauteur jusqu'à 3,50 m*
- *Mi-ombre/plein soleil*
- *Modéré*

Gypsophile rampante (*Gypsophila repens*), à gauche ; cymbalaire (*Cymbalaria muralis*), à droite.

Espèces complémentaires

VIVACES

Nom	Couleur de la fleur	Hauteur	Floraison / caractéristiques
Corbeille d'or *Alyssum saxatile*	jaune	20 cm	avril-mai / fleurit abondamment / attire les papillons
Pied de chat *Antennaria dioica*	rose	15 cm	mai-juillet / pour expositions très sèches
Œillet de mer *Armeria maritima*	rose lilas	15 cm	mai-juillet / herbe / attire les abeilles
Fausse capillaire *Asplenium trichomanes*	–	5 cm	pour endroits rocailleux et protégés
Cymbalaire *Cymbalaria muralis*	blanche ou bleu pâle	5 cm	juin-septembre / envahissant, à mettre dans es crevasses
Gypsophile rampante *Gypsophila repens*	blanche	20 cm	juin-août / couvre-sol
Épiaire *Stachys germanica*	rose violacé	60 cm	juin-septembre / feuillage duveteux intéressant hors de la période de floraison
Véronique des Alpes *Veronica alpina*	bleue	15 cm	juin-juillet / couleur des fleurs très originale
Calament nain *Calamintha nepeta*	lilas à blanche	60 cm	juillet-octobre / parfumée / élue plante vivace de l'année 1995
Vulnéraire *Anthyllis vulneraria*	jaune	30 cm	mai-août / annuelle ou vivace / convient à une bordure de plantes sauvages / attire les abeilles
Céraiste tomenteuse *Cerastium tomentosum*	blanche	15 cm	mai-juin / pour expositions très sèches / belles feuilles grises

POUR *en* SAVOIR PLUS

ADRESSES à L'ÉTRANGER

Le jardinage proche de la nature et l'agriculture bio ont séduit de nombreux pays européens avant la France. On y trouve donc un certain nombre de bonnes adresses qui vous seront précieuses pour trouver des semences et des plants que vous aurez peut-être du mal à trouver en France. Ces deux premières pages d'adresses sont complétées par la liste des organisations de préservation de la nature.

GRANDE-BRETAGNE

Applegarth Nursery
The Elms, Maesbrook,
Oswestry,
Shropshire SY10 8QF.
Plantes de cottage, espèces sauvages.

Arne Herbs
Limeburn Nurseries,
Chew Magna, Bristol,
Somerset BS18 8QW.
Herbes, plantes sauvages indigènes.
Vente par correspondance.

Bregover Plants
Middlewood, Launceston,
Cornwall PL15 7NN.
Plantes de cottage, espèces sauvages et forestières.
Vente par correspondance.

British Wild Flower Plants
23 Yarmouth Road, Ormesby
St Margaret,
Great Yarmouth, Norfolk
NR29 3QE.
Fleurs sauvages.
Vente par correspondance.

Chiltern Seeds
Dept BBCW, Bortree Stile,
Ulverston, Cumbria,
LA12 7PB.
Fleurs sauvages.

CN Seeds
Denmark House, Pymoor,
Ely, Cambridgeshire CB6 2EG.
Graines, espèces sauvages.
Vente par correspondance.

Emorsgate Seeds
The Pea Mill, Market Lane,
Terrington St Clement, King's
Lynn, Norfolk PE34 4HR.
Herbes et fleurs sauvages.
Vente par correspondance.

Green Gardener
41 Strumpshaw Road,
Brundall, Norfolk NR13 5PG.
Produits de traitement sans pesticides.

Haddesley Herb & Heather Centre
West Haddesley, Nr Selby,
N. Yorkshire, Y08 8QA.
Plantes médicinales, aromatiques, condimentaires, mélifères et espèces sauvages.

Hartside Nursery Garden
Alston, Cumbria CA9 3BL.
Wooded valley garden.
Plantes alpines, fougères.
Vente par correspondance.

HDRA Sales Ltd
Ryton Gardens, Natural
Centre for Organic Gardening,
Ryton on Dunsmore,
Coventry CV 3LE.
Semences et espèces sauvages.

Hewthorn Herbs & Wild Flowers
82 Julian Road,
West Bridgford,
Nottinghamshire NG2 5AN.
Plantes indigènes et acclimatées, sauvages, médicinales et pour terrains secs.
Vente par correspondance.

Hollington Nurseries
Woolton Hill, Newbury,
Buckinghamshire RG20 9XT.
Plantes grimpantes, herbes, semences de gazon et d'espèces sauvages.

Honeysome Aquatic Nursery
The Row, Sutton, Ely,
Cambridgeshire Cb6 2PF.
Plantes aquatiques et de marais.

Iden Croft Herbs
Herb Centre of Kent,
Frittenden Road, Staplehurst
TN12 0DH.
Plantes vivaces, herbes, fleurs sauvages.
Vente par correspondance.

Jekka's Herb Farm
Rose Cottage, Shellards Lane,
Alveston,
Bristol, Avon BS12 2SY.
Herbes, semences, fleurs sauvages.
Vente par correspondance.

John Chambers' Wild Flowers Seeds
15 Westleigh Road,
Barton Seagrave,
Kettering, Northamptonshire
NN15 5AJ.
Gazon, semences, fleurs sauvages.
Vente par correpondance.

Knighthayes Garden Trust
The Garden Office,
Knighthayes,

Tiverton, Devon EX16 7RG.
Bulbes, plantes vivaces, arbustes, arbres.

Landlife Wildflowers Ltd
The Old Police Station,
Lark Lane,
Liverpool, Merseyside L17 8UU.
Semences indigènes, plantes naines et bulbes.

Linda Gascoigne Wild Flowers
17 Imperial Road, Kibworth
Beauchamp,
Leicester, Leicestershire
LE8 0HR.
Plantes indigènes et fleurs attirant la faune.
Vente par correspondance.

Mickfield Watergarden Centre
Debenham Road, Mickfield,
Stowmarket, Suffolk IP14 5LP.
Plantes aquatiques et plantes de marais ou de zones humides.
Vente par correspondance.

Mount Pleasant Trees
Rockhampton,
Berkeley, Gloucestershire
GL13 9DU.
Arbres indigènes, plantes forestiers et pour les haies.

Natural Surroundings
Bayfield Holt, Norfolk
NR25 7JN.
Fleurs et plantes sauvages.

Naturescape
Coach Gap Lane,
Langar, Nottinghamshire
NG13 9HP.

Fleurs sauvages, arbres et arbustes anglais, plantes de bassin et de marais, semences. Vente par correspondance.

Old Court Nurseries
Walwyn Road, Colwall, Malvern, Hereford & Worcester WR13 6QE.
Plantes vivaces, fleurs sauvages.

R D Plants
Homelea Farm, Tytherleigh, Axminster, Devon EX13 7BG.
Vivaces herbacées, plants forestiers.
Vente par correspondance.

Robert W & R Bewley
Queens Road Nursery, 66 Queens Road, Blackhill, Consett, Essex DH8 0BW.
Plantes alpines et de rocaille.
Vente par correspondance uniquement.

Sellet Hall Herbs
Whittington, Via Carnforth, Lancs LA6 2QF.
Fleurs sauvages, semences.

Selsley Herb & Goat Farm
Waterlane, Selsley, Stroud, Glos GL5 5LW.
Semences pour gazon et graines de fleurs sauvages.

Stapeley Water Gardens Ltd
London Road, Stapeley, Nantwich, Cheshire CW5 7LH.
Plantes aquatiques et de marais.
Vente par correspondance.

The Herb Nursery
Thistleton, Oakham, Leicestershire LE15 7RE.
Herbes, fleurs sauvages.

The Wild Flower Centre
Church Farm, Sisland, Norwich, Northamptonshire NR14 6EF.
Fleurs sauvages indigènes et acclimatées.
Vente par correspondance.

Yellow Flag Wildflowers
8 Plock Court, Longford Glos.
Plantes des marais et fleurs des champs.

YSJ Seeds
Kingsfield Conservation Nursery, Broadenham Lane, Winsham, Chard, Somerset TA20 4JF.
Arbres et buissons d'Europe, semis, fleurs sauvages.
Vente par correspondance.

Pays-Bas

De Bolderik
Wervershoof.
Tél. : (00 31) 228 583465
Plantes sauvages.

De Beemd
Oudendijk 25, NL-9989 EM Warffum.
Tél. : (00 31) 595 424589
Plantes indigènes.

De Ent
Holendrechterweg 35, NL-1191 KV Ouderkerk aan de Amstel.
Tél. : (00 31) 20 4963348
Plantes sauvages peu connues.

De Heliant
Oude Willem 2, NL-8426 SM Appelscha.
Tél. : (00 31) 516 433292
Plantes sauvages, mélifères et tinctoriales, fougères.

De Schutsboom
Bredestraat 52, NL-6542 SW Nijmegen.
Tél. : (00 31) 243 771744

Belgique

't Cruydenhof
Driestraat 44
Bavegem B-g263.
Tél. : (00 32) 9 3628281
Plantes aromatiques, médicinales, plantes tinctoriales.

Ecoflora
Rue de Genval 42, B-1331 Rosières.
Tél. : (00 32) 2 6520778
Plantes et herbes sauvages.

Allemagne

Alpengarten Pforzheim
Auf dem Berg 6, D-75181 Pforzheim-Würm.
Tél. : (00 49) 7231 70590

Plantes alpines, buissons.

Botanische Rartitäten
Oberkohlfurth, D-42349 Wuppertal-Cronenberg.
Tél. : (00 49) 202 470443
Plantes alpines, bulbes, vivaces, orchidées.

Naturgarten-Treff
Bardenhorst 15, D-4800 Bielefeld 15
Tél. : (00 49) 521 8751500
Plantes sauvages.

Organisations (France et étranger) pour la préservation de la nature

France

Fédération des Parcs Naturels de France
Boult-aux-Bois
08240 Buzancy
Tél. : 03 24 30 08 74

Fédération des Parcs Naturels Régionaux de France
4, rue de Stokholm
75008 Paris
Tél. : 01 44 90 86 20

Ligue Française de Protection des Oiseaux
136, rue Falguière
75015 Paris
Tél. : 01 53 58 58 38

Société Nationale de Protection de la Nature
57, rue Cuvier
75231 Paris
Tél. : 01 47 07 31 95

World Wildlife Fund (WWF) France
188, rue de la Roquette,
75011 Paris
Tél. : 01 55 25 84 84

Allemagne

Bundesforschungsanstalt für Naturschutz und Landschaftsökologie
Konstantinstrasse 110,
D-5300 Bonn 2.
Tél. : (00 49) 2288 4910

Grande-Bretagne

British Naturalist's Association
48 Russell Way, Higham Ferrers, Wellingborough, Northamptonshire, NN9 8EJ.

British Butterfly Conservation Society
Tudor House Quorn, Loughborough, Leicestershire LE12 8AD.

Wildlife Trust (Royal Society for Nature Conservation).
The Green, Witham Park, Waterside Sth, Lincoln, LN5 7JR.

Pays-Bas

IVN Vereniging voor Natuur- en Milieueducatie
Plantage Middenlaan 2C, NL-1018 DD Amsterdam.
Tél. : (00 31) 20 6228115

Vereniging Natuurmonumenten
PO Box 9933,
1200 WK's-Graveland.
Tél. : (00 31) 35 6559933

ADRESSES *en* FRANCE

Les Français sont aujourd'hui venus à une pratique du jardinage respectant l'environnement et exploitant toutes les possiblités de la flore sauvage. De nombreux professionnels se sont conformés à ce désir.

Grainetiers et horticulteurs

Alisma
Dominique Albert
« La Ville »
09160 Taurignan-Castet
Tél. : 05 61 66 77 63
Plantes aquatiques.
Vente par correspondance.

Bambous de Planbuisson
Michel Bonfils
24480 Le Buisson
Tél. : 05 53 22 01 03
Fax : 05 53 22 01 03
Plus de 200 espèces ou variétés de bambous pour toutes les régions.

Le Biau Germe
Fauret
47360 Montpezat
Tél./Fax : 05 53 95 95 04
Graines potagères et de fleurs.
Vente par correspondance.

Bourdillon iris
GAEC de Champagne,
BP 2 - Route de Gy
41230 Soing-en Sologne
Tél. : 02 54 98 71 06
Fax : 02 54 98 76 76
Iris, hémérocalles, pivoines, pavots.
Vente par correspondance.

Brochet Lanvin, pépinières
Lieu-dit 'La Presle'
51480 Nanteuil-la-Fôret
Tél. : 03 26 59 43 39
Plantes alpines, vivaces, arbustes tolérant le froid et la sécheresse.

Bulbes d'Opale
Patrice Blary
384 Boerenweg ouest
59285 Buysscheure
Tél. : 03 28 43 04 67
Fax : 03 28 43 02 65
Plantes bulbeuses et tubéreuses peu connues.
Vente par correspondance.

Cactus Esterel
Vincent Cerutti
Chemin de Maupas
83600 Bagnols en Forêt
Tél. : 04 94 40 66 73
Fax : 04 94 40 69 11
Cactées et plantes grasses.
Vente par correspondance.

Créa'Paysage
Didier Fogaras et Annie Lannenec
56270 Ploermeur
Tél. : 02 97 85 25 55
Fax : 02 97 86 38 16
Bambous, graminées, plantes vivaces, rosiers anciens, arbustes de bord de mer et végétaux rares.
Vente par correspondance.

Esselin & Tisserand
Le Village
30500 Potelières
Tél. : 04 66 24 82 82
Fax : 04 66 24 82 82
Plantes de tous les continents aux usages traditionnels méconnus ou disparus.
Vente par correspondance.

Exofleur
A et B Paseneau
Chemin de Faudouas
31700 Cornebarrieu
Tél. : 05 61 85 27 25
Fax : 05 61 85 82 28
Orchidées tropicales botaniques.
Vente par correspondance.

Fleurs de Gascogne
Yannick Fournet
Route de Buglose,
quartier la Glacière
40990 Saint Vincent de Paul
Tél. : 05 58 89 91 09
Fax : 05 58 89 96 45
Pélargoniums à fleurs odorantes, botaniques et hybrides peu commercialisés.

Florama - Jardin botanique des Pyrénées occidentales (centre pédagogique)
Jacques Urban
48, route de Morlaas
64160 Saint-Jammes
Tél. : 05 59 68 38 23
Fax : 05 59 68 38 23
Espèces rares ou peu répandues.
Vente par correspondance.

Fruits de Saison
Le Theillaud
87440 Marval
Tél. : 05 55 78 75 18
Fax : 05 55 78 75 18
Arbustes à fruits commestibles méconnus et oubliés, variétés anciennes.
Vente par correspondance.

Gaschet Graines
12, rue de Cantyades
49130 Les Ponts de CE
Tél. : 02 41 79 32 67
Fax : 02 41 79 33 52
Producteur de semences potagères et florales, espèces rares et insolites.

Gouin horiculture
Les Places
24250 Domme
Tél. : 05 53 28 21 88
Plantes vivaces et de rocaille, crassulacées, sempervivums et sédums.
Vente par correspondance (pour les plantes grasses seulement).

Graines Baumaux
BP 100
54062 Nancy-cédex
Semences florales.

La Grange aux Vivaces
Jacques Détriché
La Grée du Pouez
35150 Chanteloup
Tél. : 02 99 44 02 47
Fax : 02 99 44 02 47
Plantes vivaces, plantes aromatiques, plantes odorantes et piquantes.
Vente par correspondance.

Iris de Thau
Elisabeth Segui
14, rue des Logis
34140 Meze
Tél. : 04 67 43 82 50
ou 04 67 43 59 54
Collection d'iris germanica hybrides anciens et nouveaux.
Vente par correspondance.

Jardin Aquatique
Gérard Malinvaud
Chemin de Maupas
83600 Bagnols-en-Forêt
Tél. : 04 94 40 62 32
Fax : 04 94 40 69 11
Plantes aquatiques, nymphéas, victorias, lotus.
Vente par correspondance.

Jardin d'Arclusaz
Les Coutins
73250 Saint-Pierre-d'Albigny
Tél. : 04 79 71 41 92
Fax : 04 79 71 44 67
Plantes alpines et vivaces, plantes de rocaille himalayennes.

Jardin d'Athéna
J.-F. Protin
11, rue Landreau
44300 Nantes
Tél. : 02 40 93 06 48
Fax : 02 40 52 26 69
Plantes vivaces, malvacées, anémones.
Vente par correspondance.

Jardin d'Adoue
Monique Chevry
8, chemin du rupt d'Adoué
54690 Lay-Saint-Christophe
Tél. : 03 83 22 68 12
Fax : 03 83 22 93 51
Plantes vivaces anciennes et de collection.
Vente par correspondance.

Le Jardin d'eau
Marie-Mad Jéguard
Les Biez
22980 Saint-Michel-de-Plélan
Tél. : 02 96 27 08 43
Fax 02 96 27 08 43
Plantes aquatiques, de berges et de lieux humides, plantes vivaces.

Jardin de Rochevieilles
Jean-François Giraud
L'Ubac
07360 Saint-Fortunat
Tél. : 04 75 61 49 19
Fax : 04 75 61 49 19
Plantes adaptées au climat méditerranéen, bégonias, solanums.
Vente par correspondance.

Le Jardin d'en Face
La Ville au Monnier
35730 Pleurtuit
Tél. : 02 99 46 43 31
Plantes rares, vivaces rustiques pour terrain sec.
Vente par correspondance.

Un Jardin de Cottage
Monique Hego
Berchigranges
88640 Granges sur Vologne
Tél. : 03 29 51 47 19
Fax : 03 29 57 57 97
Plantes vivaces, primevères anciennes et auricoles, plantes anciennes et de terrain frais.

Jardin de Sauveterre
Jacques et Colette Girardeau
Le Boutant
23230 Moutier-Malcard
Tél./Fax : 05 55 80 60 24
Semences et jeunes plants de plantes sauvages indigènes d'Europe occidentale.

Jardin Plume
Sylvie et Patrick Quibel
Le Thil
76116 Auzouville sur Ry
Tél. : 02 35 23 00 01
Fax : 02 35 23 00 01
Vivaces à grand développement, graminées, aster.
Vente par correspondance.

Jardins de Bel Air
Marc Morisson
Bel Air
Route de Campsas
31620 Fronton
Tél. : 05 61 82 62 84
Fax : 05 61 82 10 26
Cactus, plantes succulentes, épyphyllums, et plantes à caudex.
Vente par correspondance (uniquement pour les épiphyllums).

Jardins de la Brande
Philippe Burey et Aline Farion
La Brande
24380 Fouleix
Tél. : 05 53 07 47 85
Fax : 05 53 08 59 77
Arbustes, notamment à floraison hivernale et à floraison odorante.
Vente par correspondance.

Jean-Luc Marcenac
La Rivière
46360 Saint Cernin

Tél. : 05 65 31 37 14
Fuchsias botaniques et hybrides, biodiversité d'Amérique latine.
Vente par correspondance.

Marcel Lecoufle
5, rue de Paris, 94470
Boissy St Léger.
Tél. : 01 45 95 25 25
Leader européen de l'orchidée.

Marie Fournier
Patrie
32110 Magnan
Tél. : 05.62.69.01.15
Fax : 05 62 69 13 36
Plantes vivaces, collection de 160 variétés de sauges.
Vente par correspondance.

Le Monde des Fougères
Olivier Ezavin
955, chemin des Puits
06330 Roquefort-les-Pins
Tél. : 04 93 77 63 38
Fax : 04 93 77 61 71
Fougères de climat doux, plantes d'ombre et couvre-sol.

Moulin de la Serre
46340 Degagnac
Tél. : 05 65 41 55 81
Fax : 05 65 41 64 59
Plantes aromatiques, condimentaires et odorantes, plantes tropicales.
Vente par correspondance.

Nature et Paysages
Jean-Jacques Labat
32360 Peyrusse-Massas
Tél. : 05 62 65 52 48
Fax : 05 62 65 50 44
Collection de plantes carnivores.
Vente par correspondance.

Le Potager d'un Curieux
La Molière
84400 Saignon
Tél. : 04 90 74 44 68
Semences potagères et ornementales rares et oubliées, produites et agriculture biologique.

Phytosem
Châteauvieux - ZI plaine de Lachaup
05000 Gap
Tél. : 04 92 53 94 37
Fax : 04 92 53 33 93
Production d'espèces sauvages.

Planbessin
Colette Sainte-Beuve
14490 Castillon
Tél. : 02 31 92 56 03
Fax : 02 31 22 70 09
Vivaces, arbustes, plantes aquatiques.
Vente par correspondance.

Roses d'Antan
Grâces
22200 Guingamp
Tél. : 02 96 44 41 10
Roses anciennes.

Thierry Railhet
19, chemin du Pradel
31790 Saint-Joly
Tél. / Fax : 05 61 35 59 36
Plantes australes et d'Afrique du Sud.
Vente par correspondance.

Tropic Flore
Daniel Levêque
Arcizac ez Angles
65100 Lourdes
Tél. : 05 62 42 92 26
Fax : 05 62 42 92 26
Plantes épiphytes.
Vente par correspondance.

Pépiniéristes

Adeline
18140 La Chapelle Montlinard
Tél. : 02 48 79 51 51
Fax : 02 48 79 50 01
Plantes oubliées.
Vente par correspondance.

Baches
66500 Eus
Tél. : 04 68 96 42 91
Fax : 04 68 05 25 75
Oliviers et agrumes, espèces résistantes au froid.
Vente par correspondance.

Baud
84110 Vaison la Romaine
Tél. : 04 90 36 08 46
Fax : 04 90 28 71 25
Figuiers, grenadiers, jujubiers.
Vente par correspondance.

Bentoglio
Route de Hauterive,
47110 Saint-Livrade
Tél. : 05 53 01 11 01
Fax : 05 53 01 11 01
Agrumes et arbres fruitiers.
Vente par correspondance.

Pépinières Botaniques armoricaines
Allée du Marquis - Graces
22200 Guingamp
Tél. : 02 96 44 46 16
Arbres et arbustes exotiques et rares, eucalypsus.
Vente par correspondance.

Pépinières Botaniques de la Preille
Myriam Grellier
86470 Montreuil-Bonnin
Tél. : 03 49 57 86 61
Arbres et arbustes botaniques.
Vente par correspondance.

Pépinières Botaniques Thoby – Plantarium®
40330 Gaujacq
Tél. : 05 58 89 24 22
Fax : 05 58 89 06 62
Arbustes, collection de camélias, hydrangeas, gycine, hostas, piéris.
Vente par correspondance.

Brochet-Lanvin
51480 Nanteuil-la-Forêt
Tél. : 03 26 59 43 39
Fax : 03 26 59 42 20
Vivaces et arbustes pour climat rude et sol calcaire, plantes alpines, rosiers anciens, légumineuses arbustives.
Vente par correspondance.

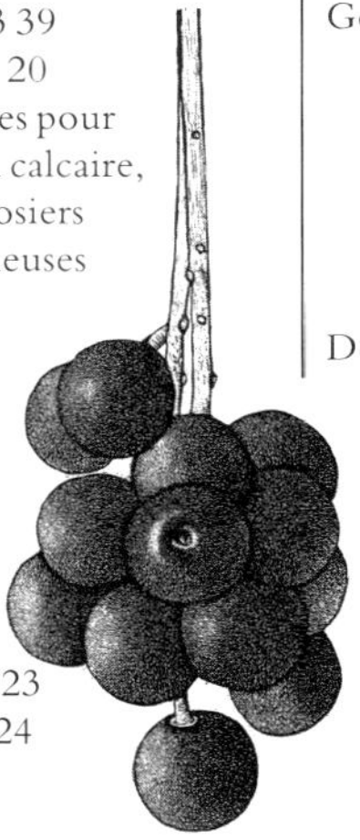

Cavatore
488, Chemin de Bénat
83230 Bormes-les-Mimosas
Tél. : 04 94 00 40 23
Fax : 04 94 00 40 24
Mimosas, acacias.
Vente par correspondance.

Daubas
418, av. du Bérange
34160 Saint-Drezery
Tél. : 04 67 86 92 36
Bougainvillées, plantes sud-africaines et sud-américaines.
Vente par correspondance.

De La Foux
781, Chemin de la Foux
83220 Le Pradet
Tél. : 04 94 75 35 45
Fax : 04 94 08 17 13
Sauges, ancolies, jasmin, cassia, plantes vivaces, arbustes, grimpantes.
Vente par correspondance.

Delay
38780 Estrablin
Tél. : 04 74 57 14 42
Fruitiers anciens et rustiques.
Vente par correspondance.

Derly
27420 Thilliers-en-Vexin
Tél. : 02 32 55 99 29
Fax : 02 32 27 12 73

Des Farguettes
24520 Saint Nexans
Tél. : 05 53 24 37 54
Fax : 05 53 24 37 54
Rosiers anciens et clématites botanique.
Vente par correspondance.

Des Vaugines
Isabelle & Gérard Weiner
Route de Cadenet
84160 Vaugines
Tél. : 04 90 77 13 80
Fax : 04 90 77 13 80
Plantes vivaces, arbrisseaux de terrain sec, méditerranéen et froid.
Vente par correspondance.

Filippi
34140 Meze
Tél. : 04 67 43 88 69
Fax : 04 67 43 84 59
Plantes pour jardins secs, cistes, lauriers roses.
Vente par correspondance.

Génillier
40150 Soort-Hossegor
Tél. : 05 58 43 56 82
Fax : 05 58 43 56 82
Cannas, plantes aquatiques.
Vente par correspondance (cannas seulement).

Des Hauts-de-Valcyre
67 avenue de Grenache
34270 Valflaunes
Tél. : 04 67 55 37 43
Fax : 04 67 55 37 43
Plantes d'Afrique du Sud, erythrina, hibiscus, malvacées.
Vente par correspondance.

La Soldanelle
Quartier Mauresque
83170 Rougiers
Tél. / Fax : 04 94 80 43 83
Vivaces de sol calcaire.

Lewisia
05300 Lazer
Tél. : 04 92 65 18 42
Plantes vivaces et arbustes d'Amérique du Nord, plantes de terrains secs.
Vente par correspondance.

Lumen
Les Coutets, Creysse
24100 Bergerac
Tél. : 05 53 57 62 15
Fax : 05 53 58 54 88
Plantes vivaces, aromatiques bio, saxifrages.
Vente par correspondance.

Minier
BP 79
49250 Beaufort-en Vallée
Tél. : 02 41 79 48 28
Fax : 02 41 47 50 13

Patrick Nicolas
8, sentier du clos Madame
92190 Meudon
Tél. : 01 45 34 09 27
Fax : 01 45 07 80 05
Plantes grimpantes, plantes pour petits jardins, plantes de rocaille.
Vente par correspondance.

Poiroux
Le Petit Beauregard
85340 Olonne sur Mer
Tél. : 02 51 95 09 61
Fax : 02 51 21 50 26
Plantes vivaces, plantes de bord de mer.
Vente par correspondance.

Poligné
Couvé
22490 Plouer-sur-Rance
Tél. : 02 96 86 80 07
Plantes de rocaille, plantes vivaces (2 500 espèces), bulbeuses.

Rolland Specker
168, route de Mulhouse
68300 Saint-Louis-la-Chaussée
Tél. : 03 89 69 80 30
Fax : 03 89 70 01 23
Plantes vivaces, plantes de collection, rosiers anciens, buis.
Vente par correspondance.

Simon & C°
La Saubertie
24580 Rouffignac
Tél. : 05 53 46 61 50
Fax : 05 53 46 61 50
Plantes vivaces.
Vente par correspondance.

Vert Écarlate
Le Falque
38620 Saint-Grégoire-en-Valdaine
Tél. : 04 76 07 59 50
Fax : 04 76 07 59 51
Arbres méconnus ou rares.

BIBLIOGRAPHIE

Les ouvrages traitant spécifiquement d'un jardinage naturel, en harmonie avec la nature, ne sont pas nombreux. Il existe néanmoins quelques titres incontournables sur la flore et la faune. Certains sont des classiques que tout bon jardinier s'intéressant de près à la flore et à la faune se doit de posséder.

Dictionnaire des plantes et des champignons
collectif, sous la direction de Bernard Boulard, 876 pages
Estem, 1997

Botanique
Ulrich Luttge, Manfred Kluge, Gabriela Bauer, 588 pages
Tec et Doc, 1997

Dictionnaire de la botanique
Encyclopedia Universalis
Collectif, 1600 pages
Albin Michel, 1999

La Nature en France
Philippe Keith, Jean-Claude Malaval, Frédéric Malvaux
328 pages
Sélection du Reader's Digest, 1999.

L'illustration botanique,
William Wheeler, 176 pages
Éditions du Carrousel, 1999

Les 2000 meilleures plantes de jardin
collectif, 576 pages
Bordas, 2000

Encyclopédie du Bon Jardinier
collectif sous la direction de Jean-Noël Burte, 1 172 pages
La Maison Rustique, 1994

Guide Vigot de le flore en Europe
Wilfried Stichmann, Ursula Stichmann-Marny, 447 pages
Vigot 2000

La Flore des montagnes,
Christian Boucher, 205 pages
Edisud 2000

Les Plantes de nos sous-bois
Office national des Forêts
collection "*Les hommes et la nature*", collectif, 48 pages
ONF, 1999

Botanique
Jean-Louis Guignard,
collection "*Abrégés de pharmacie*",
Masson, 1998

Botanique générale
Wilhelm Nultsch, 602 pages
De Boek Université, 1998

Guide de la Flore méditerranéenne
E. Bayer, K.P. Buttler, X. Finkenzeller, J. Grau, 287 pages
collection "*Les guides du naturaliste*"
Delachaux et Niestlé -
WWF International, 1998

Guide de la forêt
E. et W. Dreyer, 384 pages
collection "*Les compagnons du naturaliste*"
Delachaux et Niestlé 1998

Les Fleurs sauvages
Alastair Fitter et Michel Cuisin,
collection "*Nouvelle génération des guides*"
Delachaux et Niestlé, 1997

Mon Jardin sauvage, fleuri et productif,
Gertrud Franck, 128 pages
Terre Vivante, 1998

Jardins sauvages, l'art et la manière
Didier Willery, 144 pages
La Maison Rustique, 1999

Les Trésors du jardin naturel
Richard Bird, 144 pages
Éditions du Lierre, 1998

Le guide des animaux et des plantes d'Europe
collectif, 719 pages
Proxima, 2000

Le Jardin parfumé
Nicole Boschung et Michèle Giraud,
160 pagesBordas, 1999

Les meilleures plantes : comment choisir ses plantes en fonction du sol, de l'ensoleillement et de l'effet recherché.
David Joyce, 160 pages
La Maison Rustique, 1999

Jardins de grand-mères
Nicole Arboireau, 140 pages,
Edisud, 1999

Les Plantes et les Animaux d'Europe
Marc Duquet, 70 pages
La Martinière, 1998

La Plante compagne : pratique et imaginaire de la flore sauvage en Europe occidentale.
Pierre Lieutaghi, 300 pages,
Actes Sud, 1998

Guide des Jardins botaniques de France et des pays francophones
collectif, 288 pages
Belin, 2000

Le Jardin bio
Pippa Greenwood, 96 pages
Solar, 2000

Jardins Sauvages, l'art et la manière
Didier Willery, 144 pages
Maison Rustique, 1999

Contrôle naturel des parasites
Élizabeth Miller, 120 pages
Modus Vivendi, 2000

Le Jardin naturel
Michel Chevrier, 172 pages
Éditions de Bressac, 1998

Sociétés horticoles et instituts

Association française de Protection des Plantes
6, bd de la Bastille
75012 Paris
Tél. : 01 43 44 89 64
Fax : 01 43 44 29 19

Association Nationale des Pépinières Collectionneurs (ASPECO)
Plantarium de Gaujacq
40330 Gaujacq
Tél. : 05 58 89 24 22
Fax : 05 58 89 06 62

Graines de Vie (association)
1371, Chemin René Pouchol
06670 Levens
Tél. : 06 19 55 15 26
Fax : 04 93 79 70 53

Institut National de la Recherche Agronomique
147, rue de l'Université
75008 Paris
Tél. : 01 42 75 90 00
Association pour la préservation et le développement de la biodiversité

Société Nationale d'Horticulture de France
84, rue de Grenelle
75007 Paris
Tél. : 01 44 39 78 78

INDEX ET GLOSSAIRE

Dans cet index et glossaire combiné, les numéros de page en gras renvoient à la référence principale, et les numéros en italique, aux illustrations et photographies. Les plantes figurent à la fois sous leur nom scientifique et leur nom vernaculaire.

A

B

M

N

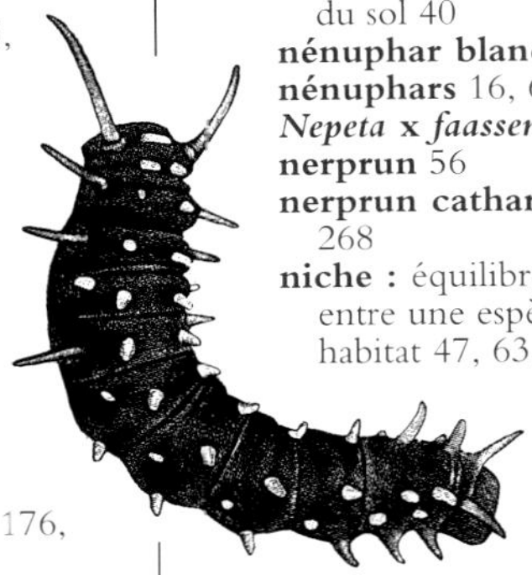

O

Q

R

S

T

LÉGENDES

Page 1 : la reine des prés (*Filipendula ulmaria*) est une plante commune dans presque toute l'Europe et est cultivée depuis longtemps. *F. u.* 'Plena' est un de ces cultivars.

Page 2 : un jardin de fleurs sauvages indigènes attirera une faune nombreuse, en particulier des papillons.

Page 3 : on peut admirer ces fleurs jaunes pendant tout l'été ; l'hélianthème commun (*Helianthemum spp.*) fleurit de mai à septembre.

Pages 4 - 5 : les faux trembles (*Populus tremuloides*) forment de jolis bosquets, surtout en automne.

Pages 6 - 7 : un trou d'arbre est un excellent lieu de nidification pour les hiboux.

Pages 10 - 11 : les marguerites (*Leucanthemum vulgare*) sont des plantes sauvages bien connues, et le symbole du printemps.

Pages 12 - 13 : les herbes offrent leurs couleurs - argenté, violet, bronze, orange et rouge - au jardin, particulièrement en automne.

Pages 44 - 45 : les petits mammifères, comme l'écureuil roux, sont de charmants visiteurs des jardins de sous-bois, surtout en automne, lorsqu'ils font leur provision de noisettes.

Pages 66 - 67 : les carex fournissent des aires d'atterrissage confortables aux insectes, comme cette sauterelle aux longues antennes.

Page 103 : certaines plantes indigènes exigent un approvisionnement en eau permanent, comme une pièce d'eau ou un ruisseau.

Page 129 : on peut facilement reproduire une lande tourbeuse dans un jardin au sol acide et humide.

Page 151 : ce versant sec, exposé au sud, en Bohême orientale, peut donner des idées d'aménagement.

Page 177 : en été, une prairie fleurie semée spécialement, est riche en couleurs.

Page 201 : le blechnum en épi (Blechnum spicant) est particulièrement adapté aux lisières de bois.

Page 223 : la plupart des fleurs sauvages attirent une faune nombreuse et sont donc d'un grand intérêt au jardin.

Page 249 : un jardin botanique de plantes de rocaille mérite la visite, et on peut parfois y faire des achats.

Page 273 : la coccinelle rouge est un visiteur régulier de tous les jardins d'Europe.

CRÉDITS : PHOTOGRAPHIES

(h = en haut, b = en bas, g = à gauche, d = à droite, c = au centre, arp = arrière plan. AA/ES - Animals Animals/Earth Scenes ; A = Auscape International Pty Ltd ; APL = Australian Picture Library ; BCI = Bruce Coleman Inc, NY ; BCL = Bruce Coleman Limited, UK ; BPS = Biological Photo Service ; DJC = DJC & Associates ; DRK = DRK Photo ; FN = Foto Natura ; GH = Grant Heilman Photography, GPL = Garden Picture Library ; Inc. ; NHPA = Natural History Photographic Agency ; NS = Natural Selection ; OSF = Oxford Scientific Films ; PA = Peter Arnould, Inc. ; PE = Planet Earth Pictures ; PI = Positive Images ; PN = Photo/Nats, Inc. ; PR = Photo Researchers ; TS = Tom Stack & Associates ; V = Vireo ; VU = Visuals Unlimited.)

1 Didier Willery/GPL. **2** Gary Rogers/GPL. **3** Wiert Nieuman. **4-5** Rod Planck/NHPA. **6-7** Ernst Kremers/FN. **8-9** John Shaw/NHPA. **10-11** Robert Estall/GPL. **12-13** Marijke Heuff/GPL. **14**h Stedelijk Museum Alkmaar ; b Clay Perry/GPL. **15**d Jane Legate/GPL ; h Danny Ellinger/FN, b Michelle Lamontagne/GPL. **16**b Steven Wooster/GPL. **17**hg John Gerlach/DRK ; hd Oene Moedt/FN ; b Brigitte Thomas/GPL. **18**h Courtesy of Hunt Institute for Botanical Documentation, Carnegie Mellon University, Pittsburgh, PA. **18-19**c Vaughan Fleming/GPL. **19**h Pamela J. Harper ; b D Cavagnaro/VU. **20**h John Shaw/ NHPA ; bg Sonja Bullaty and Angelo Lomeo ; bd N Schwirtz/BCL. **21**hg Jerry Howard/PI ; hd Saxon Holt ; b Archive Photos/APL. **22**h R & D Aitkenhead. **23** Sonja Bullaty & Angelo Lomeo. **24** Robert Perron. **24-25** Robert Perron. **25** Mills Tandy/OSF. **26**h Sonja Bullaty & Angelo Lomeo ; bg Steven Wooster/GPL ; bd Ron Sutherland/GPL. **28** Harry Haralambou/PI ; hd Jerry Howard/PI. **29**h Jerry Howard/PI ; bd & arp Robert Perron. **30**h John Neubauer ; b Sonja Bullaty & Angelo Lomeo. **30-31** Gay Bumgarner/PN. **31**h John Neubauer ; b Jerry Howard/ PI. **32**d Charles Mann ; b D & I MacDonald-NMR/Envision. **33**hd Robert W Ginn/Envision ; b Jerry Howard/PI. **34**h Michael Habicht/AA/ES ; bg Saxon Holt ; bd Dan Suzio/PR. **35**hg Margaret Hensel/PI ; hd Carole Ottesen ; b D Cavagnaro/VU. **36**h Sonja Bullaty & Angelo Lomeo ; d J A L Cooke, OSF/ AA/ES. **37**h Karen Bussolini/PI ; d Jerry Howard/PI ; b Bruce M Herman/PR. **38**h Lee Lockwood/PI ; b Michael Howes/GPL. **39**g Robert A Lubeck/AA/ES ; hd Margaret Hensel/PI ; c & b Jerry Howard/PI. **40**h Scala/ Art Resource, NY ; b Brian Kenney/Natural Selection. **41**d Margaret Hensel/PI ; h Rino Burgio/FN ; b Michael Howes/GPL. **42** Petra Wegner/FN ; Wiert Nieuman, c George Burggraaff. **42-43** Wil Meinderts/FN. **43** Wiert Nieuman ; Wiert Nieuman ; d George Burggraaff. **44-45** Do van Dijck/FN. **43** Wil Meinderts/FN ; Petra Wegener/FN. **46-47**h Jos Korenromp/FN ; b Jerry Howard/PI. **47** Saxon Holt. **48**h Patti Murray/AA/ES ; b David Askham/GPL. **49**h Geoff Dann/GPL ; c G. Saltini/FN ; b Vaughan Fleming/GPL. **50**d Dick Canby/PI ; b Jan Sleurink/FN ; h Delpho/FN. **51**b John Gerlach/DRK ; h Mayer/Le Scanff/GPL ; b Ben v.d. Brink/FN. **52**h Ger Jan de Zoete/FN ; b E.J.S. Sira/GPL. **53**b Daniel J Cox/DJC ; h Brigitte Thomas/GPL ; c Eric Wanders/FN. **54** Pamela J Harper. **55**bg S Nielsen ; hg Flip de Nooyer/FN ; hd Frits van Daalen/FN ; c Wim Weenink/FN ; b René Krekels/FN. **56**h Wim Klomp/FN ; c Steven Wooster/GPL. **57**hg Mary Clay/PE ; bd Frits van Daalen/FN ; bg L. Burgess/GPL ; hd John Glover/GPL. **58** hg & hd Wiert Nieuman ; b Geoff Dann/GPL. **59** c John Glover/GPL ; h Wiert Nieuman ; b Neil Holmes/GPL. **60**b Dennis Frates/PI ; d Gary Rogers/GPL. **61**c Densey Clyne/GPL ; h Geoff Dann/GPL ; b B. Carter/GPL. **62**bg John Neubauer ; Mayer/Le Scanff/GPL. **62-63** Marijke Heuff/GPL **63** John Shaw/NHPA. **64**h The Granger Collection ; d John Glover/GPL. **64-65** Ron Evans/GPL. **65**h Gary Rogers/GPL ; hd Frits van Daalen/FN ; hb Wiert Nieuman. **66-67** René Krekels/FN. **68**h S Dalton/NHPA ; Brian Carter/GPL. **69**h Margaret Hensel/PI ; c Frits van Daalen/FN ; b Eric Wanders/FN. **70** Frits van Daalen/FN ; Frans Hodzelmans/FN. **70-71** Harold v.d. Oetelaar/FN. **71** Frits van Daalen/FN. **72** h & b René krekels/FN. **73** h René Krekels/FN ; c Chris Burrows/GPL ; db Frans Hodzelmans/FN. **74**bd A Carrara/Jacana/A ; hg Ronald Bosma/FN ; bg René Krekels/FN. **75** Frans Hodzelmans/FN. **76**h E R Degginger/ PR ; b David M Dennis/TS. **77**hg Frans Hodzelmans/FN ; hd E. Wanders/FN ; bg Jan van Arkel/FN ; **78**h Danny Ellinger/FN ; g & b René Krekels/FN. **79**h René krekels/FN ; b Danny Ellinger/FN. **80**hg René Krekels/FN ; Wil Meinderts/FN. **81**h F. Kovacs/FN ; b René Krekels/FN. **82**d C. Jongman/FN ; b R. Tramper/FN. **83** Jan van Arkel/FN. **84**hg Ad van Lokeren/FN ; b Rino Burgio/FN. **85**hg Ben v.d. Brink/FN ; hd Fred Hazelhoff/FN ; bg Otto Faulhaber/FN ; bd Jos Korenromp/FN. **86**h Dogwood and Mockingbird by Mark Catesby from the National History of Carolina (1730-48)/Lindley Library, RHS, London/The Bridgeman Art Library, London ; bg Guy Robbrecht/FN ; bd Wil meinderts/FN. **87**h Frits van Daalen/FN ; c Chris Jongman/FN ; b Flip de Nooyer/FN. **88**b Norman R Lightfoot/PR ; hg Fred Hazelhoff/FN. **88-89** b Arnoud B. v.d. Berg/FN ; h H. Ruitenbeek/FN. **89** Eric Wanders/FN. **90**hg & d John Serrao/PR ; c & b Fred Hazelhoff/FN. **91**c Jeff Foott/DRK ; h Bob de Lange/FN. **92**hg Harold van den Oetelaar/FN ; c Frans Hodzelmans/FN ; bg Wim Klomp/FN. **93**h Djetmar Nill/FN ; d Harry Fiolet/FN. **94**h Bob Gurr/DRK ; b Delpho/FN ; **94-95** H. Brandl/FN. **95**h Jerry Howard/PI ; b Christo Baars/FN. **96**arp Les Campbell/PI ; hd Colin McRae ; bd John Gerlach/DRK ; bg Oliver Strewe. **97**h Archive Photos/APL ; d Reproduced by permission of the American Museum in Britain, Bath. **98-99** Piet Munsterman/FN. **100**h Courtesy of Hunt Institute for Botanical Documentation, Carnegie Mellon University, Pittsburgh, PA ; b D Cavagnaro/DRK. **101-102** Didier Willery/GPL. **103** Wiert Nieuman. **106** Frits Houtkamp/FN. **107** Brian Carter/GPL. **108** Steven Wooster/GPL. **109** Brigitte Thomas/GPL. **110** Brian Carter/GPL. **111** Geoff Dann/GPL. **112** Daan Smit/FN. **113** Wiert Nieuman. **114** Brian Carter/GPL. **115** Didier Willery/GPL. **116-117** Wiert Nieuman. **118** Brian Carter/GPL. **119** Clive Boursnall/GPL. **120** Wiert Nieuman. **121** J.S. Sira/GPL. **122** Howard Rice/GPL. **123** Ken Druse, The Natural Garden. **124** David Askham/GPL. **125** Neil Holmes/GPL. **126** Geoff Dann/GPL. **127** David Russell/GPL. **128** Wiert Nieuman. **129** Wiert Nieuman. **132** John Glover/GPL. **133** David Askham/GPL. **134** Frits Houtkamp/FN. **135-137** Wiert Nieuman. **138** Charles Mann. **139** Brian Carter/GPL.**140-141** Wiert Nieuman. **142** David Russell/ GPL. **143** Brian Carter/GPL. **144** Brigitte Thomas/GPl. **145** John Glover/GPL. **146** Wiert Nieuman. **147** Brian Carter/GPL. **148** Wiert Nieuman. **149** Brian Carter/GPL. **150** Bert de Vette/FN. **151**. Wiert Nieuman. **154** Robert Estall/GPL. **155** Dennis Davis/GPL. **156-157** Marijke Heuff/GPL. **158** George F Godfrey/AA/ES. **159** Didier Willery/GPL. **160-161** Brian Carter/GPL. **162** Wiert Nieuman. **163** Erika Craddock/GPL. **164** Wiert Nieuman. **165** Brigitte Thomas/GPL. **166** Didier Willery/GPL. **167** Chris Jongman/FN. **168** Geoff Dann/GPL. **169** Daan Smit/FN. **170** Juliette Wade/GPL. **171** Brian Carter/GPL. **172** David Russell/GPL. **173** Neil Holmes/GPL. **174** Didier Willery/GPL. **175** Michelle Lamontagne/GPL. **176-177** Wiert Nieuman. **180** Henk Dijkman/GPL. **181** Nigel Francis/GPL. **182** Wiert Nieuman. **183** Brian Carter/GPL. **184** Howard Rice/GPL. **185** Wiert Nieuman. **186** Henk Tromp/GPL. **187** Didier Willery/GPL. **188** Stephen J Krasemann/DRK. **189** Brian Carter/GPL. **190** Mel Watson/GPL. **191** Wiert Nieuman. **192** Juliette Wade/GPL. **193** Clive Nichols/GPL. **194** Doug Wechsler/ AA/ES. **195** Brian Carter/GPL. **196** Clive Boursnell/GPL. **197** J.S. Sira/GPL. **198** Wiert Nieuman. **199** Brian Carter/GPL. **200-201** Wiert Nieuman. **204** John Glover/GPL. **205** Wiert Nieuman. **206** Neil Holmes/GPL. **207** David Russell/GPL. **208** Brigitte Thomas/GPL. **209-210** Wil Meinderts/GPL. **211** Brian Carter/GPL. **212** Steven Wooster/GPL. **213-214** John Glover/GPL. **215** David Stone/PN. **216** Howard Rice/GPL. **217** Daan Smit/GPL. **218** Wiert Nieuman. **219** Michael P Gadomski/AA/ES. **220** David Russell/GPL. **221** Morley Reed/GPL. **222-224** Wiert Nieuman. **225 226** John Glover/GPL. **227** Wiert Nieuman. **228** John Glover/GPL. **229** Chris Gallagher/GPL. **230** Michelle Lamontagne/GPL. **231** John Glover/GPL. **232** Clive Nichols/GPL. **233** Bob Challinor/GPL. **234** Clive Nichols/GPL. **235** Brigitte Thomas/GPL. **236** John Weaver/GPL. **237** Wiert Nieuman. **238-239** Brigitte Thomas/GPL. **240-242** Wiert Nieuman. **243** David Russell/GPL. **244** Roger Hyam/GPL. **245** Brian Carter/GPL. **246** Jerry Pavia/GPL. **247** Steven Wooster/GPL. **248-249** Wiert Nieuman. **252** Wiert Nieuman. **253** Howard Rice/GPL. **254** Marijke Heuff/GPL. **255** John Glover/GPL. **256** Linda Burgess/GPL. **257-258** Didier Willery/ GPL. **259-260** Wiert Nieuman. **261** Brian Carter/GPL. **262** Didier Willery/GPL. **263** Christopher Gallangher/GPL. **264** Erika Craddock. **265** John Glover/GPL. **266** Bert de Vette/FN. **267** Wiert Nieuman **268** Sunniva Harte/GPL. **269** Brigitte Thomas/GPL. **270** John Glover/ GPL. **271** Juliette Wade/GPL. **272** Wiert Nieuman. **273** S. Neilsen/DRK.

Jaquette

1ère de couverture : Leigh Clapp/Photo Library, Sydney, Australia
4e de couverture : Leigh Clapp/Photo Library, Sydney, Australia.
Rabat 4e de couverture : Leigh Clapp/Photo Library, Sydney, Australia.
Dos : ITTC Productions/The Image Bank, Sydney, Australia.

Crédits des illustrations

Simon Darby 16b.
Gerald Driessens 109, 126-127, 161, 195, 220-221, 268-269.
Frits-Jan Maas 122, 137, 144-145, 154-157, 165, 174-175, 238-239, 247.
Rob Mancini 62, 71.
Karel Mauer 124-125, 139,148, 166, 196-199, 207, 244-245, 270-271.
Erik van Ommen 173, 219.
Danker Jan Oreel 16t, 32, 46, 60, 82, 83, 90, 100, 104-105, 106-108, 110-121, 123, 130-131, 132-136, 138, 140-143, 146, 152-153, 158-160, 162-164, 167-172, 178-179, 180-187, 189-194, 202-203, 204-206, 208-218, 226-237, 240-243, 250-251, 252-267.
Ngaire Sales 55.
Erik Sok 23, 103.
David Wood 24, 27.